大学赤本シリーズ

413

明治大学

総合数理学部 −

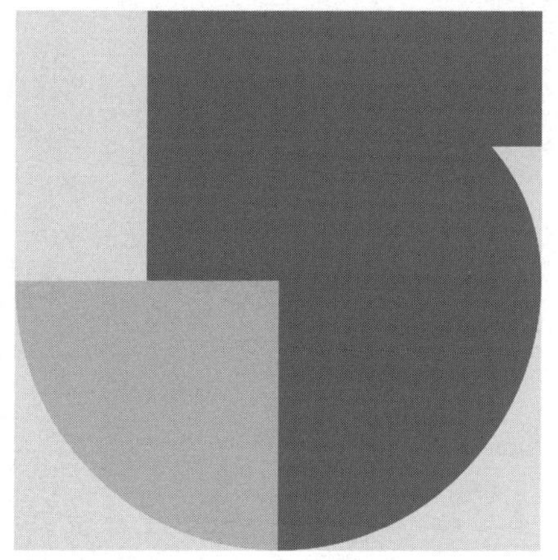

教学社

は　し　が　き

おかげさまで，大学入試の「赤本」は，今年で創刊70周年を迎えました。

これまで，入試問題や資料をご提供いただいた大学関係者各位，掲載許可をいただいた著作権者の皆様，各科目の解答や対策の執筆にあたられた先生方，そして，赤本を使用してくださったすべての読者の皆様に，厚く御礼を申し上げます。

以下に，創刊初期の「赤本」のはしがきを引用します。これからも引き続き，受験生の目標の達成や，夢の実現を応援してまいります。

本書を活用して，入試本番では持てる力を存分に発揮されることを心より願っています。

編者しるす

＊　＊　＊

学問の塔にあこがれのまなざしをもって，それぞれの志望する大学の門をたたかんとしている受験生諸君！　人間として生まれてきた私たちは，自己の欲するままに，美しく，強く，そして何よりも人間らしく生きることをねがっている。しかし，一朝一夕にして，この純粋なのぞみが達せられることはない。私たちの行く手には，絶えずさまざまな試練がまちかまえている。この試練を克服していくところに，私たちのねがう真に人間的な世界がはじめて開かれてくるのである。

人生最初の最大の試練として，諸君の眼前に大学入試がある。この大学入試は，精神的にも身体的にも，大きな苦痛を感ぜしめるであろう。あるスポーツに熟達するには，たゆみなき，はげしい練習を積み重ねることが必要であるように，私たちは，計画的・持続的な努力を払うことによって，この試練を克服し，次の一歩を踏みだすことができる。厳しい試練を経たのちに，はじめて満足すべき成果を獲得できるのである。

本書は最近の入学試験の問題に，それぞれ解答を付し，さらに問題をふかく分析することによって，その大学独特の傾向や対策をさぐろうとした。本書を一般の参考書とあわせて使用し，まとはずれのない，効果的な受験勉強をされるよう期待したい。

（昭和35年版「赤本」はしがきより）

挑む人の、いちばんの味方

1954年に大学入試の過去問題集を刊行してから70年。赤本は大学に入りたいと思う受験生を応援しつづけてきました。これからも，苦しいとき落ち込むときにそばで支える存在でいたいと思います。

そして，勉強をすること，自分で道を決めること，努力が実ること，これらの喜びを読者の皆さんが感じることができるよう，伴走をつづけます。

そもそも赤本とは…

受験生のための大学入試の過去問題集！

70年の歴史を誇る赤本は，500点を超える刊行点数で全都道府県の370大学以上を網羅しており，過去問の代名詞として受験生の必須アイテムとなっています。

なぜ受験に過去問が必要なのか？

大学入試は大学によって問題形式や頻出分野が大きく異なるからです。

赤本の掲載内容

傾向と対策

これまでの出題内容から，問題の「**傾向**」を分析し，来年度の入試に向けて具体的な「**対策**」の方法を紹介しています。

問題編・解答編

- 年度ごとに問題とその解答を掲載しています。
- 「**問題編**」ではその年度の試験概要を確認したうえで，実際に出題された過去問に取り組むことができます。
- 「**解答編**」には高校・予備校の先生方による解答が載っています。

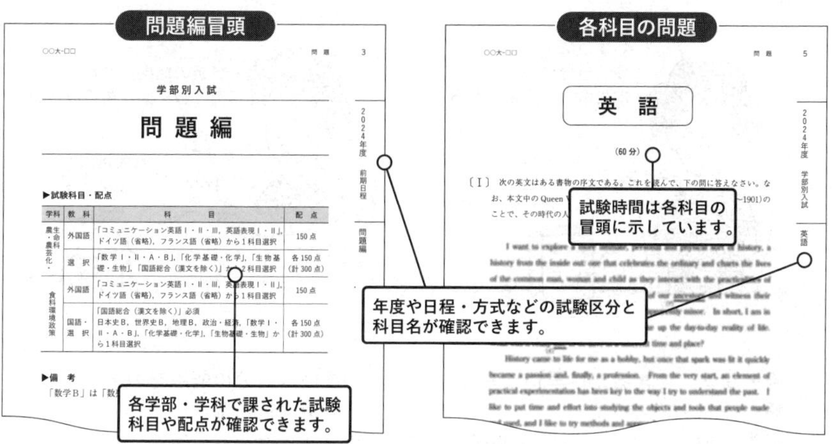
問題編冒頭
各科目の問題
学部別入試
問 題 編
英　語
(60分)
試験時間は各科目の冒頭に示しています。
年度や日程・方式などの試験区分と科目名が確認できます。
各学部・学科で課された試験科目や配点が確認できます。

他にも，大学の基本情報や，先輩受験生の合格体験記，在学生からのメッセージなどが載っていることがあります。

2024年度から見やすいデザインに！
NEW

掲載内容について

著作権上の理由やその他編集上の都合により問題や解答の一部を割愛している場合があります。なお，指定校推薦入試，社会人入試，編入学試験，帰国生入試などの特別入試，英語以外の外国語科目，商業・工業科目は，原則として掲載しておりません。また試験科目は変更される場合がありますので，あらかじめご了承ください。

受験勉強は

過去問に始まり，

STEP 1

なにはともあれ

まずは解いてみる

しずかに…
今，自分の心と
向き合ってるんだから
ムーン
それは
問題を解いて
からだホン!

過去問は，**できるだけ早いうちに解く**のがオススメ！
実際に解くことで，**出題の傾向，問題のレベル，今の自分の実力**がつかめます。

STEP 2

じっくり具体的に

弱点を分析する

分析の結果だけど
英・数・国が苦手みたい
スリー
必須科目だホン
頑張るホン

間違いは自分の弱点を教えてくれる**貴重な情報源。**
弱点から自己分析することで，**今の自分に足りない力や苦手な分野**が見えてくるはず！

合格者があかす赤本の使い方

傾向と対策を熟読

(Fさん／国立大合格)

大学の出題傾向を調べるために，赤本に載っている「傾向と対策」を熟読しました。

繰り返し解く

(Tさん／国立大合格)

１周目は問題のレベル確認，２周目は苦手や頻出分野の確認に，３周目は合格点を目指して，と過去問は繰り返し解くことが大切です。

過去問に終わる。

STEP 3

志望校にあわせて

苦手分野の重点対策

明日からはみんなで頑張るよ！
参考書も！ 問題集も！
よろしくね！
呼んだ？
なにを!?
どこから!?
グッ
グッ

参考書や問題集を活用して，苦手分野の**重点対策**をしていきます。**過去問を指針**に，合格へ向けた具体的な学習計画を立てましょう！

STEP 1 ▶ 2 ▶ 3

サイクルが大事！

実践を繰り返す

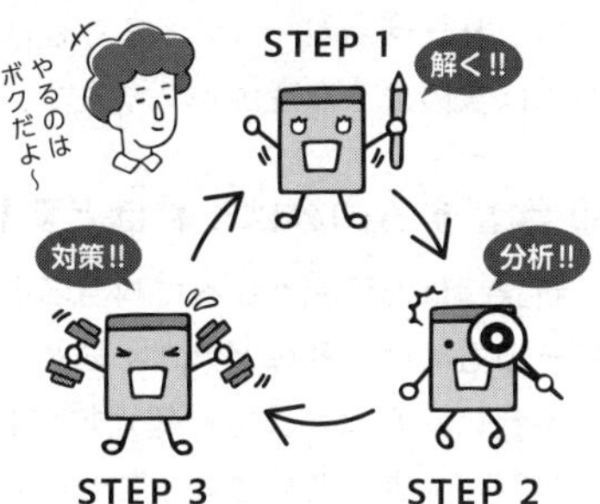

STEP 1～3を繰り返し，実力アップにつなげましょう！
出題形式に慣れることや，**時間配分を考えること**も大切です。

目標点を決める
(Yさん／私立大合格)
赤本によっては合格者最低点が載っているので，それを見て目標点を決めるのもよいです。

時間配分を確認
(Kさん／私立大学合格)
赤本は時間配分や解く順番を決めるために使いました。

添削してもらう
(Sさん／私立大学合格)
記述式の問題は先生に添削してもらうことで自分の弱点に気づけると思います。

新課程入試 Q&A

2022 年度から新しい学習指導要領（新課程）での授業が始まり，2025 年度の入試は，新課程に基づいて行われる最初の入試となります。ここでは，赤本での新課程入試の対策について，よくある疑問にお答えします。

Q1. 赤本は新課程入試の対策に使えますか？

A. もちろん使えます！

OK

旧課程入試の過去問が新課程入試の対策に役に立つのか疑問に思う人もいるかもしれませんが，心配することはありません。旧課程入試の過去問が役立つのには次のような理由があります。

● 学習する内容はそれほど変わらない

新課程は旧課程と比べて科目名を中心とした変更はありますが，学習する内容そのものはそれほど大きく変わっていません。また，多くの大学で，既卒生が不利にならないよう「経過措置」がとられます（Q３参照）。したがって，出題内容が大きく変更されることは少ないとみられます。

● 大学ごとに出題の特徴がある

これまでに課程が変わったときも，各大学の出題の特徴は大きく変わらないことがほとんどでした。入試問題は各大学のアドミッション・ポリシーに沿って出題されており，過去問にはその特徴がよく表れています。過去問を研究してその大学に特有の傾向をつかめば，最適な対策をとることができます。

出題の特徴の例	・英作文問題の出題の有無 ・論述問題の出題（字数制限の有無や長さ） ・計算過程の記述の有無

新課程入試の対策も，赤本で過去問に取り組むところから始めましょう。

Q2. 赤本を使う上での注意点はありますか？

A. 志望大学の入試科目を確認しましょう。

注意

過去問を解く前に，過去の出題科目（問題編冒頭の表）と 2025 年度の募集要項とを比べて，課される内容に変更がないかを確認しましょう。ポイントは以下のとおりです。科目名が変わっていても，実際は旧課程の内容とほとんど同様のものもあります。

英語・国語	科目名は変更されているが，実質的には変更なし。 ▶▶ **ただし，リスニングや古文・漢文の有無は要確認。**
地歴	科目名が変更され，「歴史総合」「地理総合」が新設。 ▶▶ **新設科目の有無に注意。ただし，「経過措置」（Q3参照）により内容は大きく変わらないことも多い。**
公民	「現代社会」が廃止され，「公共」が新設。 ▶▶ **「公共」は実質的には「現代社会」と大きく変わらない。**
数学	科目が再編され，「数学 C」が新設。 ▶▶ **「数学」全体としての内容は大きく変わらないが，出題科目と単元の変更に注意。**
理科	科目名も学習内容も大きな変更なし。

数学については，科目名だけでなく，どの単元が含まれているかも確認が必要です。例えば，出題科目が次のように変わったとします。

旧課程	「数学Ⅰ・数学Ⅱ・数学 A・数学 B（数列・ベクトル）」
新課程	「数学Ⅰ・数学Ⅱ・数学 A・**数学 B（数列）・数学 C（ベクトル）**」

この場合，新課程では「数学C」が増えていますが，単元は「ベクトル」のみのため，実質的には旧課程とほぼ同じであり，過去問をそのまま役立てることができます。

Q3. 「経過措置」とは何ですか？

A. 既卒の旧課程履修者への対応です。

多くの大学では，既卒の旧課程履修者が不利にならないように，出題において「経過措置」が実施されます。措置の有無や内容は大学によって異なるので，募集要項や大学のウェブサイトなどで確認しておきましょう。

○旧課程履修者への経過措置の例

- 旧課程履修者にも配慮した出題を行う。
- 新・旧課程の共通の範囲から出題する。
- 新課程と旧課程の共通の内容を出題し，共通範囲のみでの出題が困難な場合は，旧課程の範囲からの問題を用意し，選択解答とする。

例えば，地歴の出題科目が次のように変わったとします。

旧課程	「日本史 B」「世界史 B」から１科目選択
新課程	「**歴史総合**，日本史探究」「**歴史総合**，世界史探究」から１科目選択※ ※旧課程履修者に不利益が生じることのないように配慮する。

「歴史総合」は新課程で新設された科目で，旧課程履修者には見慣れないものですが，上記のような経過措置がとられた場合，新課程入試でも旧課程と同様の学習内容で受験することができます。

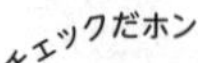

新課程の情報は WEB もチェック！
より詳しい解説が赤本ウェブサイトで見られます。
https://akahon.net/shinkatei/

科目名が変更される教科・科目

	旧課程	新課程
国語	国語総合 国語表現 現代文A 現代文B 古典A 古典B	現代の国語 言語文化 論理国語 文学国語 国語表現 古典探究
地歴	日本史A 日本史B 世界史A 世界史B 地理A 地理B	歴史総合 日本史探究 世界史探究 地理総合 地理探究
公民	現代社会 倫理 政治・経済	公共 倫理 政治・経済
数学	数学Ⅰ 数学Ⅱ 数学Ⅲ 数学A 数学B 数学活用	数学Ⅰ 数学Ⅱ 数学Ⅲ 数学A 数学B 数学C
外国語	コミュニケーション英語基礎 コミュニケーション英語Ⅰ コミュニケーション英語Ⅱ コミュニケーション英語Ⅲ 英語表現Ⅰ 英語表現Ⅱ 英語会話	英語コミュニケーションⅠ 英語コミュニケーションⅡ 英語コミュニケーションⅢ 論理・表現Ⅰ 論理・表現Ⅱ 論理・表現Ⅲ
情報	社会と情報 情報の科学	情報Ⅰ 情報Ⅱ

目　次

解答用紙は，赤本オンラインに掲載しています。

https://akahon.net/kkm/mej/index.html

※掲載内容は，予告なしに変更・中止する場合があります。

掲載内容についてのお断り

著作権上の都合により，2021 年度の「英語」〔Ⅱ〕の課題文および日本語訳を省略しています。

基本情報

沿革

1881（明治 14）	明治法律学校開校
1903（明治 36）	専門学校令により明治大学と改称
1904（明治 37）	学則改正により法学部・政学部・文学部・商学部を設置
1920（大正　9）	大学令により明治大学設立認可
1949（昭和 24）	新制明治大学設置認可。法学部・商学部・政治経済学部・文学部・工学部・農学部を置く
1953（昭和 28）	経営学部設置
1989（平成元年）	工学部を理工学部に改組
2004（平成 16）	情報コミュニケーション学部設置
2008（平成 20）	国際日本学部設置
2013（平成 25）	総合数理学部設置
2021（令和　3）	創立 140 周年

大学マーク

明治大学には，「伝統を受け継ぎ，新世紀に向けて大きく飛躍・上昇する明治大学」をイメージした大学マークがあります。この大学マークのコンセプトは，明治大学の「M」をモチーフとして，21 世紀に向けて明治大学が「限りなく飛翔する」イメージ，シンプルなデザインによる「親しみやすさ」，斬新な切り口による「未来へのメッセージ」を伝えています。

学部・学科の構成

大　学

●**法学部**　1・2 年：和泉キャンパス／3・4 年：駿河台キャンパス

法律学科（ビジネスローコース，国際関係法コース，法と情報コース，公共法務コース，法曹コース）

●**商学部**　1・2 年：和泉キャンパス／3・4 年：駿河台キャンパス

商学科（アプライド・エコノミクスコース，マーケティングコース，ファイナンス＆インシュアランスコース，グローバル・ビジネスコース，マネジメントコース，アカウンティングコース，クリエイティブ・ビジネスコース）

●**政治経済学部**　1・2 年：和泉キャンパス／3・4 年：駿河台キャンパス

政治学科

経済学科

地域行政学科

●**文学部**　1・2 年：和泉キャンパス／3・4 年：駿河台キャンパス

文学科（日本文学専攻，英米文学専攻，ドイツ文学専攻，フランス文学専攻，演劇学専攻，文芸メディア専攻）

史学地理学科（日本史学専攻，アジア史専攻，西洋史学専攻，考古学専攻，地理学専攻）

心理社会学科（臨床心理学専攻，現代社会学専攻，哲学専攻）

●**理工学部**　生田キャンパス

電気電子生命学科（電気電子工学専攻，生命理工学専攻）

機械工学科

機械情報工学科

建築学科

応用化学科

情報科学科

数学科

物理学科

●**農学部**　生田キャンパス

農学科

農芸化学科

生命科学科

食料環境政策学科

●**経営学部**　1・2年：和泉キャンパス／3・4年：駿河台キャンパス

経営学科

会計学科

公共経営学科

（備考）学部一括入試により，2年次から学科に所属となる。

●**情報コミュニケーション学部**　1・2年：和泉キャンパス／3・4年：駿河台キャンパス

情報コミュニケーション学科

●**国際日本学部**　中野キャンパス

国際日本学科

●**総合数理学部**　中野キャンパス

現象数理学科

先端メディアサイエンス学科

ネットワークデザイン学科

大学院

法学研究科 / 商学研究科 / 政治経済学研究科 / 経営学研究科 / 文学研究科 / 理工学研究科 / 農学研究科 / 情報コミュニケーション研究科 / 教養デザイン研究科 / 先端数理科学研究科 / 国際日本学研究科 / グローバル・ガバナンス研究科 / 法務研究科（法科大学院）/ ガバナンス研究科（公共政策大学院）/ グローバル・ビジネス研究科（ビジネススクール）/ 会計専門職研究科（会計大学院）

（注）学部・学科・専攻および大学院に関する情報は 2024 年 4 月時点のものです。

大学所在地

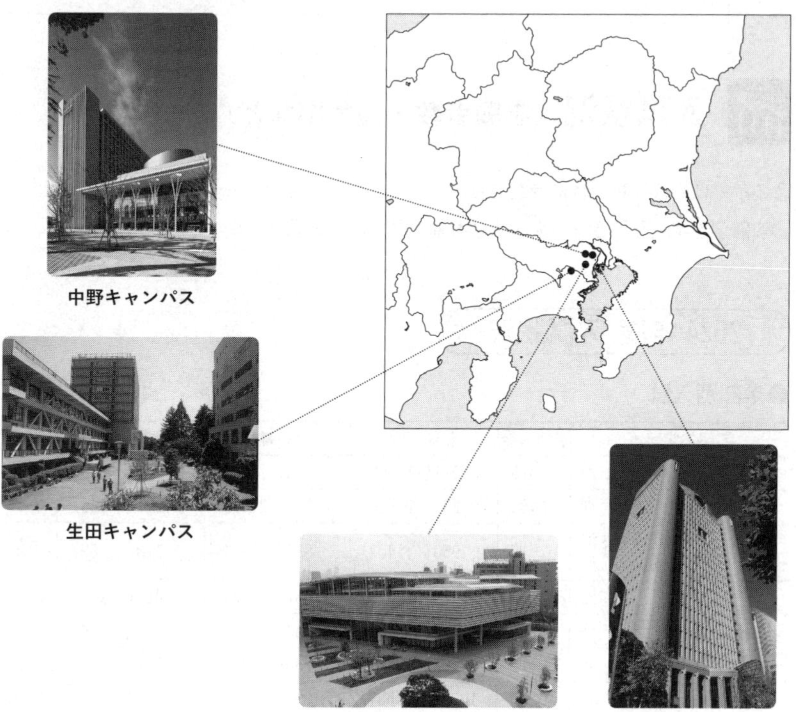

駿河台キャンパス　〒 101-8301　東京都千代田区神田駿河台 1-1
和泉キャンパス　〒 168-8555　東京都杉並区永福 1-9-1
生田キャンパス　〒 214-8571　神奈川県川崎市多摩区東三田 1-1-1
中野キャンパス　〒 164-8525　東京都中野区中野 4-21-1

入試データ

入試状況（志願者数・競争率など）

○競争率は受験者数÷合格者数で算出。
○個別学力試験を課さない大学入学共通テスト利用入試は１カ年分のみ掲載。

2024年度　入試状況

●学部別入試

（　）内は女子内数

学部・学科等			募集人員	志願者数	受験者数	合格者数	競争率
法	法律		315	3,971(1,498)	3,283(1,229)	771(256)	4.3
商	学部別		485	8,289(2,589)	7,251(2,278)	1,301(346)	5.6
	英語4技能試験利用		15	950(402)	834(351)	173(62)	4.8
政治経済	政治		105	1,132(346)	1,057(321)	453(130)	2.3
	経済		290	3,779(785)	3,564(740)	1,137(234)	3.1
	地域行政		70	769(249)	730(240)	223(71)	3.3
文	文	日本文学	70	1,018(587)	896(520)	180(107)	5.0
		英米文学	68	912(440)	833(402)	182(79)	4.6
		ドイツ文学	23	393(177)	359(166)	67(30)	5.4
		フランス文学	24	297(151)	270(139)	62(31)	4.4
		演劇学	29	245(191)	213(167)	44(35)	4.8
		文芸メディア	43	617(388)	547(347)	105(58)	5.2
	史学地理	日本史学	51	760(250)	683(229)	138(42)	4.9
		アジア史	20	282(115)	249(103)	51(22)	4.9
		西洋史学	32	452(163)	392(143)	69(23)	5.7
		考古学	24	358(133)	321(115)	57(13)	5.6
		地理学	27	318(72)	279(63)	55(13)	5.1
	心理社会	臨床心理学	24	524(337)	460(288)	58(38)	7.9
		現代社会学	26	606(361)	534(318)	96(53)	5.6
		哲学	20	279(110)	239(94)	48(17)	5.0

（表つづく）

学部・学科等			募集人員	志願者数	受験者数	合格者数	競争率
理工	電気電子生命	電気電子工学	80	835(62)	795(59)	308(28)	2.6
		生命理工学	27	406(131)	382(125)	123(37)	3.1
	機械工		75	1,784(137)	1,715(128)	413(37)	4.2
	機械情報工		66	754(76)	719(73)	276(27)	2.6
	建築		88	1,542(465)	1,473(448)	340(105)	4.3
	応用化		60	1,509(465)	1,442(442)	472(126)	3.1
	情報科		65	1,853(238)	1,745(222)	418(43)	4.2
	数		32	556(56)	529(52)	192(11)	2.8
	物理		35	908(111)	867(103)	273(22)	3.2
農	農		90	1,240(426)	1,049(351)	266(98)	3.9
	農芸化		84	1,037(647)	860(527)	201(116)	4.3
	生命科		92	1,316(630)	1,060(494)	257(113)	4.1
	食料環境政策		79	1,158(470)	1,037(414)	186(89)	5.6
経営	3科目		342	7,211(2,169)	6,938(2,088)	1,457(404)	4.8
	英語4技能試験活用		40	248(105)	240(100)	64(27)	3.8
情報コミュニケーション	情報コミュニケーション		357	5,014(2,249)	4,855(2,189)	971(422)	5.0
国際日本	3科目		130	2,182(1,389)	2,105(1,347)	554(341)	3.8
	英語4技能試験活用		100	1,079(687)	1,051(669)	536(346)	2.0
総合数理	現象数理		35	678(103)	579(95)	99(11)	5.8
	先端メディアサイエンス		51	931(269)	792(232)	128(36)	6.2
	ネットワークデザイン		27	359(58)	292(47)	62(10)	4.7
合計			3,716	58,551(20,287)	53,519(18,458)	12,866(4,109)	—

（備考）数値には追加合格・補欠合格（農学部のみ）を含む。

●全学部統一入試

（　）内は女子内数

学部・学科等			募集人員	志願者数	受験者数	合格者数	競争率
法	法律		115	2,343(894)	2,237(849)	570(208)	3.9
商	商		80	2,310(832)	2,232(808)	349(113)	6.4
政治経済	政治		20	523(172)	502(162)	117(32)	4.3
	経済		50	1,517(335)	1,447(319)	316(59)	4.6
	地域行政		20	495(157)	480(154)	82(23)	5.9
文	文	日本文学	16	409(234)	387(221)	77(46)	5.0
		英米文学	18	441(236)	430(229)	92(37)	4.7
		ドイツ文学	7	125(56)	122(55)	22(10)	5.5
		フランス文学	8	181(85)	169(82)	37(20)	4.6
		演劇学	8	155(124)	150(120)	26(18)	5.8
		文芸メディア	7	268(170)	254(161)	45(25)	5.6
	史学地理	日本史学	15	318(102)	310(99)	66(18)	4.7
		アジア史	6	129(60)	121(58)	24(9)	5.0
		西洋史学	8	232(89)	220(84)	52(17)	4.2
		考古学	7	162(63)	159(63)	29(12)	5.5
		地理学	11	191(48)	186(45)	49(8)	3.8
	心理社会	臨床心理学	11	285(199)	275(193)	42(28)	6.5
		現代社会学	10	371(241)	356(233)	57(32)	6.2
		哲学	8	144(56)	131(53)	35(12)	3.7
理工	電気電子生命	電気電子工学	20	283(28)	263(27)	104(13)	2.5
		生命理工学	10	174(61)	165(59)	67(22)	2.5
	機械工		12	514(35)	451(31)	100(5)	4.5
	機械情報工		17	302(32)	278(28)	99(9)	2.8
	建築		19	513(161)	477(147)	108(35)	4.4
	応用化		12	314(96)	280(84)	92(15)	3.0
	情報科		12	543(84)	495(79)	93(10)	5.3
	数		10	181(26)	172(23)	49(3)	3.5
	物理		5	185(25)	165(22)	51(6)	3.2

（表つづく）

学部・学科等			募集人員	志願者数	受験者数	合格者数	競争率
農	3科目	農	15	501(174)	464(165)	95(38)	4.9
		農芸化	15	399(269)	384(260)	78(49)	4.9
		生命科	10	423(209)	398(196)	74(35)	5.4
		食料環境政策	5	254(106)	241(104)	56(23)	4.3
	英語4技能3科目	農	5	148(67)	140(65)	29(14)	4.8
		農芸化	5	172(121)	167(118)	27(18)	6.2
		生命科	5	171(93)	164(88)	32(17)	5.1
		食料環境政策	3	178(95)	173(93)	28(12)	6.2
経営	3科目		27	1,505(521)	1,454(503)	134(40)	10.9
	英語4技能3科目		3	517(234)	506(228)	55(19)	9.2
情報コミュニケーション	情報コミュニケーション		25	1,469(706)	1,424(684)	166(70)	8.6
国際日本	3科目		10	680(415)	662(401)	59(29)	11.2
	英語4技能3科目		18	774(494)	759(482)	117(64)	6.5
総合数理	3科目	現象数理	4	78(13)	73(12)	8(1)	9.1
		先端メディアサイエンス	2	65(24)	54(22)	2(0)	27.0
	4科目	現象数理	12	207(38)	201(37)	43(4)	4.7
		先端メディアサイエンス	15	326(107)	308(102)	63(10)	4.9
		ネットワークデザイン	26	293(51)	277(46)	82(5)	3.4
	英語4技能4科目	現象数理	1	79(17)	76(16)	12(1)	6.3
		先端メディアサイエンス	2	101(37)	95(35)	18(6)	5.3
		ネットワークデザイン	1	90(15)	87(15)	14(1)	6.2
合計			751	22,038(8,507)	21,021(8,160)	4,042(1,301)	—

●大学入学共通テスト利用入試

（　）内は女子内数

日程	学部	方式	学科等		募集人員	志願者数	受験者数	合格者数	競争率
前期日程	法	3科目	法律		60	2,367(1,017)	2,364(1,016)	927(445)	2.6
		4科目	法律		40	582(251)	581(250)	318(155)	1.8
		5科目	法律		40	1,776(631)	1,774(630)	990(365)	1.8
	商	4科目	商		50	542(203)	539(203)	193(70)	2.8
		5科目	商		45	371(124)	370(123)	147(59)	2.5
		6科目	商		30	1,041(319)	1,037(317)	412(140)	2.5
	政治経済	3科目	政治		8	343(121)	342(121)	80(33)	4.3
			経済		15	640(164)	638(163)	103(28)	6.2
		7科目	政治		15	295(93)	293(92)	165(62)	1.8
			経済		50	1,487(284)	1,469(282)	720(145)	2.0
			地域行政		12	201(68)	199(68)	78(28)	2.6
	文	3科目	文	日本文学	7	434(279)	433(278)	72(49)	6.0
				英米文学	6	235(121)	234(120)	49(24)	4.8
				ドイツ文学	3	78(46)	77(45)	18(10)	4.3
				フランス文学	2	53(26)	52(26)	12(5)	4.3
				演劇学	3	133(101)	133(101)	28(20)	4.8
				文芸メディア	5	250(162)	250(162)	54(37)	4.6
			史学地理	日本史学	6	281(94)	281(94)	54(16)	5.2
				アジア史	3	134(53)	131(52)	27(17)	4.9
				西洋史学	4	213(88)	213(88)	53(18)	4.0
				考古学	4	164(81)	164(81)	32(20)	5.1
				地理学	4	150(39)	150(39)	34(12)	4.4
			心理社会	臨床心理学	4	194(138)	192(136)	36(31)	5.3
				現代社会学	3	246(147)	245(147)	35(25)	7.0
				哲学	4	153(74)	153(74)	37(18)	4.1
		5科目	文	日本文学	3	57(24)	57(24)	20(5)	2.9
				英米文学	3	28(12)	28(12)	14(6)	2.0
				ドイツ文学	2	25(13)	25(13)	6(2)	4.2
				フランス文学	1	6(2)	6(2)	3(0)	2.0
				演劇学	1	15(13)	15(13)	2(2)	7.5
				文芸メディア	2	26(17)	26(17)	11(7)	2.4
			史学地理	日本史学	4	74(18)	74(18)	21(2)	3.5
				アジア史	2	27(7)	26(7)	10(1)	2.6
				西洋史学	1	51(14)	51(14)	10(2)	5.1
				考古学	1	22(6)	22(6)	6(2)	3.7
				地理学	1	55(13)	54(12)	10(3)	5.4

（表つづく）

学部・方式・学科等					募集人員	志願者数	受験者数	合格者数	競争率
前期日程	文	5科目	心理社会	臨床心理学	2	72(42)	71(42)	10(8)	7.1
				現代社会学	2	81(53)	81(53)	20(16)	4.1
				哲学	2	46(18)	46(18)	15(6)	3.1
	理工	3教科	電気電子生命	電気電子工学	9	297(25)	297(25)	122(10)	2.4
				生命理工学	3	259(74)	258(73)	78(21)	3.3
			機械工		5	804(70)	802(70)	221(22)	3.6
			機械情報工		6	460(61)	460(61)	168(20)	2.7
			情報科		7	784(100)	783(100)	211(21)	3.7
		4教科	電気電子生命	電気電子工学	5	163(28)	163(28)	69(11)	2.4
				生命理工学	2	200(89)	200(89)	71(35)	2.8
			機械工		7	639(109)	636(109)	219(46)	2.9
			建築		12	793(292)	792(292)	175(66)	4.5
			応用化		7	762(250)	759(249)	203(76)	3.7
			情報科		7	589(115)	586(115)	171(27)	3.4
			数		6	294(44)	293(44)	136(19)	2.2
			物理		6	573(93)	571(91)	210(35)	2.7
	農		農		12	644(248)	631(245)	192(70)	3.3
			農芸化		12	529(359)	526(357)	186(131)	2.8
			生命科		15	851(427)	839(425)	331(184)	2.5
			食料環境政策		16	446(199)	442(198)	157(78)	2.8
	経営	3科目			25	1,468(540)	1,460(539)	300(128)	4.9
		4科目			25	531(187)	531(187)	171(61)	3.1
	情報コミュニケーション	3科目	情報コミュニケーション		30	1,362(648)	1,344(638)	244(127)	5.5
		6科目	情報コミュニケーション		10	449(177)	449(177)	161(65)	2.8
	国際日本	3科目	国際日本		20	1,277(813)	1,275(812)	350(217)	3.6
		5科目	国際日本		10	313(195)	312(195)	184(119)	1.7
	総合数理		現象数理		7	167(31)	167(31)	55(8)	3.0
			先端メディアサイエンス		10	278(95)	273(92)	68(21)	4.0
			ネットワークデザイン		4	183(48)	180(47)	54(18)	3.3

(表つづく)

学部・方式・学科等			募集人員	志願者数	受験者数	合格者数	競争率
後期日程	商	商	30	138(46)	134(45)	43(13)	3.1
	理工	電気電子生命 電気電子工学	3	72(11)	72(11)	32(4)	2.3
		電気電子生命 生命理工学	2	30(12)	29(12)	14(6)	2.1
		機械情報工	3	45(7)	45(7)	23(4)	2.0
		建築	2	46(18)	46(18)	17(4)	2.7
		応用化	2	23(12)	23(12)	5(2)	4.6
		情報科	2	55(6)	55(6)	23(2)	2.4
		数	2	22(6)	22(6)	4(2)	5.5
		物理	2	22(1)	22(1)	3(0)	7.3
	総合数理	現象数理	1	15(4)	14(4)	3(1)	4.7
		先端メディアサイエンス	1	20(5)	20(5)	5(0)	4.0
		ネットワークデザイン	1	19(9)	19(9)	3(2)	6.3
合計			779	28,570(10,430)	28,426(10,384)	9,514(3,570)	—

2023 年度　入試状況

●学部別入試

(　)内は女子内数

学部・学科等			募集人員	志願者数	受験者数	合格者数	競争率
法	法律		375	4,325(1,510)	3,637(1,254)	1,027(342)	3.5
商	学部別		485	8,504(2,660)	7,481(2,322)	1,513(433)	4.9
商	英語4技能試験利用		15	936(409)	808(352)	151(64)	5.4
政治経済	政治		105	1,642(498)	1,540(466)	450(138)	3.4
政治経済	経済		290	4,418(927)	4,204(879)	1,204(225)	3.5
政治経済	地域行政		70	534(174)	511(170)	160(49)	3.2
文	文	日本文学	70	1,062(591)	947(515)	203(111)	4.7
文	文	英米文学	68	822(400)	721(360)	220(100)	3.3
文	文	ドイツ文学	23	305(139)	283(127)	87(35)	3.3
文	文	フランス文学	24	291(163)	268(149)	55(32)	4.9
文	文	演劇学	29	275(214)	245(189)	54(40)	4.5
文	文	文芸メディア	43	719(428)	639(382)	123(73)	5.2
文	史学地理	日本史学	51	679(225)	610(191)	154(45)	4.0
文	史学地理	アジア史	20	201(77)	171(65)	55(21)	3.1
文	史学地理	西洋史学	32	479(174)	409(148)	93(37)	4.4
文	史学地理	考古学	24	254(89)	220(78)	64(21)	3.4
文	史学地理	地理学	27	268(62)	229(48)	68(14)	3.4
文	心理社会	臨床心理学	24	592(373)	528(337)	61(40)	8.7
文	心理社会	現代社会学	26	594(352)	518(308)	111(69)	4.7
文	心理社会	哲学	20	312(122)	266(103)	67(21)	4.0
理工	電気電子生命	電気電子工学	80	817(59)	772(54)	289(23)	2.7
理工	電気電子生命	生命理工学	27	360(96)	331(85)	120(37)	2.8
理工	機械工		75	1,291(81)	1,239(76)	463(26)	2.7
理工	機械情報工		66	847(91)	799(83)	250(29)	3.2
理工	建築		88	1,521(437)	1,447(421)	332(104)	4.4
理工	応用化		60	1,350(399)	1,293(381)	495(167)	2.6
理工	情報科		65	1,853(172)	1,752(161)	374(32)	4.7
理工	数		32	519(67)	484(62)	178(21)	2.7
理工	物理		35	789(95)	740(85)	276(29)	2.7

(表つづく)

学部・学科等			募集人員	志願者数	受験者数	合格者数	競争率
農	農		90	1,136(425)	912(334)	275(120)	3.3
	農芸化		84	929(580)	773(482)	232(157)	3.3
	生命科		92	1,381(655)	1,123(531)	304(154)	3.7
	食料環境政策		79	1,106(425)	1,008(378)	217(76)	4.6
経営	3科目	経営	342	7,428(2,264)	7,165(2,191)	1,772(526)	4.0
		会計					
		公共経営					
	英語4技能試験活用	経営	40	320(146)	309(139)	68(34)	4.5
		会計					
		公共経営					
情報コミュニケーション	情報コミュニケーション		372	4,878(2,129)	4,741(2,075)	1,005(441)	4.7
国際日本	3科目		130	2,418(1,503)	2,332(1,449)	589(372)	4.0
	英語4技能試験活用		100	1,225(795)	1,198(778)	592(387)	2.0
総合数理	現象数理		35	690(115)	554(91)	95(18)	5.8
	先端メディアサイエンス		51	952(245)	813(214)	108(23)	7.5
	ネットワークデザイン		28	521(80)	416(59)	31(4)	13.4
合計			3,792	59,543(20,446)	54,436(18,572)	13,985(4,690)	—

（備考）数値には追加合格・補欠合格（農学部のみ）・特別措置を含む。

●全学部統一入試

(　)内は女子内数

学部・学科等			募集人員	志願者数	受験者数	合格者数	競争率
法*	法律		115	2,620(1,011)	2,489(966)	577(217)	4.3
商*	商		80	1,834(632)	1,764(661)	348(116)	5.1
政治経済*	政治		20	467(156)	445(148)	109(36)	4.1
	経済		50	1,281(320)	1,204(303)	263(77)	4.6
	地域行政		20	251(76)	244(73)	60(18)	4.1
文	文	日本文学	16	346(185)	328(172)	71(44)	4.6
		英米文学	18	458(257)	440(248)	108(57)	4.1
		ドイツ文学	7	109(58)	108(58)	30(17)	3.6
		フランス文学	8	138(72)	134(70)	36(19)	3.7
		演劇学	8	180(144)	176(140)	32(23)	5.5
		文芸メディア	7	334(212)	320(204)	58(36)	5.5
	史学地理	日本史学	15	300(102)	292(98)	68(29)	4.3
		アジア史	6	110(49)	109(48)	28(14)	3.9
		西洋史学	8	206(69)	200(67)	64(17)	3.1
		考古学	7	97(37)	93(37)	19(6)	4.9
		地理学	11	141(42)	136(40)	40(11)	3.4
	心理社会	臨床心理学	11	333(210)	324(203)	41(25)	7.9
		現代社会学	10	309(201)	300(196)	75(56)	4.0
		哲学	8	151(57)	147(57)	39(13)	3.8
理工*	電気電子生命	電気電子工学	20	307(22)	281(18)	109(10)	2.6
		生命理工学	10	201(59)	188(56)	71(20)	2.6
	機械工		12	418(35)	362(29)	130(13)	2.8
	機械情報工		17	344(34)	320(29)	113(10)	2.8
	建築		19	489(163)	447(147)	110(39)	4.1
	応用化		12	374(126)	350(119)	110(46)	3.2
	情報科		12	636(90)	585(85)	107(21)	5.5
	数		10	161(19)	151(19)	60(7)	2.5
	物理		5	138(9)	118(6)	41(0)	2.9

(表つづく)

学部・学科等			募集人員	志願者数	受験者数	合格者数	競争率
農	3科目	農	15	378(157)	346(146)	86(35)	4.0
		農芸化	15	290(195)	274(183)	63(41)	4.3
		生命科	10	387(172)	358(162)	69(35)	5.2
		食料環境政策	5	218(110)	210(107)	32(17)	6.6
	英語4技能3科目	農	5	166(83)	159(80)	22(10)	7.2
		農芸化	5	164(115)	161(115)	28(21)	5.8
		生命科	5	162(81)	153(76)	21(9)	7.3
		食料環境政策	3	166(82)	163(81)	24(13)	6.8
経営*	3科目	経営	27	1,388(471)	1,343(459)	134(34)	10.0
		会計					
		公共経営					
	英語4技能3科目	経営	3	623(271)	605(265)	48(17)	12.6
		会計					
		公共経営					
情報コミュニケーション	情報コミュニケーション		25	1,298(652)	1,260(640)	170(91)	7.4
国際日本	3科目		10	679(433)	661(420)	62(39)	10.7
	英語4技能3科目		18	815(530)	798(520)	123(73)	6.5
総合数理*	3科目	現象数理	4	71(15)	68(15)	12(1)	5.7
		先端メディアサイエンス	3	64(16)	55(15)	4(1)	13.8
	4科目	現象数理	12	199(29)	194(28)	58(9)	3.3
		先端メディアサイエンス	20	400(113)	385(110)	53(9)	7.3
		ネットワークデザイン	27	282(54)	267(51)	85(17)	3.1
	英語4技能4科目	現象数理	1	63(8)	61(8)	15(3)	4.1
		先端メディアサイエンス	2	122(37)	117(36)	13(2)	9.0
		ネットワークデザイン	1	47(9)	45(8)	15(0)	3.0
合計			758	20,715(8,080)	19,738(7,772)	4,054(1,474)	—

(備考)

- ＊印の学部の数値には，追加合格・特別措置を含む。
- 農学部は補欠合格を含む。

2022 年度 入試状況

●学部別入試

(　)内は女子内数

学部・学科等			募集人員	志願者数	受験者数	合格者数	競争率
法	法律		375	4,739(1,582)	3,996(1,312)	844(303)	4.7
商	学部別		485	7,568(2,246)	6,664(1,954)	1,628(468)	4.1
商	英語4技能試験利用		15	910(425)	798(365)	150(60)	5.3
政治経済	政治		105	1,377(427)	1,284(391)	508(172)	2.5
政治経済	経済		290	3,685(685)	3,490(648)	1,329(252)	2.6
政治経済	地域行政		70	632(201)	598(189)	189(56)	3.2
文	文	日本文学	70	994(550)	889(492)	216(126)	4.1
文	文	英米文学	68	736(355)	660(317)	210(105)	3.1
文	文	ドイツ文学	23	355(160)	319(146)	85(44)	3.8
文	文	フランス文学	24	325(183)	295(167)	76(45)	3.9
文	文	演劇学	29	317(238)	270(201)	56(40)	4.8
文	文	文芸メディア	43	694(435)	621(394)	138(96)	4.5
文	史学地理	日本史学	51	753(232)	672(205)	134(32)	5.0
文	史学地理	アジア史	20	218(81)	187(66)	63(14)	3.0
文	史学地理	西洋史学	32	458(138)	384(108)	98(27)	3.9
文	史学地理	考古学	24	277(100)	242(84)	63(16)	3.8
文	史学地理	地理学	27	312(77)	273(63)	71(15)	3.8
文	心理社会	臨床心理学	24	588(363)	512(315)	90(56)	5.7
文	心理社会	現代社会学	26	588(337)	517(298)	108(64)	4.8
文	心理社会	哲学	20	288(114)	251(97)	62(21)	4.0
理工	電気電子生命	電気電子工学	80	1,079(74)	1,028(69)	320(18)	3.2
理工	電気電子生命	生命理工学	27	316(83)	295(77)	131(36)	2.3
理工	機械工		75	1,377(109)	1,305(103)	480(44)	2.7
理工	機械情報工		66	706(50)	671(48)	274(19)	2.4
理工	建築		88	1,669(501)	1,597(482)	326(105)	4.9
理工	応用化		60	1,259(330)	1,204(316)	472(129)	2.6
理工	情報科		65	1,706(175)	1,621(168)	375(28)	4.3
理工	数		32	394(42)	373(39)	155(14)	2.4
理工	物理		35	673(64)	637(58)	253(18)	2.5

(表つづく)

<table>
<tr><th colspan="3">学部・学科等</th><th>募集人員</th><th>志願者数</th><th>受験者数</th><th>合格者数</th><th>競争率</th></tr>
<tr><td rowspan="4">農</td><td colspan="2">農</td><td>90</td><td>1,132(406)</td><td>942(323)</td><td>297(110)</td><td>3.2</td></tr>
<tr><td colspan="2">農芸化</td><td>90</td><td>852(524)</td><td>698(420)</td><td>250(166)</td><td>2.8</td></tr>
<tr><td colspan="2">生命科</td><td>92</td><td>1,081(467)</td><td>916(404)</td><td>306(133)</td><td>3.0</td></tr>
<tr><td colspan="2">食料環境政策</td><td>79</td><td>1,108(430)</td><td>996(376)</td><td>211(91)</td><td>4.7</td></tr>
<tr><td rowspan="6">経営</td><td rowspan="3">3科目</td><td>経営</td><td rowspan="3">342</td><td rowspan="3">6,316(1,781)</td><td rowspan="3">6,041(1,693)</td><td rowspan="3">1,638(435)</td><td rowspan="3">3.7</td></tr>
<tr><td>会計</td></tr>
<tr><td>公共経営</td></tr>
<tr><td rowspan="3">英語4技能試験活用</td><td>経営</td><td rowspan="3">40</td><td rowspan="3">337(135)</td><td rowspan="3">327(129)</td><td rowspan="3">96(34)</td><td rowspan="3">3.4</td></tr>
<tr><td>会計</td></tr>
<tr><td>公共経営</td></tr>
<tr><td>情報コミュニケーション</td><td colspan="2">情報コミュニケーション</td><td>392</td><td>4,887(2,143)</td><td>4,741(2,100)</td><td>1,078(460)</td><td>4.4</td></tr>
<tr><td rowspan="2">国際日本</td><td colspan="2">3科目</td><td>130</td><td>2,420(1,525)</td><td>2,335(1,475)</td><td>681(441)</td><td>3.4</td></tr>
<tr><td colspan="2">英語4技能試験活用</td><td>100</td><td>1,516(992)</td><td>1,476(962)</td><td>664(421)</td><td>2.2</td></tr>
<tr><td rowspan="3">総合数理</td><td colspan="2">現象数理</td><td>35</td><td>717(132)</td><td>574(107)</td><td>97(13)</td><td>5.9</td></tr>
<tr><td colspan="2">先端メディアサイエンス</td><td>51</td><td>889(216)</td><td>749(173)</td><td>101(14)</td><td>7.4</td></tr>
<tr><td colspan="2">ネットワークデザイン</td><td>28</td><td>494(74)</td><td>414(62)</td><td>55(5)</td><td>7.5</td></tr>
<tr><td colspan="3">合計</td><td>3,818</td><td>56,742(19,182)</td><td>51,862(17,396)</td><td>14,378(4,746)</td><td>—</td></tr>
</table>

（備考）数値には追加合格・補欠合格・特別措置を含む。

●全学部統一入試

（　）内は女子内数

学部・学科等			募集人員	志願者数	受験者数	合格者数	競争率
法	法律		115	2,348(818)	2,224(772)	687(215)	3.2
商	商		80	1,674(569)	1,607(546)	332(109)	4.8
政治経済	政治		20	427(134)	407(128)	101(33)	4.0
	経済		50	1,399(316)	1,330(291)	253(55)	5.3
	地域行政		20	458(154)	443(149)	68(29)	6.5
文	文	日本文学	16	356(196)	343(190)	70(42)	4.9
		英米文学	18	281(165)	272(158)	93(55)	2.9
		ドイツ文学	7	118(56)	113(54)	24(12)	4.7
		フランス文学	8	201(113)	191(104)	39(17)	4.9
		演劇学	8	152(115)	145(109)	40(29)	3.6
		文芸メディア	7	279(187)	265(180)	61(38)	4.3
	史学地理	日本史学	15	325(102)	314(98)	78(27)	4.0
		アジア史	6	82(30)	78(29)	30(17)	2.6
		西洋史学	8	176(62)	171(60)	43(15)	4.0
		考古学	6	133(51)	128(50)	30(10)	4.3
		地理学	11	236(58)	231(56)	40(12)	5.8
	心理社会	臨床心理学	11	313(200)	302(192)	63(39)	4.8
		現代社会学	10	296(184)	287(181)	55(29)	5.2
		哲学	8	140(50)	133(47)	30(8)	4.4
理工	電気電子生命	電気電子工学	20	404(24)	366(24)	120(13)	3.1
		生命理工学	10	153(55)	141(50)	55(19)	2.6
	機械工		12	347(28)	318(23)	109(11)	2.9
	機械情報工		17	289(26)	270(24)	96(9)	2.8
	建築		19	514(152)	473(144)	99(33)	4.8
	応用化		12	327(103)	306(97)	105(44)	2.9
	情報科		12	532(69)	482(63)	76(11)	6.3
	数		10	158(20)	149(19)	52(6)	2.9
	物理		5	189(18)	177(17)	52(1)	3.4

（表つづく）

学部・学科等			募集人員	志願者数	受験者数	合格者数	競争率
農	3科目	農	15	411(163)	385(149)	90(41)	4.3
		農芸化	15	336(222)	314(211)	62(44)	5.1
		生命科	10	341(133)	311(127)	58(23)	5.4
		食料環境政策	5	245(103)	239(98)	34(15)	7.0
	英語4技能3科目	農	5	119(52)	114(50)	25(9)	4.6
		農芸化	5	163(116)	156(110)	31(23)	5.0
		生命科	5	142(76)	135(75)	21(16)	6.4
		食料環境政策	3	196(106)	190(103)	22(14)	8.6
経営	3科目	経営	27	833(282)	792(265)	158(54)	5.0
		会計					
		公共経営					
	英語4技能3科目	経営	3	480(202)	461(194)	59(20)	7.8
		会計					
		公共経営					
情報コミュニケーション	情報コミュニケーション		25	1,204(615)	1,154(595)	151(83)	7.6
国際日本	3科目		10	750(474)	722(454)	60(29)	12.0
	英語4技能3科目		18	940(596)	915(578)	120(71)	7.6
総合数理	3科目	現象数理	4	63(19)	57(17)	13(1)	4.4
		先端メディアサイエンス	4	58(29)	53(28)	5(3)	10.6
	4科目	現象数理	12	174(37)	166(36)	56(12)	3.0
		先端メディアサイエンス	20	332(92)	313(89)	57(14)	5.5
		ネットワークデザイン	27	265(44)	249(42)	77(21)	3.2
	英語4技能4科目	現象数理	1	52(11)	51(11)	14(5)	3.6
		先端メディアサイエンス	2	99(32)	96(31)	11(3)	8.7
		ネットワークデザイン	1	76(20)	72(18)	5(1)	14.4
合計			758	19,586(7,479)	18,611(7,136)	4,030(1,440)	―

（備考）数値には特別措置を含む。

合格最低点（学部別・全学部統一入試）

2024 年度 合格最低点

●学部別入試

学部・学科等			満点	合格最低点	合格最低得点率
法	法律		350	241	68.9
商	学部別		350	241	68.9
	英語4技能試験利用		550	378	68.7
政治経済	政治		350	237	67.7
	経済		350	242	69.1
	地域行政		350	235	67.1
文	文	日本文学	300	209	69.7
		英米文学	300	207	69.0
		ドイツ文学	300	196	65.3
		フランス文学	300	195	65.0
		演劇学	300	201	67.0
		文芸メディア	300	212	70.7
	史学地理	日本史学	300	216	72.0
		アジア史	300	207	69.0
		西洋史学	300	214	71.3
		考古学	300	211	70.3
		地理学	300	208	69.3
	心理社会	臨床心理学	300	216	72.0
		現代社会学	300	214	71.3
		哲学	300	205	68.3

（表つづく）

学部・学科等			満点	合格最低点	合格最低得点率
理工	電気電子生命	電気電子工学	360	243	67.5
		生命理工学	360	257	71.4
	機械工		360	269	74.7
	機械情報工		360	252	70.0
	建築		360	274	76.1
	応用化		360	266	73.9
	情報科		360	275	76.4
	数		360	255	70.8
	物理		360	276	76.7
農	農		450	317	70.4
	農芸化		450	318	70.7
	生命科		450	320	71.1
	食料環境政策		450	328	72.9
経営	3科目	経営	350	231	66.0
		会計			
		公共経営			
	英語4技能試験活用	経営	230	128	55.7
		会計			
		公共経営			
情報コミュニケーション	情報コミュニケーション		300	189	63.0
国際日本	3科目		450	332	73.8
	英語4技能試験活用		250	170	68.0
総合数理	現象数理		320	192	60.0
	先端メディアサイエンス		320	190	59.4
	ネットワークデザイン		320	173	54.1

●全学部統一入試

学部・学科等			満点	合格最低点	合格最低得点率
法	法律		300	197	65.7
商	商		450	304	67.6
政治経済	政治		350	238	68.0
	経済		350	232	66.3
	地域行政		350	232	66.3
文	文	日本文学	300	202	67.3
		英米文学	300	195	65.0
		ドイツ文学	300	191	63.7
		フランス文学	300	192	64.0
		演劇学	300	196	65.3
		文芸メディア	300	210	70.0
	史学地理	日本史学	300	205	68.3
		アジア史	300	199	66.3
		西洋史学	300	207	69.0
		考古学	300	201	67.0
		地理学	300	197	65.7
	心理社会	臨床心理学	300	201	67.0
		現代社会学	300	206	68.7
		哲学	300	200	66.7
理工	電気電子生命	電気電子工学	400	234	58.5
		生命理工学	400	247	61.8
	機械工		400	260	65.0
	機械情報工		400	243	60.8
	建築		400	264	66.0
	応用化		400	257	64.3
	情報科		400	280	70.0
	数		400	243	60.8
	物理		400	255	63.8

（表つづく）

学部・学科等			満点	合格最低点	合格最低得点率
農	3科目	農	300	184	61.3
		農芸化	300	187	62.3
		生命科	300	195	65.0
		食料環境政策	300	192	64.0
	英語4技能3科目	農	300	231	77.0
		農芸化	300	227	75.7
		生命科	300	225	75.0
		食料環境政策	300	231	77.0
経営	3科目	経営	350	244	69.7
		会計			
		公共経営			
	英語4技能3科目	経営	350	292	83.4
		会計			
		公共経営			
情報コミュニケーション	情報コミュニケーション		350	240	68.6
国際日本	3科目		400	285	71.3
	英語4技能3科目		400	343	85.8
総合数理	3科目	現象数理	400	266	66.5
		先端メディアサイエンス	400	274	68.5
	4科目	現象数理	500	317	63.4
		先端メディアサイエンス	500	333	66.6
		ネットワークデザイン	500	297	59.4
	英語4技能4科目	現象数理	400	297	74.3
		先端メディアサイエンス	400	305	76.3
		ネットワークデザイン	400	294	73.5

2023年度 合格最低点

●学部別入試

学部・学科等			満点	合格最低点	合格最低得点率
法	法律		350	222	63.4
商	学部別		350	238	68.0
	英語4技能試験利用		550	388	70.5
政治経済	政治		350	240	68.6
	経済		350	233	66.6
	地域行政		350	227	64.9
文	文	日本文学	300	209	69.7
		英米文学	300	201	67.0
		ドイツ文学	300	196	65.3
		フランス文学	300	198	66.0
		演劇学	300	204	68.0
		文芸メディア	300	213	71.0
	史学地理	日本史学	300	211	70.3
		アジア史	300	202	67.3
		西洋史学	300	211	70.3
		考古学	300	200	66.7
		地理学	300	200	66.7
	心理社会	臨床心理学	300	216	72.0
		現代社会学	300	214	71.3
		哲学	300	211	70.3
理工	電気電子生命	電気電子工学	360	233	64.7
		生命理工学	360	243	67.5
	機械工		360	236	65.6
	機械情報工		360	245	68.1
	建築		360	257	71.4
	応用化		360	244	67.8
	情報科		360	259	71.9
	数		360	235	65.3
	物理		360	247	68.6

（表つづく）

<table>
<tr><th colspan="3">学部・学科等</th><th>満点</th><th>合格最低点</th><th>合格最低得点率</th></tr>
<tr><td rowspan="4">農</td><td colspan="2">農</td><td>450</td><td>263</td><td>58.4</td></tr>
<tr><td colspan="2">農芸化</td><td>450</td><td>263</td><td>58.4</td></tr>
<tr><td colspan="2">生命科</td><td>450</td><td>268</td><td>59.6</td></tr>
<tr><td colspan="2">食料環境政策</td><td>450</td><td>300</td><td>66.7</td></tr>
<tr><td rowspan="6">経営</td><td rowspan="3">3科目</td><td>経営</td><td rowspan="3">350</td><td rowspan="3">211</td><td rowspan="3">60.3</td></tr>
<tr><td>会計</td></tr>
<tr><td>公共経営</td></tr>
<tr><td rowspan="3">英語4技能試験活用</td><td>経営</td><td rowspan="3">230</td><td rowspan="3">128</td><td rowspan="3">55.7</td></tr>
<tr><td>会計</td></tr>
<tr><td>公共経営</td></tr>
<tr><td>情報コミュニケーション</td><td colspan="2">情報コミュニケーション</td><td>300</td><td>203</td><td>67.7</td></tr>
<tr><td rowspan="2">国際日本</td><td colspan="2">3科目</td><td>450</td><td>354</td><td>78.7</td></tr>
<tr><td colspan="2">英語4技能試験活用</td><td>250</td><td>186</td><td>74.4</td></tr>
<tr><td rowspan="3">総合数理</td><td colspan="2">現象数理</td><td>320</td><td>228</td><td>71.3</td></tr>
<tr><td colspan="2">先端メディアサイエンス</td><td>320</td><td>238</td><td>74.4</td></tr>
<tr><td colspan="2">ネットワークデザイン</td><td>320</td><td>235</td><td>73.4</td></tr>
</table>

●全学部統一入試

<table>
<tr><th colspan="3">学部・学科等</th><th>満点</th><th>合格最低点</th><th>合格最低
得点率</th></tr>
<tr><td>法</td><td colspan="2">法律</td><td>300</td><td>211</td><td>70.3</td></tr>
<tr><td>商</td><td colspan="2">商</td><td>450</td><td>312</td><td>69.3</td></tr>
<tr><td rowspan="3">政治経済</td><td colspan="2">政治</td><td>350</td><td>251</td><td>71.7</td></tr>
<tr><td colspan="2">経済</td><td>350</td><td>243</td><td>69.4</td></tr>
<tr><td colspan="2">地域行政</td><td>350</td><td>234</td><td>66.9</td></tr>
<tr><td rowspan="14">文</td><td rowspan="6">文</td><td>日本文学</td><td>300</td><td>212</td><td>70.7</td></tr>
<tr><td>英米文学</td><td>300</td><td>206</td><td>68.7</td></tr>
<tr><td>ドイツ文学</td><td>300</td><td>209</td><td>69.7</td></tr>
<tr><td>フランス文学</td><td>300</td><td>202</td><td>67.3</td></tr>
<tr><td>演劇学</td><td>300</td><td>207</td><td>69.0</td></tr>
<tr><td>文芸メディア</td><td>300</td><td>218</td><td>72.7</td></tr>
<tr><td rowspan="5">史学地理</td><td>日本史学</td><td>300</td><td>211</td><td>70.3</td></tr>
<tr><td>アジア史</td><td>300</td><td>209</td><td>69.7</td></tr>
<tr><td>西洋史学</td><td>300</td><td>214</td><td>71.3</td></tr>
<tr><td>考古学</td><td>300</td><td>205</td><td>68.3</td></tr>
<tr><td>地理学</td><td>300</td><td>205</td><td>68.3</td></tr>
<tr><td rowspan="3">心理社会</td><td>臨床心理学</td><td>300</td><td>218</td><td>72.7</td></tr>
<tr><td>現代社会学</td><td>300</td><td>207</td><td>69.0</td></tr>
<tr><td>哲学</td><td>300</td><td>215</td><td>71.7</td></tr>
<tr><td rowspan="9">理工</td><td rowspan="2">電気電子生命</td><td>電気電子工学</td><td>400</td><td>237</td><td>59.3</td></tr>
<tr><td>生命理工学</td><td>400</td><td>249</td><td>62.3</td></tr>
<tr><td colspan="2">機械工</td><td>400</td><td>246</td><td>61.5</td></tr>
<tr><td colspan="2">機械情報工</td><td>400</td><td>250</td><td>62.5</td></tr>
<tr><td colspan="2">建築</td><td>400</td><td>269</td><td>67.3</td></tr>
<tr><td colspan="2">応用化</td><td>400</td><td>270</td><td>67.5</td></tr>
<tr><td colspan="2">情報科</td><td>400</td><td>284</td><td>71.0</td></tr>
<tr><td colspan="2">数</td><td>400</td><td>234</td><td>58.5</td></tr>
<tr><td colspan="2">物理</td><td>400</td><td>248</td><td>62.0</td></tr>
</table>

（表つづく）

学部・学科等			満点	合格最低点	合格最低得点率
農	3科目	農	300	190	63.3
		農芸化	300	198	66.0
		生命科	300	196	65.3
		食料環境政策	300	208	69.3
	英語4技能3科目	農	300	241	80.3
		農芸化	300	233	77.7
		生命科	300	241	80.3
		食料環境政策	300	241	80.3
経営	3科目	経営	350	258	73.7
		会計			
		公共経営			
	英語4技能3科目	経営	350	310	88.6
		会計			
		公共経営			
情報コミュニケーション	情報コミュニケーション		350	250	71.4
国際日本	3科目		400	300	75.0
	英語4技能3科目		400	353	88.3
総合数理	3科目	現象数理	400	250	62.5
		先端メディアサイエンス	400	287	71.8
	4科目	現象数理	500	303	60.6
		先端メディアサイエンス	500	350	70.0
		ネットワークデザイン	500	301	60.2
	英語4技能4科目	現象数理	400	291	72.8
		先端メディアサイエンス	400	314	78.5
		ネットワークデザイン	400	275	68.8

2022 年度　合格最低点

●学部別入試

学部・学科等			満点	合格最低点	合格最低得点率
法	法律		350	238	68.0
商	学部別		350	243	69.4
	英語4技能試験利用		550	401	72.9
政治経済	政治		350	221	63.1
	経済		350	216	61.7
	地域行政		350	217	62.0
文	文	日本文学	300	183	61.0
		英米文学	300	177	59.0
		ドイツ文学	300	176	58.7
		フランス文学	300	174	58.0
		演劇学	300	182	60.7
		文芸メディア	300	187	62.3
	史学地理	日本史学	300	190	63.3
		アジア史	300	184	61.3
		西洋史学	300	194	64.7
		考古学	300	178	59.3
		地理学	300	183	61.0
	心理社会	臨床心理学	300	184	61.3
		現代社会学	300	192	64.0
		哲学	300	186	62.0
理工	電気電子生命	電気電子工学	360	246	68.3
		生命理工学	360	236	65.6
	機械工		360	248	68.9
	機械情報工		360	241	66.9
	建築		360	265	73.6
	応用化		360	240	66.7
	情報科		360	261	72.5
	数		360	239	66.4
	物理		360	255	70.8

（表つづく）

学部・学科等			満点	合格最低点	合格最低得点率
農	農		450	257	57.1
	農芸化		450	257	57.1
	生命科		450	262	58.2
	食料環境政策		450	295	65.6
経営	3科目	経営	350	225	64.3
		会計			
		公共経営			
	英語4技能試験活用	経営	230	132	57.4
		会計			
		公共経営			
情報コミュニケーション	情報コミュニケーション		300	187	62.3
国際日本	3科目		450	338	75.1
	英語4技能試験活用		250	173	69.2
総合数理	現象数理		320	191	59.7
	先端メディアサイエンス		320	195	60.9
	ネットワークデザイン		320	181	56.6

●全学部統一入試

学部・学科等			満点	合格最低点	合格最低得点率
法	法律		300	222	74.0
商	商		450	350	77.8
政治経済	政治		350	275	78.6
	経済		350	274	78.3
	地域行政		350	268	76.6
文	文	日本文学	300	226	75.3
		英米文学	300	216	72.0
		ドイツ文学	300	221	73.7
		フランス文学	300	218	72.7
		演劇学	300	219	73.0
		文芸メディア	300	230	76.7
	史学地理	日本史学	300	231	77.0
		アジア史	300	222	74.0
		西洋史学	300	227	75.7
		考古学	300	224	74.7
		地理学	300	225	75.0
	心理社会	臨床心理学	300	224	74.7
		現代社会学	300	230	76.7
		哲学	300	224	74.7
理工	電気電子生命	電気電子工学	400	280	70.0
		生命理工学	400	276	69.0
	機械工		400	286	71.5
	機械情報工		400	286	71.5
	建築		400	302	75.5
	応用化		400	290	72.5
	情報科		400	321	80.3
	数		400	293	73.3
	物理		400	299	74.8

（表つづく）

<table>
<tr><th colspan="3">学部・学科等</th><th>満点</th><th>合格最低点</th><th>合格最低得点率</th></tr>
<tr><td rowspan="8">農</td><td rowspan="4">3科目</td><td>農</td><td>300</td><td>219</td><td>73.0</td></tr>
<tr><td>農芸化</td><td>300</td><td>225</td><td>75.0</td></tr>
<tr><td>生命科</td><td>300</td><td>228</td><td>76.0</td></tr>
<tr><td>食料環境政策</td><td>300</td><td>230</td><td>76.7</td></tr>
<tr><td rowspan="4">英語4技能3科目</td><td>農</td><td>300</td><td>232</td><td>77.3</td></tr>
<tr><td>農芸化</td><td>300</td><td>243</td><td>81.0</td></tr>
<tr><td>生命科</td><td>300</td><td>250</td><td>83.3</td></tr>
<tr><td>食料環境政策</td><td>300</td><td>250</td><td>83.3</td></tr>
<tr><td rowspan="6">経営</td><td rowspan="3">3科目</td><td>経営</td><td rowspan="3">350</td><td rowspan="3">264</td><td rowspan="3">75.4</td></tr>
<tr><td>会計</td></tr>
<tr><td>公共経営</td></tr>
<tr><td rowspan="3">英語4技能3科目</td><td>経営</td><td rowspan="3">350</td><td rowspan="3">303</td><td rowspan="3">86.6</td></tr>
<tr><td>会計</td></tr>
<tr><td>公共経営</td></tr>
<tr><td>情報コミュニケーション</td><td colspan="2">情報コミュニケーション</td><td>350</td><td>274</td><td>78.3</td></tr>
<tr><td rowspan="2">国際日本</td><td colspan="2">3科目</td><td>400</td><td>326</td><td>81.5</td></tr>
<tr><td colspan="2">英語4技能3科目</td><td>400</td><td>353</td><td>88.3</td></tr>
<tr><td rowspan="8">総合数理</td><td rowspan="2">3科目</td><td>現象数理</td><td>400</td><td>270</td><td>67.5</td></tr>
<tr><td>先端メディアサイエンス</td><td>400</td><td>300</td><td>75.0</td></tr>
<tr><td rowspan="3">4科目</td><td>現象数理</td><td>500</td><td>363</td><td>72.6</td></tr>
<tr><td>先端メディアサイエンス</td><td>500</td><td>383</td><td>76.6</td></tr>
<tr><td>ネットワークデザイン</td><td>500</td><td>344</td><td>68.8</td></tr>
<tr><td rowspan="3">英語4技能4科目</td><td>現象数理</td><td>400</td><td>318</td><td>79.5</td></tr>
<tr><td>先端メディアサイエンス</td><td>400</td><td>330</td><td>82.5</td></tr>
<tr><td>ネットワークデザイン</td><td>400</td><td>324</td><td>81.0</td></tr>
</table>

募集要項(出願書類)の入手方法

一般選抜（学部別入試・全学部統一入試・大学入学共通テスト利用入試）はWeb出願となっており，パソコン・スマートフォン・タブレットから出願できます。詳細は一般選抜要項（大学ホームページにて11月上旬公開予定）をご確認ください。

問い合わせ先

明治大学　入学センター事務室
〒101-8301　東京都千代田区神田駿河台1-1
月曜～金曜：9：00～11：30，12：30～17：00
土　　曜：9：00～12：00
日曜・祝日：休　業
TEL　03-3296-4138
https://www.meiji.ac.jp/

合格体験記 募集

2025 年春に入学される方を対象に，本大学の「合格体験記」を募集します。お寄せいただいた合格体験記は，編集部で選考の上，小社刊行物やウェブサイト等に掲載いたします。お寄せいただいた方には小社規定の謝礼を進呈いたしますので，ふるってご応募ください。

応募方法

下記 URL または QR コードより応募サイトにアクセスできます。
ウェブフォームに必要事項をご記入の上，ご応募ください。
折り返し執筆要領をメールにてお送りします。
※入学が決まっている一大学のみ応募できます。

☞ http://akahon.net/exp/

応募の締め切り

総合型選抜・学校推薦型選抜	2025年 2月 23日
私立大学の一般選抜	2025年 3月 10日
国公立大学の一般選抜	2025年 3月 24日

受験川柳 募集

受験にまつわる川柳を募集します。
入選者には賞品を進呈！
ふるってご応募ください。

応募方法　http://akahon.net/senryu/　にアクセス！ ☞

気になること、聞いてみました！

在学生メッセージ

大学ってどんなところ？ 大学生活ってどんな感じ？
ちょっと気になることを，在学生に聞いてみました。

以下の内容は 2020〜2023 年度入学生のアンケート回答に基づくものです。ここで触れられている内容は今後変更となる場合もありますのでご注意ください。

メッセージを書いてくれた先輩　［商学部］N.S. さん　A.N. さん　［政治経済学部］R.S. さん
［文学部］R.Y. さん　［経営学部］M.H. さん
［情報コミュニケーション学部］I.M. さん

大学生になったと実感！

自由になったのと引き換えに，負わなければならない責任が重くなりました。例えば，大学では高校のように決められた時間割をこなすということはなくなり，自分が受けたい授業を選んで時間割を組むことができるようになります。時間割は細かいルールに従って各々で組むため，さまざまなトラブルが発生することもありますが，その責任は学生個人にあり，大学が助けてくれることはありません。大学に入ってから，高校までの手厚い支援のありがたみに気づきました。（N.S. さん／商）

自由な時間が増えたことです。それによって遊びに行ったりバイトをしたりとやりたいことができるようになりました。その反面，自由なので生活が堕落してしまう人もちらほら見られます。やるべきことはしっかりやるという自制心が必要になると思います。（R.S. さん／政治経済）

自分から行動しないと友達ができにくいことです。高校まではクラスが存在したので自然と友達はできましたが，私の所属する学部に存在するのは便宜上のクラスのみで，クラス単位で何かをするということがなく，それぞれの授業でメンバーが大幅に変わります。そのため，自分から積極的に話しかけたり，サークルに入るなど，自分から何かアクションを起こさないとなかなか友達ができないなということを実感しました。（I.M. さん／情報コミュニケーション）

大学生活に必要なもの

持ち運び可能なパソコンです。パソコンが必須の授業は基本的にありませんが，課題でパソコンを使わない授業はほとんどありません。大学には借りられるパソコンもありますが，使用できる場所や時間が決まっていたり，データの管理が難しくなったりするので，自分のパソコンは必要です。私の場合はもともとタブレットをパソコン代わりにして使っていたので，大学では大学のパソコン，自宅では家族と共用しているパソコン，外出先では自分のタブレットとキーボードというふうに使い分けています。（N.S. さん／商）

パソコンは必要だと思います。また，私は授業のノートを取ったり，教科書に書き込む用の iPad を買いました。パソコンを持ち歩くより楽だし，勉強のモチベ－ションも上がるのでおすすめです！（M.H. さん／経営）

この授業がおもしろい！

演劇学という授業です。グループのなかで台本，演出，演者の役割に分かれて，演劇を作成し発表します。自分たちで演劇を作り上げるのは難しいですが，ああでもない，こうでもない，と意見を交換しながら作り上げる作業はやりがいを感じられて楽しいです。また，１，２年生合同のグループワーク形式で行うため，同級生はもちろん，先輩や後輩とも仲良くなれます。（I.M. さん／情報コミュニケーション）

ビジネス・インサイトという，ビジネスを立案する商学部ならではの授業です。この授業の最大の特徴は，大学の教授だけでなく，皆さんも知っているような大企業の方も授業を担当されるということです。金融や保険，不動産，鉄道など，クラスによって分野が異なり，各クラスで決められた分野について学んだ後，与えられた課題についてビジネスを立案し，その内容を競うというアクティブな授業です。準備は大変でしたが，グループの人と仲良くなれたり，プレゼンのスキルが上がったりと，非常に充実した授業でした。（N.S. さん／商）

ネイティブスピーカーによる英語の授業です。発音などを教えてくれるので，高校まででではあまり学べなかった，実際に「話す」ということにつながる内容だと思います。また，授業中にゲームや話し合いをすることも多いので，友達もたくさん作れます!!（M.H. さん／経営）

大学の学びで困ったこと＆対処法

時間の使い方が難しいことです。私は，大学の授業と並行して資格試験の勉強に力を入れているのですが，正直，今のところうまくいっていません。特に空きコマの時間の使い方が難しいです。やっと大学の仕組みがわかってきたので，これからは課題や自習も時間割化して，勉強のペースを整えたいと思います。（N.S. さん／商）

「大学のテストはどのように勉強すればよいのだろうか？　高校と同じような方法でよいのか？」ということです。サークルに入るなどして，同じ授業を履修していた先輩から過去問をゲットしたり，アドバイスをもらったりするのが最も効果的だと思います。（I.M. さん／情報コミュニケーション）

困ったのは，履修登録の勝手がわからず，1年生はほとんど受けていない授業などを取ってしまったことです。周りは2年生だし，友達同士で受講している人が多かったので課題やテストで苦しみました。しかし，違う学年でも話しかければ「最初，履修全然わかんないよね～」と言って教えてくれました。何事も自分から動くことが大切だと思います。（M.H. さん／経営）

部活・サークル活動

マーケティング研究会という，マーケティングを学ぶサークルに入っています。基本的には週 1 回 1 コマの活動なので，他のサークルを掛け持ちしたり，勉強やバイトに打ち込んだりしながら，サークル活動を続けることができます。他大学との合同勉強会やビジネスコンテストもあり，とても刺激を受けます。（N.S. さん／商）

バドミントンサークルに所属しています。土日や長期休みに，長野や山梨などに合宿に行くこともあります！（R.Y. さん／文）

運動系のサークルに入っています。週 1， 2 回活動しています。サークルなので行けるときに行けばよく，それでも皆が歓迎してくれるし，高校の部活のように厳しくなくてマイペースに活動できているので，とても楽しいです。友達も増えるので何かしらのサークルに入るのはとてもおススメです。（I.M. さん／情報コミュニケーション）

交友関係は？

自分の所属するコミュニティはそこまで広くなく，クラスとしか関わりはありません。クラスは高校のときとほとんど変わりありません。先輩と交友関係をもちたいのであれば，やはりサークルに入ることをおススメします。入学して 2 カ月ほどは新入生歓迎会をやっているサークルがほとんどなので，ぜひ参加してみてください。（R.S. さん／政治経済）

SNS で「＃春から明治」を検索して同じ専攻の人と仲良くなりました。

また，専攻ごとに交流会があるので，そこでも仲良くなれます。先輩とはサークルや部活で知り合いました。（R.Y. さん／文）

経営学部にはクラスがあり，特に週に2回ある語学の授業で毎回会う友達とはかなり仲が良くて，遊びに行ったり，空きコマでご飯に行ったりします。なお，サークルは男女関係なく集団で仲良くなれるので，高校までの友達の感覚とはちょっと違う気がします。サークルの先輩は高校の部活の先輩よりラフな感じです。気楽に話しかけることが大切だと思います！（M.H. さん／経営）

いま「これ」を頑張っています

英語の勉強です。やりたい職業は決まっているのですが，少しでも夢に近づきたいのと，やりたいことが現在所属している学部系統から少し離れるので，進路選択に柔軟性をもたせたいという意味でも，英語の勉強に力を入れています。（N.S. さん／商）

高校野球の指導です。自分は少しですが野球が得意なので現在母校で学生コーチをやらせてもらっています。大学生になると本気で何かに打ち込むということは少なくなるので，選手が必死に球を追いかけている姿を見るととても刺激になります。（R.S. さん／政治経済）

普段の生活で気をつけていることや心掛けていること

授業にしっかり出席するということです。高校生からすると当たり前と思うかもしれませんが，大学は欠席連絡をする必要もないし，大学から確認の電話がかかってくることも基本的にはありません。どうしても夜寝る時間が遅くなってしまう日もあると思いますが，そんなときでも授業には絶対に出席するようにして生活が乱れないようにしています。（R.S. さん／政治経済）

提出物の期限やテストの日程などを忘れないようにすることです。一人ひとり時間割が違うので，自分で気をつけていないと，忘れてしまって単位を落としてしまうということにもなりかねません。また，バイトやサークルなどの予定も増えるので，時間をうまく使うためにもスケジュール管理が大切です。（M.H. さん／経営）

おススメ・お気に入りスポット

ラーニングスクエアという施設です。とてもきれいで近未来的なデザインなので，気に入っています。（R.Y. さん／文）

明治大学周辺には，美味しいご飯屋さんが数多く存在し，大抵のものは食べることができます。特に，「きび」という中華そば屋さんがとても美味しいです。こってり系からあっさり系まで自分好みの中華そばを食べることができます。（I.M. さん／情報コミュニケーション）

食堂がお気に入りです。お昼休みの時間に友達と話をするためによく使っています。3 階建てで席数も多く，綺麗なので快適です。Wi-Fi もあるので，パソコン作業をすることもできます。また，隣にコンビニがあるので食べたいものが基本的に何でもあり便利です。（A.N. さん／商）

入学してよかった！

施設が全体的に新しく，充実していることです。快適に過ごせるので，大学に行くモチベーションになったり，勉強が捗ったりしています。また，各キャンパスが大きすぎないのも，移動時間の観点から効率が良くて気に入っています。（N.S. さん／商）

厳しい受験を乗り越えてきた人たちばかりなので，「やるときはちゃんとやる」人が多いように感じます。テスト前に「一緒に勉強しよう！」と誘ってきてくれたり，わからないところを教え合ったりできるので，「真面目なことが恥ずかしいことではない」と感じることができ，毎日とても楽しいです。（I.M. さん／情報コミュニケーション）

たくさんの友達と出会えることです。明治大学では，自分でチャンスを探せばたくさんの人と出会えるし，コミュニティも広がると思います。また，図書館が綺麗で空きコマや放課後に作業するにも快適で気に入っています。ソファ席もたくさんあるので，仮眠も取れてとてもいいと思います。（M.H. さん／経営）

高校生のときに「これ」をやっておけばよかった

写真や動画をたくさん撮っておきましょう。文化祭や体育祭など，行事の際はもちろんですが，休み時間や，皆で集まって試験勉強をしているときなど，高校での日常の１コマを残しておくことも，後で見返したときにとても良い思い出になります。今になってそれらを見返して，ああ制服って愛おしかったな，とノスタルジーをおぼえます。（I.M. さん／情報コミュニケーション）

英語の勉強をもっとしておけばと思いました。英語は大学生になっても，社会人になっても必要です。大学では英語の授業だけでなく，他の授業でも英語を読まなければならないときがあるので，とても大事です。高校生のときにちゃんと勉強しておくだけでだいぶ変わってくると思います。（A.N. さん／商）

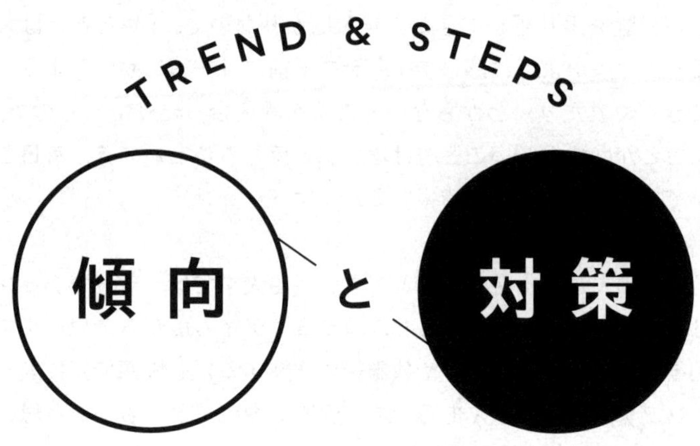

科目ごとに問題の「傾向」を分析し，具体的にどのような「対策」をすればよいか紹介しています。まずは出題内容をまとめた分析表を見て，試験の概要を把握しましょう。

注　意

「傾向と対策」で示している，出題科目・出題範囲・試験時間等については，2024 年度までに実施された入試の内容に基づいています。2025 年度入試の選抜方法については，各大学が発表する学生募集要項を必ずご確認ください。

英　語

年度	番号	項目	内容
2024 ◑	〔1〕	読解	選択：内容説明，語句整序，内容真偽
	〔2〕	読解	選択：空所補充，同意表現，段落の主題，内容説明，内容真偽 記述：空所補充　⊘図表
	〔3〕	読解	選択：空所補充
	〔4〕	会話文	選択：内容説明，同意表現，空所補充
2023 ◑	〔1〕	読解	選択：内容説明，内容真偽，同意表現，語句整序，空所補充 記述：空所補充
	〔2〕	読解	選択：空所補充，同意表現，内容説明　⊘グラフ
	〔3〕	読解	選択：空所補充
	〔4〕	会話文	選択：内容説明，同意表現，空所補充
2022 ◑	〔1〕	読解	選択：空所補充，内容説明，同意表現，内容真偽，欠文挿入箇所，語句整序
	〔2〕	読解	選択：空所補充，段落の主題，内容説明，内容真偽，関連文章の空所補充および主題 記述：空所補充　⊘図
	〔3〕	読解	選択：空所補充
	〔4〕	会話文	選択：内容説明，同意表現，空所補充
2021 ◑	〔1〕	読解	選択：空所補充，内容説明，内容真偽，欠文挿入箇所，語句整序
	〔2〕	読解	選択：空所補充，内容説明 記述：空所補充
	〔3〕	読解	選択：空所補充
	〔4〕	会話文	選択：内容説明，同意表現，空所補充

（注）●印は全問，◑印は一部マークシート方式採用であることを表す。

読解英文の主題

年度	番号	主題
2024	〔1〕	透明な木材の開発
	〔2〕	日本企業による海外での植林
	〔3〕	歩行支援ロボット

2023	〔1〕	アメリカにおける筆記体指導の減衰と必要性
	〔2〕	エビングハウスの記憶と忘却に関する実験と功績
	〔3〕	アメリカにおける夏時間の恒常化決定
2022	〔1〕	19 世紀の自転車ブームが女性に与えたもの
	〔2〕	キログラムの新定義法
	〔3〕	ヨーロッパ初の 3D プリント住宅
2021	〔1〕	新入社員にプログラミングを必修化した楽天
	〔2〕	イヌイットのしつけ法
	〔3〕	オックスフォード大学へ 1 億 5 千万ポンドの寄付金

傾向 バランスよく総合力を問う出題

01 出題形式は？

大問数は例年 4 題で，読解問題が 3 題，会話文問題が 1 題という構成が続いている。読解問題の中にはグラフや図を含む問題が出題されたり，関連する別の英文を読んで設問に答えるという形式が出題されることもある。大部分はマークシート方式による選択式で，一部記述式を含む。試験時間は 70 分である。

02 出題内容はどうか？

読解問題は，英文の語数は多めで，同意表現や内容真偽などの標準的な出題内容とともに，関連する別の英文の空所補充という特徴的な出題などがみられる。関連文章の空所補充，内容真偽などの問題で文章全体の理解度を試しつつ，同意表現や語句整序といった問題で基本的な英語の知識を問う内容となっている。また，英語の知識とともに，問われている内容をすばやく正確につかむという能力も求められている。会話文の空所補充は，会話の流れをつかんだうえで適切な語句を選ばせるものであり，会話表現の知識を問うというよりは，イディオムや文法的な知識と状況把握に重点が置かれている。

03 難易度は？

読解問題における英文の難易度は標準的である。英文の内容を踏まえて関連する別の英文の空所補充を行うという設問が含まれることがあるが，過去問を解いて対策を立てていれば高得点も可能であろう。会話文問題は空所補充中心ではあるが，選択肢が多いことと，会話特有のイディオムが含まれること，また会話文自体が長いことを考えると，やや難しいといえるだろう。全体的には標準レベルの出題である。

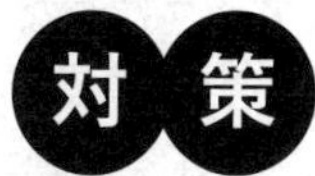

01 読解問題

英文のレベルは標準的であるが，文章の全体像をきちんと把握することが求められている。よって文法・語彙力はもちろん，読解力を高めておく必要がある。ただやみくもに数多くの英文にあたるのではなく，一つ一つの文章を丁寧に読み解く練習をしたい。パラグラフごとに要約をするなど，文章の前後関係の把握を意識して演習しよう。その際，文章を読むうえで「標識」の役割を果たし，文と文，段落と段落の論理関係を示すことば（＝ディスコースマーカー）を意識してまとめることで，短時間で要点を押さえる読解力が身につく。『大学入試 ぐんぐん読める英語長文』（教学社）など，入試頻出の英文を扱い，解説も詳しい問題集を選んで訓練しておくとよい。また，文章のテーマとして「楽天のプログラミング必修化」「3Dプリント住宅」「歩行支援ロボット」など，時事的な内容が取り上げられることもあるので，ニュースに目を通しておくことも文章理解の一助になるだろう。

また，図表を用いた問題のほかに，文中の数値を用いて計算を行う問題も出題されることがあるので，こちらの対策もしておきたい。グラフ・ビジュアル問題を集めた問題集を用いて，英文とグラフなどの数値を絡めた問題に慣れておくとよい。TOEICの基礎的な問題集やTEAPの問題集なども有効な対策となるだろう。

02 文法・語彙

語彙力を試すものから構文の知識を問うものまでバランスよく出題されている。学校で使っている問題集などを繰り返し演習し，基礎力の充実を図りたい。接頭辞や接尾辞，語幹の知識があると解きやすい問題もある。語源の解説を含んだ単語集を手元に1冊置いておくとよい。これまでのところ語句整序は単独では出題されていないが，読解問題の中で出題されているので，きちんと練習をしておきたい。たとえば，受験生が間違えやすいポイントを完全網羅した総合英文法書『大学入試 すぐわかる英文法』（教学社）などを手元に置いて，調べながら学習すると効果アップにつながるだろう。

03 会話文

例年，空所補充が中心の出題である。しかし，会話表現の知識を問うという単純な問題ではなく，会話の流れをつかんだうえで文章を完成させるという問題もあるので，読解問題の一種としてとらえたほうがよいだろう。ネイティブ発想の表現が選択肢に入っていることもある。会話の流れをつかみ，話者の発言の意図を汲みながら選択肢の語（句）のイメージをふくらませて正解を探りたい。発言の一部分のみが書いてあり，空所を補充して全文を完成するというパターンもみられるので，上述の読解対策に加えて，文法・語彙の問題集なども使って，きちんと対策を練っておきたい。

明治大「英語」におすすめの参考書

✓『大学入試 ぐんぐん読める英語長文』（教学社）
✓『大学入試 すぐわかる英文法』（教学社）
✓『明治大の英語』（教学社）

数　学

年度	番号	項　目	内　容
2024 ◑	〔1〕	小 問 4 問	(1)整数問題　(2)微分法　(3)複素数平面　(4)軌跡
	〔2〕	高次方程式	3 次方程式の解と係数の関係，対称式の計算
	〔3〕	確　　率	コインとカードの番号により設定される事象の確率，条件付き確率，乗法定理，Σ 計算
	〔4〕	微・積分法	積分計算，極限
2023 ◑	〔1〕	小 問 2 問	(1)定積分の計算　(2)数列の極限
	〔2〕	小 問 2 問	(1)関数の極限　(2)複素数平面
	〔3〕	場 合 の 数	さいころの出た目とカードの番号によって定義される数に関する場合の数
	〔4〕	ベ ク ト ル	ベクトルの内積の立体図形への応用　⊘証明
	〔5〕	微・積分法	曲線の長さ
2022 ◑	〔1〕	小 問 3 問	(1)整数問題　(2)定積分の計算　(3)虚数の計算（極形式の利用）
	〔2〕	小 問 2 問	(1)平面図形　(2)確率
	〔3〕	2 次 関 数	2 次方程式の解の配置問題
	〔4〕	数　　列	漸化式，定積分の計算　⊘証明
	〔5〕	式 と 曲 線	xy 座標と極座標，図形の面積（置換積分法）
2021 ◑	〔1〕	小 問 3 問	(1)円と直線が接する条件　(2)中央値と確率　(3)積分（数Ⅲ）
	〔2〕	小 問 2 問	(1)面積の等しい条件　(2)自然対数の底 e に関する極限
	〔3〕	ベ ク ト ル	座標空間における直線と平面の交点，点と z 軸の距離の最小値，直線の回転面と 2 平面で囲まれる立体の体積
	〔4〕	数　　列	数列と漸化式，連続する 3 項の積，和と極限　⊘証明
	〔5〕	式 と 曲 線	曲線の媒介変数表示，三角形の内角，媒介変数表示の曲線の接線，曲線の長さ　⊘証明

（注）●印は全問，◑印は一部マークシート方式採用であることを表す。

出題範囲の変更

2025 年度入試より，数学は新教育課程での実施となります。詳細については，大学から発表される募集要項等で必ずご確認ください（以下は本書編集時点の情報）。

2024 年度（旧教育課程）	2025 年度（新教育課程）
数学Ⅰ・Ⅱ・Ⅲ・A・B（数列，ベクトル）	数学Ⅰ・Ⅱ・Ⅲ・A・B（数列）・C（ベクトル，平面上の曲線と複素数平面）

旧教育課程履修者への経過措置

2025 年度入学試験において，数学については，「旧教育課程履修者」に配慮して出題する。

微・積分法からの出題が目立つ 証明問題が頻出

01 出題形式は？

2023 年度までは大問 5 題の出題が続いていたが，2024 年度は大問 4 題の出題であった。解答形式は，前半の 2 ～ 3 題はマークシート方式または答えのみを記述する形式，後半 2 題が途中経過も求められる記述式となっている。試験時間は 120 分。

02 出題内容はどうか？

微・積分法からの出題が目立つ。また，確率，数列（および極限），ベクトルも頻出である。証明問題は毎年出題されていたが，2024 年度は出題がなかった。

03 難易度は？

教科書の節末・章末問題レベルの標準的な出題が中心であるが，記述式の問題では，計算量の多い問題や，やや難しい問題もみられる。時間配分としては，マークシート方式に 60 分，記述式に 60 分が目安となるだろう。

対策

01 標準レベルからやや難レベルの問題演習を

標準的な問題が中心であるから，『チャート式 基礎からの数学（青チャート)』シリーズ（数研出版）などの標準レベルの問題集や参考書で演習を積んでおけば対応できるだろう。ただし，やや難レベルの問題が出題される年度もある。このレベルの演習にも取り組んでおこう。

02 微・積分法の重点的な学習を

微・積分法から多く出題されているので，対策は十分にしておきたい。不定積分や定積分の計算力をしっかり身につけておきたい。『数学Ⅲ 重要事項完全習得編』（河合出版）や理工学部などの過去問も参考にして，演習を積むとよい。

03 記述・論証力の強化

記述式の問題，証明問題も出題されている。形式的に覚えているだけの知識では対応できない。公式の暗記だけではなく，導く過程も考えるなど，しっかりとした思考力を養いたい。普段の学習で問題を解く際に，空所補充形式の問題でも丁寧に計算過程を書いて，的確に論理を積み上げて採点者を納得させられる解答の書き方を練習しておきたい。また，背理法や数学的帰納法による証明，初等幾何の証明問題にもあたって感覚をつかんでおくべきであろう。これは過去問を通して学習するのが有効だろう。

明治大「数学」におすすめの参考書

- ✓『チャート式 基礎からの数学（青チャート）』シリーズ（数研出版）
- ✓『数学Ⅲ 重要事項完全習得編』（河合出版）

2024年度

問題と解答

学部別入試

問 題 編

▶試験科目・配点

教　科	科　　目	配　点
外国語	コミュニケーション英語Ⅰ・Ⅱ・Ⅲ，英語表現Ⅰ・Ⅱ	120 点
数　学	数学Ⅰ・Ⅱ・Ⅲ・A・B	200 点

▶備　考

「数学B」は「数列・ベクトル」から出題する。

英語

(70分)

〔Ｉ〕 次の英文を読んで設問に答えなさい。

Wood is a great building material. Strong and relatively lightweight, it's also readily available the world over. One thing it isn't, however, is transparent — you simply cannot see through it. Thus, it makes excellent walls but very poor window 'glass'. However, researchers have come up with an ingenious way to make wood largely transparent.

This opens up many possible new uses for wood, researchers say. Engineers and architects could use the new material to make large, window-like panels that would let natural light into buildings, for example; that would reduce the need for indoor lighting during the day.

Lignin* is the brownish substance in wood that makes it opaque. As a natural polymer, it consists of many small, repeating building blocks that are linked into a large, chain-like molecule. Lignin, in turn, bonds tightly to the cellulose and other substances in a plant's cell walls; this helps make wood very stiff and strong.

Removing lignin from wood is part of the process of making paper. In general, the more lignin that is removed, the whiter the paper becomes. Some 10 years ago, Japanese researchers came up with a way to make see-through paper. Their goal was a material that could be used as flexible display screens for electronic devices. Their material let more than 90 percent of the light shining on it pass through. Inspired by those results, a group led by Lars Berglund of the KTH Royal Institute of Technology in Stockholm, Sweden, ＿＿(A)＿＿, as the Japanese material had.

Their efforts succeeded.

The first step was removing the lignin. To do that, Berglund's team soaked sheets of wood just three millimeters thick in an acid bath for six hours. Thicker sheets, including some 2.5 times that thick, were bathed for 12 hours. These baths tested whether the solution would soak through the wood. It did.

Lignin constituted some 30 percent of the wood's weight, but after the acid bath it made up only three percent. The acid did not affect the wood's overall structure, however, as the wood's cell walls remained intact. At a microscopic level, the treated wood looked very much like a kitchen sponge, with many open spaces. With most lignin gone, much of the framework that remained was made of cellulose, another natural polymer in wood.

In the second step, the research team used a chemical compound known as methyl methacrylate (MMA), which can form a clear, unbreakable material which has several trade names, including Plexiglas and Lucite. The wooden framework was soaked and subsequently baked in MMA, yielding a strong composite material that was nearly clear.

The wooden framework had been a cloudy white color because light entering the framework was repeatedly scattered in many directions. Every time the light passed from the wood into air, or vice versa, the light's path was bent in a process called refraction. Most transparent materials have a refraction index*, a number between 1 and 2 that shows how much light bends when it enters or exits the material; the higher the difference in the index numbers between two materials, the more that light will bend as it travels from one material to the other.

The composite framework's index of refraction, however, is almost the same as solid MMA. That is crucial because that light passing through the Plexiglas-wood composite scatters very little and the wood-composite is largely transparent: nearly 85 percent of the light shining onto one side of the composite will exit out the other side. If some text is held close to the back of the wood, that text can even be read.

Potential uses are quite numerous. One is that transparent wood could be used to make large panels that replace windows. By day, less artificial lighting and thus less energy would be required in such buildings. A second idea is for packaging because the composite is clear and strong, even stronger than Plexiglass. For that reason, it could either replace Plexiglass or allow product designers to use less of it.

(Adapted from Sid Perkins, 'How to make window 'glass' from wood', *Science News for Students*, April 26, 2016)

*lignin　リグニン（物質名）　*refraction index　屈折率

1. 次の各問の答を①～④の中から１つ選び、その番号を解答欄にマークしなさい。

(1) What is a major drawback of using wood for window 'glass'?

① It is a renewable resource.

② It is quite strong and weighs relatively little.

③ It contains lignin and cellulose.

④ It is not transparent.

(2) What step was crucial in creating wood that was nearly clear?

① Using wood that was a cloudy color

② Creating a composite material that was based on the wooden matrix

③ Retaining the lignin that is one constituent of wood

④ Not losing the stiffness of wood

(3) Why did the Japanese research team strive to create transparent wood?

① To build see-through houses

② To create an alternative material for screens

③ As a research challenge

④ To make wood that could be colored

(4) What mechanism caused the cloudy white condition of the composite?

① Radiation contained in the light waves

② Reflection of the light waves

③ Refraction of the light waves

④ Reconstitution of the lignin-cellulose bond

2. 空欄(A)には、(ア)〜(ク)の語句全てを用いて並べ替えた英文が入る。3番目と6番目にくる単語および語句の組み合わせで適当なものを1つ選び、その番号を解答欄にマークしなさい。

(ア) set out	(イ) did not lose	(ウ) its stiffness
(エ) just as transparent	(オ) but	(カ) to make wood
(キ) that was	(ク) that	

① 3番目 (ウ) 6番目 (エ)

② 3番目 (ク) 6番目 (オ)

③ 3番目 (キ) 6番目 (ク)

④ 3番目 (イ) 6番目 (ア)

3. 本文に関連した以下の英文を読んで設問に答えなさい。

Silk is a marvelous material with a long history and many uses. People have been weaving silk fabrics for more than 5,000 years, and doctors have been using it to sew wounds shut for more than 1,800 years. Now, biomedical engineers led by David Kaplan, a biomedical engineer at Tufts University, have developed a new technique to easily and cheaply make different types of medical implants.

Beginning with silk fibers, Kaplan and his colleagues remove a protein called sericin from the silk fibers. The remaining material is then freeze-dried and ground into a very fine powder which can be molded into extremely strong, durable parts. The parts are shaped at high pressure (in excess of 6,400 kilograms per square centimeter) and molded at a temperature of 145° Celsius.

These powdered-silk parts were stronger than ones made the previous way, with dissolved silk proteins, and they were even stronger than wood.

Many different sorts of medical implants can be made from powdered silk, notes Kaplan. Those include screws used to hold a broken bone together and small tubes used to drain fluid from an infected ear. Enzymes* can be added to ensure the molded parts break down over time, thereby avoiding the need to surgically remove them later.

(B) Scientists describe as "biocompatible" any materials that can be used in the body without causing harm. That suggests another possible use: Embedding the molded implants with drugs such as infection-fighting antibiotics* or cancer drugs. The implants could slowly release the drug over time so patients might not need to take pills or get painful injections.

(Adapted from Sid Perkins, 'Silk can be molded into strong medical implants', *Science News for Students*, April 2, 2020)

*enzyme 酵素 *antibiotics 抗生物質

(1) What is **not** mentioned as a possible use of silk-based medical implants?

① Providing time-release medication to patients

② Reinforcing broken bones

③ Allowing liquid to escape from an infection

④ Providing parts for cosmetic surgery

(2) Based on this passage, which statement is accurate?

① Silk has been used for textiles for just under two millennia.

② Silk can be manipulated to make various derivative materials.

③ Silk has been utilized in medical procedures for about ten centuries.

④ Silk was an important commodity on the famous Silk Road.

(3) What does sentence (B) suggest?

① Silk-based implants are not rejected by the human body.

② Silk can cause harm to the human body because it is not biocompatible.

③ Injections are not biocompatible because they are painful.

④ Molded silk implants require surgery to be removed after the body has healed.

〔Ⅱ〕 次の英文を読んで設問に答えなさい。

Passage A

Wood, from which paper is made, is an excellent renewable resource that can regrow with the blessing of the sun (photosynthesis). Sustainable forest management is possible by ＿(A)＿ the cycle of ＿(B)＿ followed by ＿(C)＿. The Japanese paper industry believes that "we should make by ourselves the raw materials we use," and "we should use them sustainably by promoting the natural cycle of forest resources." Thus, the industry energetically promotes forest plantation activities in various parts of the world to ensure a stable supply of raw materials. Overseas forest plantation activities by the industry began during the 1970s and gained momentum (D) during the 1990s. Currently, 31 projects are ongoing in 11 countries, some of which are shown in Figure 1.

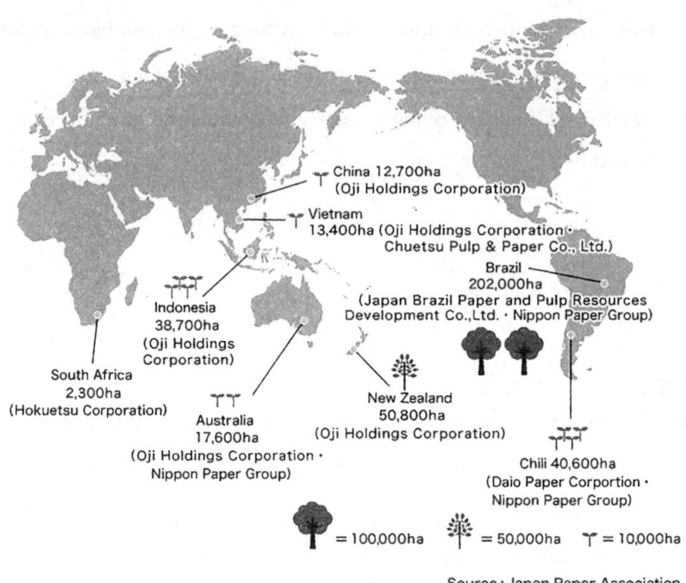

Figure 1. Overseas forest plantation by the Japanese paper industry

As of the end of 2020, a total of 520,000 hectares of land will have been planted (including 140,000 hectares in Japan), and the industry plans to increase the total area to 700,000 hectares by FY (fiscal year) 2020. Since the 1997 Kyoto Protocol, the remarkable CO_2 absorption/fixation ("carbon sink") capacity of forests has received particular attention. Forest plantation is all the more important because it is not just a question of stable securement of raw materials but also of contribution to protecting the environment.

Overseas forest plantation

Japanese paper companies have long owned and planted forests to secure raw materials in Japan. However, more than 60% of Japan's land is forested, and so securing more land space for new forest plantation was difficult and too costly. Accordingly, they looked for available land in other countries.

Advantages of forest plantation activities outside Japan include relative ease in securing a considerable land space, flatness of the land and the resulting higher operation efficiency, lower costs and faster tree growth. In addition, overseas forest plantation activities help create local job opportunities and improve regional social infrastructure, ___(E)___ making positive contributions to the local communities.

___(F)___

The site selected for forest plantation projects includes pasture, former pasture, shrubland, abandoned land and other low-use lands. With attention to local conditions, they plant eucalyptus, acacia and other fast-growing trees that are rich in fiber and suitable for paper making. For instance, planting trees that become ready for harvesting in eight years is done in an area divided into eight lots. Each year, trees are planted in one of the eight lots. Eight years later, the trees in the first lot are harvested, and then reforestation begins. In this way, the systematic cycle of seeding, planting, growth and maintenance, and harvesting is repeated. A constant harvest is ensured every year and the total forest area is secured sustainably.

Prevention of global warming through forest plantation

Plants absorb and store carbon dioxide through photosynthesis. On the other hand, plants emit carbon dioxide by breathing. The growth of plants means that the amount of carbon dioxide absorption exceeds that of carbon dioxide emissions. (G)In (①) words, young trees that continue to grow are more (②) of absorbing carbon dioxide than adult trees which have (③) stopped growing. There are always many young trees in the plantations, contributing to the reduction of carbon dioxide which contributes to global warming.

Bringing out the potential of trees

In order to implement forest plantations more efficiently, it is important to develop trees suitable as raw material for papermaking, such as fast growing and high-fiber ones. Using selective breeding, Japanese paper companies have already produced excellent trees that adapt to the climate conditions of places where plantations are implemented; in addition, those companies have been promoting the research and development of trees with less lignin and higher cellulose content. They also focus on the development of tree species that have excellent resistance to disease and insect pests, cold, drought, acid and salt damage. If these new species are viable, they can establish forests on land where trees cannot grow now.

(Adapted from 'To make paper starting with making forest', *Japan Paper Association*, June 19, 2019)

1. 次の各問の答を①～④の中から1つずつ選び、その番号を解答欄にマークしなさい。

(1) 空欄(A)～(C)に入る組み合わせとして最も適切なものは次のうちどれか。

① (A) harvesting (B) reusing (C) reducing

② (A) promoting (B) harvesting (C) replanting

③ (A) facilitating (B) reducing (C) destroying

④ (A) accelerating (B) operating (C) logging

(2) 下線部(D) momentum の意味に最も近いものは次のうちどれか。

① the force that makes something keep moving

② a unit for measuring time

③ the quantity of matter contained by it, giving rise to a downward force

④ the ability of something to float in water

(3) 空欄(E)に入る語として最も適切なものは次のうちどれか。

① despite ② thus ③ albeit ④ because of

(4) 空欄(F)に入る、その段落の見出しとして最も適切なものは次のうちどれか。

① Replanting experiment

② Logging operation

③ Major plantation species

④ Renewal at appropriate intervals

2. 本文の内容について、次の質問に対する最も適切な答を①～④の中から1つずつ選び、その番号を解答欄にマークしなさい。

(1) According to the passage, why is forest plantation important?

① Because it meets the UN goals for sustainability.

② Because it has the potential to create global jobs.

③ Because it can secure raw materials as well as save the environment.

④ Because it enhances mutual understanding through the activity.

(2) According to the passage, which of the following is true?

① Oversea plantation projects started shortly after World War II.

② Since about two-thirds of Japan's land is forested, securing more space for domestic forest plantation is not that difficult.

③ Adult trees are considered to absorb as much carbon dioxide as young trees do.

④ In the future, insect-resistant species of trees may possibly be realized.

3. 下線部(G)は「言い換えると、成長し続ける若木は、すでに成長の止まってしまった成木より、二酸化炭素を吸収する能力が高い。」という意味である。空欄①～③にそれぞれ適当な英語1語を入れなさい。

4. 本文に関連した以下の英文を読んで設問に答えなさい。

Passage B

Mitsui Fudosan and Takenaka Corporation are planning to build a 17-story (a) office tower in Tokyo's Nihonbashi district. With a proposed height of 70 meters, this would be the tallest wooden building in Japan.

Construction is tentatively scheduled to start in 2023 with completion in 2025. The building's floor area would be 26,000 square meters (280,000 square feet), and be constructed from 1,000 cubic meters of domestic lumber. The main structure would be a hybrid that incorporates Takenaka's (b) laminated wood with materials sourced from Mitsui-owned forests in Hokkaido. Carbon dioxide emissions would be 20% less than those when constructing a standard (c) office building of the same size and scale.

Mitsui Fudosan Group owns approximately 5,000 hectares of forests in Hokkaido, all of which have been certified by the Sustainable Green Ecosystem Council.

(Adapted from Zoe Ward, 'Japan's tallest wooden high-rise to be built in Nihonbashi', *Japan Property Central*, October 7, 2020)

(1) 空欄(a)〜(c)に入る最も適切な単語を枠内の①〜③から1つずつ選び、その番号を解答欄にマークしなさい。ただし、同じものを2度以上使ってはならない。

① fire-resistant	② steel-frame	③ wood-frame

(2) **Passage A** と **Passage B** の内容から、共通して言えることは次のうちどれか。①〜④の中から1つ選び、その番号を解答欄にマークしなさい。

① The plantation areas available are all overseas.

② Wood is expected to be environmentally friendly for many uses or applications.

③ Mitsui Fudosan Group is one of the leading companies in forest plantation.

④ The forest industry had experienced a downturn in demand over the decades.

〔Ⅲ〕 以下の空欄に入る最も適切なものを①から④の中から１つ選び、その番号を解答欄にマークしなさい。

Robotic gear called Walk Mate was developed by the Tokyo Institute of Technology and has been used in medical centers and elsewhere for physical therapy (1) 2018. In mid-December in 2021, the machine was tested to see how it supported religious pilgrims on the *henro* pilgrimage in the Shikoku region to (2) the footsteps of Kukai (774-835), a Buddhist priest.

(1) ① as ② before ③ when ④ since

(2) ① go ② trace ③ return ④ spread

After the test was over, a woman in her 50s who climbed a 500-meter slope between two temples with her husband called the technology marvelous. "Thanks to the power of this device, I could step smoothly without wheezing. I was worried about my weak right knee, but I could walk just like healthy people (3)," she said. A man in his 60s also expressed surprise and (4). He had an outfit with a control device on his back and motors on his shoulders and waist.

(3) ① will ② are ③ do ④ have

(4) ① accusation ② hesitation
③ anxiety ④ admiration

According to Yoshihiro Miyake, a biophysics professor at the institute, Walk Mate can add power to a person's limbs in accordance (5) their pace and gait. (6) why the Shikoku *henro* route was chosen as the first test site, Miyake referred to the notion of *dogyo ninin* ('two travel together'), in which Kukai is said to accompany pilgrims on their journey regardless of what temple they visit. "The robot helps users move (7) at their own pace," said

Miyake. “I would like users to feel like they are taking trips with Daishi.”

(5) ① to ② with ③ behind ④ above

(6) ① Being asked ② Having asked
③ Asking ④ Had asked

(7) ① back ② forward ③ in ④ out

Some devout followers of Buddhism may worry about whether temples would (8) on substituting a robotic suit for Kukai. But it has already been (9) by Zentsuji Temple, the birthplace of Kukai, as an official ‘*dogyo ninin* robot.’ The chief priest of Zentsuji Temple says, “This robot is just a modern (10) version of the walking stick.”

(8) ① hang ② frown ③ sell ④ step

(9) ① recognized ② remembered
③ restricted ④ reorganized

(10) ① natural ② biological
③ technological ④ fundamental

(Adapted from Kodai Kinoshita, ‘Buddhists turn to robotic suit for help on religious pilgrimage’, *The Asahi Shimbun Asia & Japan Watch*, January 10, 2022 一部改変)

〔Ⅳ〕 次の会話文を読んで設問に答えなさい。

Interesting Shoes

The university's chime sounds at 9:00, signaling the beginning of Marketing 301. The students begin to calm down as they pull out laptops, iPads, and even paper. There is no sign yet of the professor.

Student 1: Where is the old guy?

Student 2: Not sure. Usually he's ＿(A)＿ and ready to start at 8:50, but today something is off ...

At 9:03 the classroom door opens and in walks their professor, an older man with a luxurious white beard and very little hair on top of his head.

Student 1 (*under his breath to Cameron, his neighbor*): You know, I always want to address him as "Santa Claus", but that might be a bit rude.

Professor McAllister (*smiling*): No worries, Kevin. I might not have much hair on top, but my ears work well, usually. "Professor Claus" would be fine.

Kevin (*laughing*): OK, Professor Claus, good morning. Excuse me for a moment, I need to do something ...

Kevin reaches in his bag, pulls out a pair of sunglasses, and puts them on. Immediately all the other students do the same.

Kevin: Professor Claus, we took a vote and decided that we needed to ＿(B)＿ for two reasons. First, your bald head is awfully shiny. Second, those shoes of yours are, shall we say, *painful* to look at.

Professor McAllister (*looks down at his fluorescent green and yellow sneakers and then back to his class*): Sorry about my reflective head. What? These shoes are painful to look at?

Kevin (*nodding*): Just a moment. We'll ＿(C)＿.

Professor McAllister: So, Kevin, that would explain this large bottle of eyedrops here on my desk?

Kevin: Yes, sir, we were afraid for the health of your eyes, too. Call it 'retina* protection'.

Professor McAllister: Thank you, everyone. That is so very thoughtful of you. OK, ＿(D)＿: why exactly might I be wearing these slightly colorful sneakers again this week? To damage your eyesight, or might there be another point?

Cameron: To ＿(E)＿?

Professor McAllister: Cameron, you are quite perceptive! I notice you've evaded the issue by wearing sandals today, but nonetheless that is a fine answer.

Cameron: Thank you, sir. I actually thought some before answering.

Professor McAllister: As you always do, I know. Seriously, folks, why might I be wearing these fashionable shoes?

Kevin: Sir, since this is a marketing class, might you be stealthily making us think with an extremely difficult, visually-painful challenge?

Professor McAllister: Kevin, you not only have fine taste in sunglasses, but you also win today's prize for the most important answer of our class. Your topic for research and discussion today is to investigate the effect of marketing products using lurid colors (F) in their design. Some research suggests that such loud colors ＿(G)＿, while different research suggests that green is suggestive of nature; do you recall that we talked about the universal appeal of earth tones (H) two weeks ago?

Cameron: Ah, got it, and yellow brings the notion of playfulness, right? Thus, if we put that all together, we might be looking at wholesome, outdoor play. Am I right, or am I right?

Professor McAllister: Ah, that is a question your peers will have to judge, young man. At this point, ＿＿(I)＿＿, please, then grab those shiny laptops and go to work. I'll cover my forehead and ＿＿(J)＿＿ under my desk so you'll all be able to see again.

The class begins applauding.

Kevin (*bowing*): Thank you, Professor McAllister. When we can see again, we'll all look at you in admiration and with respect.

Professor McAllister (*grinning*): And I will do so as well, my young charge. Now ＿＿(K)＿＿!

*retina 網膜

1. What is the professor's situation when he arrives?
   ① Punctual and very formal
   ② Early as always but offended by Kevin's remarks
   ③ Sleepy because he had no morning coffee
   ④ Slightly tardy yet in good spirits

2. What is a likely meaning for lurid colors(F)?
   ① Pale colors
   ② Very strong, forceful colors
   ③ Colors reminiscent of spring
   ④ Autumn colors like tree leaves

3. Which is closest in meaning to earth tones? (H)

① Colors from nature

② Sounds of nature

③ Heavy sounds like thunder

④ Colors from photographs of Earth taken from space

4. How would you describe this class?

① A lecture class in which the professor talks at length

② Participatory with roleplaying

③ Very much centered on students

④ Very formal with serious statements and comments

5. 空欄(A)〜(E)、(G)、(I)〜(K)に入るもっとも適切なものを①から⑨の中から1つ選び、その番号を解答欄にマークしなさい。ただし、同じものを2度以上使ってはならない。

① protect our eyes

② tuck my shoes

③ heighten the viewer's awareness

④ off you go

⑤ open our eyes and check

⑥ wired on his morning coffee

⑦ remind us to tie our shoelaces

⑧ off with your sunglasses

⑨ onto a more pressing topic

数 学

(120 分)

〔I〕 次の空欄 ア と イ ，および カ から タ にあてはまる 0 から 9 までの数字を，解答用紙の所定の欄にマークせよ。 コサ は 2 桁の数である。ただし，分数形で解答する場合は，既約分数で答えること。また，空欄 ウ から オ にあてはまるものを解答群の中から選び，その記号を解答用紙の所定の欄にマークせよ。

(1) 自然数 p, q が $p \leqq q$ かつ $\dfrac{1}{p}+\dfrac{1}{q}=\dfrac{1}{4}$ を満たすとき，p の最大値は ア ，また p の最小値は イ である。

(2) $g(x)=\dfrac{1}{x^2}$ とするとき，関数

$$f(x)=x^{g(x)} \quad (x>0)$$

は $x=$ ウ で最大値をとる。

ウの解答群

⓪ 1　① e　② $\dfrac{1}{e}$　③ $\dfrac{2}{e}$

④ $\dfrac{1}{2e}$　⑤ e^2　⑥ $\dfrac{1}{e^2}$　⑦ $\sqrt{e}$

⑧ $\dfrac{1}{\sqrt{e}}$　⑨ e^e

(3) 複素数 z が $|z|=1$ を満たすとき，$\left|z^2-z+2\right|$ の最大値は エ ，最小値は オ である。

エ，オの解答群

⓪ 1　① 2　② 4　③ $\frac{2\sqrt{2}}{3}$

④ $\sqrt{7}$　⑤ $\frac{2\sqrt{11}}{3}$　⑥ $\frac{\sqrt{14}}{3}$　⑦ $\frac{\sqrt{14}}{4}$

⑧ $\frac{\sqrt{86}}{3}$　⑨ $\frac{\sqrt{86}}{4}$

(4)　座標平面上に 2 点 A(9, 12)，B(12, 2) と 円 $C: x^2+y^2=9$ がある。点 P は円 C の上にあるとする。座標平面の原点を O とし，x 軸の正の部分を始線としたときの動径 OP が表す角を θ とする $(0 \leqq \theta < 2\pi)$。

ここで，線分 PA を 1 : 2 に内分する点を Q，線分 PB を 1 : 1 に内分する点を R とする。Q の座標は

$$\left(\boxed{\text{カ}}+\boxed{\text{キ}}\cos\theta,\ \boxed{\text{ク}}+\boxed{\text{ケ}}\sin\theta\right)$$

である。

線分 QR を 4 : 1 に内分する点を S とする。P が円 C の上を動くとき，S の軌跡は，中心 $\left(\frac{\boxed{\text{コサ}}}{\boxed{\text{シ}}},\ \frac{\boxed{\text{ス}}}{\boxed{\text{セ}}}\right)$，半径 $\frac{\boxed{\text{ソ}}}{\boxed{\text{タ}}}$ の円である。

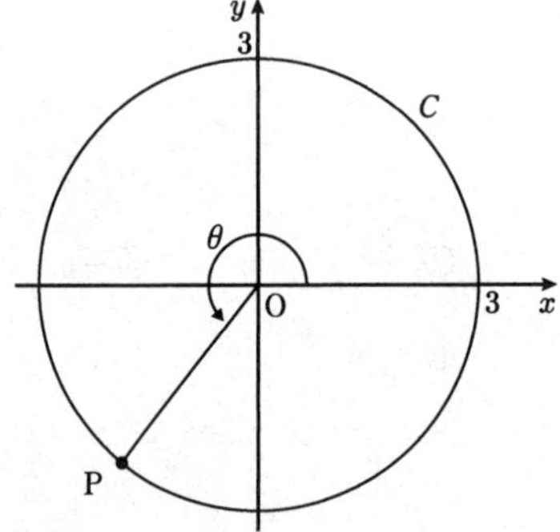

〔Ⅱ〕 次の空欄 [あ] から [か] に当てはまるもの (数・式など) を解答用紙の所定の欄に記入せよ。

x_1, x_2, x_3 を解にもつ 3 次方程式を $x^3-ax^2+bx-c=0$ とする。このとき，a, b, c をそれぞれ x_1, x_2, x_3 で表すと

$a=$ [あ]，　$b=$ [い]，　$c=$ [う]

である。また，$k=x_1^2+x_2^2+x_3^2$ を a, b, c で表すと，$k=$ [え] である。

x_1^3, x_2^3, x_3^3 を解にもつ 3 次方程式を $x^3-Ax^2+Bx-C=0$ とする。A, B を a, b, c で表すと，$A=$ [お]，$B=$ [か] である。

〔Ⅲ〕 n を自然数とする。1 から n までの番号をつけた n 枚のカードが袋に入っている。袋は中が見えないとする。さらに 1 枚のコインがある。

コインを投げて表が出たら袋からカードを 1 枚とり出して手元におき，袋の中には戻さない。コインの裏が出たらカードはとり出さない。

この操作を n 回まで繰り返すとき，以下の問いに答えよ。結果のみでなく，途中経過も書くこと。

(1) 2 回目の操作が終わったとき，番号 1 のカードが手元にある確率を求めよ。

(2) i は，$1\leqq i\leqq n$ を満たす自然数とする。n 回目の操作が終わったとき，手元に i 枚のカードがあったとする。このとき，番号 1 のカードが手元にある確率を求めよ。

(3) n 回目の操作が終わったとき，番号 1 のカードが手元にある確率を求めよ。

(4) i, j は，$1\leqq j\leqq i\leqq n$ を満たす自然数とする。n 回目の操作が終わったとき，手元に i 枚のカードがあったとする。このとき，番号 1 から番号 j までのカードすべてが手元にある確率を求めよ。ただし，k 個から r 個取る組合せの総数を表す記号 (${}_k\mathrm{C}_r$) を用いてもよい。

(5) j は，$1\leqq j\leqq n$ を満たす自然数とする。n 回目の操作が終わったとき，番号 1 から番号 j までのカードすべてが手元にある確率を求めよ。

〔Ⅳ〕 n を自然数とする。数列 $\{x_n\}$，$\{y_n\}$，$\{z_n\}$ を

$$x_n = 2n^2 + 2n, \quad y_n = 2n + 1, \quad z_n = 2n^2 + 2n + 1$$

で定める。座標平面の原点を O とする。また，座標が (x_n, y_n) である点を P_n として，動径 OP_n が x 軸の正の向きとなす角を θ_n $(0 < \theta_n < \frac{\pi}{2})$ とする。このとき，以下の問いに答えよ。結果のみでなく，途中経過も書くこと。

(1) $x_n^2 + y_n^2 - z_n^2$ の値を求めよ。

(2) $\sin\theta_n$ を n で表せ。

(3) $\displaystyle\int \frac{1}{\cos t}\,dt$ を求めよ。

(4) 数列 $\{a_n\}$ を

$$a_n = \int_0^{\theta_n} \frac{z_n}{x_n \cos t + y_n \sin t}\,dt$$

とおくとき，a_n を n で表し，極限 $\displaystyle\lim_{n\to\infty}(na_n)$ を求めよ。

解答編

英語

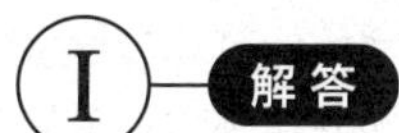

1. (1)—④ (2)—② (3)—② (4)—③

2—③

3. (1)—④ (2)—② (3)—①

全訳

《透明な木材の開発》

1 木材は素晴らしい建築材である。強く，比較的軽量で，また世界中で容易に手に入れることができる。しかし，透明であるかというと，そうではない。つまり，絶対に見通すことができない。だから，木材は優れた壁になるが，窓「ガラス」にはまったく適していない。しかしながら，研究者は木材をほぼ透明にする独創的な方法を考案した。

2 このことが木材の多くの新たな使用法の可能性を切り開いていると研究者は述べている。エンジニアや建築家は，たとえば自然光を屋内に取り入れる大きく窓のようなパネルを作るために新しい素材を使うことができるだろう。これは日中の屋内照明の必要性を減らすことになるだろう。

3 リグニンは木材に含まれ，それを不透明にする茶色の物質である。天然のポリマーのように，リグニンはたくさんの微小な繰り返しの構成要素でできており，大きな鎖状分子と結合する。すると，リグニンはセルロースや植物の細胞壁にある他の物質と強く結びつく。これが木材を非常に硬く，強固にするのに役立つ。

4 木材からリグニンを取り除くことは，製紙過程の一部である。一般的に取り除かれるリグニンが多いほど，紙は白くなる。約10年前，日本の研究者が透明な紙を作る方法を考案した。彼らの目標は電子機器の柔軟なディスプレイとして使うことができる素材だった。この素材は照射する光の

90％以上を通す。この結果に影響を受けて，スウェーデンのストックホルムにある王立工科大学のラーズ=バーグランドが主導するグループは，堅牢性を失うことなく，日本の素材と同じくらい透明性がある木材の製作に着手した。

5 彼らの努力は実を結んだ。

6 最初の一歩はリグニンを取り除くことであった。そうするために，バーグランドのチームはわずか3mmの厚さの木の板を酸槽に6時間浸した。その約2.5倍の厚さのものを含む，より厚い板は12時間浸した。この酸浴で溶剤が木材にしみ込むかどうかを調べた。これがしみ込んだのだ。

7 リグニンは木材の重さの約30％を構成しているが，酸槽に漬けた後では，たった3％しか含まれていなかった。しかし，酸は木材全体の構造に影響を与えず，木材の細胞壁は損なわれていなかった。顕微鏡レベルでは，処理された木材はまさに台所のスポンジのように見え，数多くの空間があった。大半のリグニンが消えると，残った枠組みの大部分は，木材の中にある別の天然のポリマーであるセルロースから構成されていた。

8 第2段階では，研究チームはプレキシグラスやルーサイトといったいくつかの商標名を持つ，透明で，壊れない物質を作ることができる，メタクリル酸メチル（MMA）として知られている化学合成物を使った。木製の枠組みがMMAに浸され，その後で乾かすと，透明に近い強固な複合材料が生み出された。

9 この木製の枠組みは，入ってくる光が繰り返し多くの方向に拡散するので，くもった白色であった。光が木材から外へ，あるいはその逆へと通過するたびに，光の道は屈折と呼ばれる過程で曲がった。大半の透明な物質は1～2という値の屈折率で，これは光が物質に入ったり出たりする際にどれくらい光が曲がるのかを示すものである。2つの物質の間の指数の差が大きければ大きいほど，光が一方からもう一方の物質へと移動するときに光は大きく曲がる。

10 しかし，この合成の枠組みの屈折率は，固体のMMAとほぼ同じである。プレキシグラスの合成木材を通る光はほとんど拡散せず，この合成木材はほぼ透明であるので，これはとても重要である。合成材の一方へ照射された光の85％近くが反対側へと出て行く。ある文章をこの木材の後ろにぴったり重ねると，その文章を読むことさえできる。

⑪ 使えそうなことはかなり数多くある。その１つは，透明な木材が窓の代わりになる大きなパネルを作るために使えるということである。そのような建物では，日中，より少ない人工的な光，したがって，より少ないエネルギーしか必要でなくなるだろう。２つ目の考えは，この合成材は透明で，プレキシグラスよりも強度が高いので，包装用とすることである。こういった理由で，これはプレキシグラスの代用となったり，製品デザイナーがプレキシグラスの使用を減らしたりすることができるだろう。

解説

1．(1)「窓『ガラス』のために木材を使うことの主な欠点は何か」

第１段第３・４文（One thing it …）の内容から，④「透明ではない」が正解。

①「再生可能な資源である」

②「強度がとても高く，比較的軽い」

③「リグニンとセルロースを含んでいる」

(2)「透明に近い木材を作る際に重要なのはどのような過程であったか」

第６段第１文（The first step …）で透明の木材を作る最初の過程がリグニンを取り除くことであると述べられているが，その過程を経た後の木材は，第９段第１文（The wooden framework …）にあるように「くもった白色」である。第８段（In the second …）ではその次のステップとして，リグニンを取り除いた木製の枠組みをMMAという化学合成物に浸すと述べられ，それによって「透明に近い強固な複合材料が生み出された」とある。よって，②「木材の組織をベースにした複合材料を生み出すこと」が正解。

①「くもった色の木材を使うこと」

③「木材の構成物質の１つであるリグニンを保持すること」

④「木材の強度を失わないこと」

(3)「なぜ日本人の研究チームは透明の木材を作ろうと努力したのか」

第４段第４文（Their goal was …）の内容から，②「画面のための代替材料を作るため」が正解。

①「透けて見える家を建てるため」

③「研究課題として」

④「着色できる木材を作るため」

(4)「どのような仕組みが合成材のくもった白色という状況を生み出したのか」

第9・10段（The wooden framework …）の内容から，③「光の波の屈折」が正解。厳密に言うと，白色をしているのはMMAに浸される前のwooden framework（合成材になる前の状態）であるが，本問は透明度が低い原因を問うていると考えればよい。

①「光の波に含まれる放射線」

②「光の波の反射」

④「リグニンとセルロースの結合の復元」

2. 整序した英文は次の通り。(… a group …,) set out to make wood that was just as transparent but that did not lose its stiffness(, as the Japanese material had.)

まずこの文の主語であるa groupに対する動詞を確定する。set out to *do*で「～することに着手する」という意味。set out to make woodとつなげて「木材の製作に着手する」という形ができる。(キ)と(ク)のthatはそれぞれwoodを先行詞とする関係代名詞（主格）で，(オ)のbutで結ばれて共通関係になることを見抜きたい。次にこの2つの関係代名詞節の構造を考える。(イ)のloseの目的語となりそうな名詞は(ウ)のits stiffnessしかない。一方，(キ)のwasの後に続く補語になるものは(エ)のjust as transparentしかない。このasは空所の後にあるasと組み合わせてas～as…という比較表現になり，「日本の素材（が透明であったの）と同じくらい透明」という意味になると判断できる。ただし空所直後にはカンマがあることから，just as transparentが並べ替えの最後にくることはないと考えられ，that did not lose its stiffnessのまとまりを2つ目の関係代名詞節で用いる。

3. 与えられた英文の全訳は以下の通り。

1　絹は長い歴史があり，多くの使い道がある素晴らしい素材である。人々は5000年以上の間，絹織物を織ってきて，医者は1800年以上の間，傷を縫合するために絹を使っている。現在，タフツ大学の生物医学研究者であるデービッド=カプランが主導する生物医学の研究者たちは，異なる種類の医療用インプラントを容易に，そして安価に，製作する新しい技術を開発した。

2 絹の繊維から始め，カプランとその同僚は絹の繊維からセリシンと呼ばれるタンパク質を取り除いた。その後，残った素材は凍結乾燥され，極めて強く，耐久性のあるパーツを作ることができる非常に微細な粉にされる。このパーツは高い圧力（1cm 四方当たり 6400kg を超える）で形成され，145℃の温度で形作られる。この粉末状の絹でできたパーツは以前の溶解した絹のタンパク質を使った方法で作られたものよりも強く，木材よりもさらに強かった。

3 多くの様々な種類の医療用インプラントを粉末の絹から作ることができるとカプランは述べている。これらは折れた骨を固定するために使われるネジや感染した耳から液体を排出するために使われる小さな管を含んでいる。作られたパーツが時の経過とともに必ず分解するように酵素を加えることもあり，これによって後に外科手術で取り除く必要もなくなる。

4 科学者は傷つけることなく体内で使用できる物質を「生体的適合性がある」として表現している。これは別の使用法の可能性，つまり形成されたインプラントに感染症と闘う抗生物質やガン治療薬のような薬を埋め込むことを示唆している。このインプラントは時間が経過すると，ゆっくりと薬を放出し，その結果，患者が錠剤を飲んだり，痛みを伴う注射をしたりする必要がなくなるかもしれない。

(1) 「絹を用いた医療用インプラントの使用法の可能性として述べられていないものは何か」

①「患者に徐々に成分を出す薬を与えること」最終段最終文（The implants could …）で述べられている。

②「折れた骨を強化すること」第3段第2文（Those include screws …）で述べられている。

③「感染部から液体が出るようにすること」第3段第2文（Those include screws …）で述べられている。

④「美容外科のための部品を提供すること」本文中に記述なし。

(2) 「この文章に基づくと，どの記述が正確であるか」

①「絹が布地として用いられてきたのは2000年に満たない」第1段第2文（People have been …）の内容と一致しない。

②「絹は様々に派生した物質を作るために扱うことができる」第1段最終文（Now, biomedical engineers …）の内容と一致する。

③「絹は約10世紀の間，医療行為で用いられてきた」第1段第2文（People have been …）の内容と一致しない。
④「絹は有名なシルクロードで重要な商品であった」本文中に記述なし。
(3)「(B)の文は何を示唆しているか」

下線部(B)は「科学者は傷つけることなく体内で使用できる物質を『生体的適合性がある』として表現している」という意味。下線部の前の第3段最終文（Enzymes can be …）にあるように，この絹を用いた素材は時の経過とともに分解するので，後に除去のための外科手術が必要でないということを述べている。よって，①「絹を基にしたインプラントは，人体によって拒絶されない」が正解。
②「絹は生体的適合性がないので，人体に害を及ぼすことがある」
③「注射は痛みを伴うので生体的適合性がない」
④「成型された絹のインプラントは，体が治癒した後に外科手術で取り除くことが必要である」

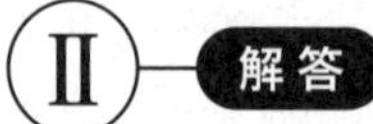

1. (1)—② (2)—① (3)—② (4)—④
2. (1)—③ (2)—④
3. ① other ② capable ③ already
4. (1)(a)—③ (b)—① (c)—② (2)—②

全 訳

《日本企業による海外での植林》

Passage A

1 木材は紙の原料となるが，太陽の恵み（光合成）で再生することができる素晴らしい再生可能資源である。持続可能な森林管理は，伐採した後に植林するというサイクルを促すことで可能となる。「私たち自身で私たちが使用する原材料を生産するべきである」とか「森林資源の自然のサイクルを促すことで，持続可能となるようにこの資源を利用するべきである」と日本の製紙産業は考えている。だから，安定した原材料の供給を確実なものにするために，製紙産業は世界の様々な場所において植林活動を精力的に推進している。製紙産業による海外の植林活動は1970年代に始まり，1990年代に勢いがついた。現在，31の計画が11カ国において進行中で，その一部が図1に示されている。

② 2020年末の時点で，全部で520,000haの土地（日本の140,000haを含む）に植林されることになり，製紙産業は2020年（会計年度）までに全体の面積を700,000haまで増やす計画を立てている。1997年の京都議定書以来，森林が二酸化炭素を吸収・固定（「カーボンシンク」）する目覚ましい能力が特に注目を集めてきた。安定した原材料の確保の問題だけでなく，環境保護への貢献という問題のためにも，森林植樹はよりいっそう重要である。

海外の森林植樹

③ 日本の製紙会社は，日本での原材料を確保するために長きにわたって森林を所有し，植林してきた。しかしながら，日本の国土の60％以上が森林であるため，新しく植林するためのさらなる土地を確保するのは困難で，費用がかかり過ぎた。したがって，製紙会社は他の国で利用できる土地を探したのである。

④ 日本国外で植林活動をすることの利点は，かなりの土地を確保することが比較的容易であること，土地が平坦であるので作業効率がよいこと，費用が安いこと，木の成長が早いことが含まれる。さらに，海外での植林活動は現地に雇用の機会を創出するのに役立ち，地域の社会的インフラを改善し，したがって地域社会に明確に貢献できるのである。

適切な間隔での再生

⑤ 森林植樹計画のために選ばれた場所は，牧草地，以前に牧草地であったところ，低木がある場所，放棄された土地，その他の使用頻度が低い場所を含んでいる。現地の状況に注意して，製紙会社はユーカリ，アカシア，その他の繊維が豊富で製紙に適した成長の早い木を植えている。たとえば，8年後に伐採できるようになる木を植えることは，8つの区画に分けられた場所で行われる。毎年，8つの区画のうち1つに木が植えられる。8年後，最初の区画の木が伐採され，そして再植林が始まる。このようにして，種まき，植樹，成長，管理，伐採という体系的なサイクルが繰り返される。定期的な伐採が毎年確実になり，森林全体も持続可能に確保できる。

森林植樹による地球温暖化の防止

⑥ 植物は光合成によって二酸化炭素を吸収し，蓄積する。一方で，植物は呼吸によって二酸化炭素を放出する。植物が成長するというのは，吸収された二酸化炭素の量が，放出された二酸化炭素の量を上回ることを意味す

る。言い換えると，成長し続ける若木は，すでに成長の止まってしまった成木より，二酸化炭素を吸収する能力が高い。植林ではいつでも多くの若木があり，地球温暖化の一因となる二酸化炭素の削減に貢献している。

木の潜在能力を引き出す

7　より効果的に森林植樹を行うために，成長が早く，繊維が豊富といったような，製紙の原材料に適した木を育てることが重要である。選択的な品種改良を用いて，日本の製紙会社は，植樹される場所の気候条件に適応した優れた木をすでに作っている。さらに，このような会社はリグニン含有量が少なく，セルロース含有量が多い木の研究と開発を進めてきた。彼らはまた，病気，害虫，寒冷，日照り，酸や塩による害に優れた耐性をもった木の種類の開発にも焦点を当てている。もしこのような新種が実現すれば，今は木が生えていない土地に森林を作ることができるだろう。

解説

1. (**1**)　空所を含む文は「持続可能な森林管理は，(B)の後に(C)というサイクルの(A)で可能となる」という意味。森林を持続可能とするためには，伐採した後に植林しなければならないため，(B)には harvesting「伐採すること」，(C)には replanting「植林すること」が入る。さらにこのサイクルをどうすればよいかを考えれば，(A)には promoting「促すこと」が入るとわかる。よって②が正解。

(**2**)　momentum は「勢い」という意味。よって，①「何かを動かし続ける力」が正解。

②「時間を計測する単位」

③「下の方へ向かう力を生み出す，そのものに含まれている物質の量」

④「水中で物を浮かび上がらせる力」

(**3**)　空所の前では「植林活動が雇用の創出や社会的インフラの改善につながる」という内容，空所の後では「(植林活動が) 地域社会に貢献する」という内容が述べられている。この前後の関係から，②「したがって」が正解。③は「～であろうとも」という意味。

(**4**)　第5段では，木が伐採できる状態にまで育つ年数と同じ数の区画に植林地を分け，一年に一区画ずつ植林していくことで，毎年の伐採が可能になることが述べられている。よって，④「適切な (時間の) 間隔での再生」が正解。①「植林実験」，②「伐採運営」，③「主要な植林種」。

2. (1)「この文章によれば，なぜ森林植樹は重要であるのか」

第2段最終文（Forest plantation is …）の内容から，③「環境を守るだけでなく，原材料も確保できるから」が正解。

①「持続可能性に対する国連の目標を満たすから」

②「世界規模で仕事を生み出す可能性があるから」

④「活動を通して相互理解を高めることができるから」

(2)「本文によると，次のどれが正しいか」

①「海外での植林計画は第二次世界大戦の直後に始まった」第1段第5文（Overseas forest plantation …）の内容と一致しない。

②「日本の国土の約3分の2は樹木で覆われているので，国内の森林植樹のための土地を多く確保するのはそれほど難しくはない」第3段第2文（However, more than …）の内容と一致しない。

③「成木は若木と同じくらいの二酸化炭素を吸収すると考えられている」第6段第4文（In（ ① ）words, …）の内容と一致しない。

④「将来，昆虫に耐性のある木の種が実現可能になるかもしれない」最終段第3文（They also focus …）の内容と一致する。

3. ① in other words「言い換えると」 ② be capable of *doing*「～することができる」 ③ already「もうすでに」

4. 与えられた英文の全訳は以下の通り。

Passage B

1 三井不動産と竹中工務店は，東京の日本橋地区に17階の木造オフィスタワーを建設する計画をしている。70mの高さになる予定で，これは日本で最も高い木造建築になるだろう。

2 建設は2023年に始まり，2025年に竣工することが暫定的に計画されている。床面積は26,000m^2（280,000平方フィート）になり，国内産木材1,000m^3で建設される。主構造は，竹中工務店が耐火性のラミネート加工をした木材と三井不動産が北海道に所有する森林から調達された材料を組み合わせたハイブリッド建築である。二酸化炭素の排出量は，同じ大きさと規模の標準的な鉄骨のオフィスビルを建設する場合よりも20％少なくなるだろう。

3 三井不動産グループは北海道におよそ5,000haの森林を所有しており，そのすべてが緑の循環認証会議によって認定されている。

(1)(a)　直後の office tower を修飾する形容詞としてふさわしいものを選ぶ。後続の文で wooden building「木造建築」と書かれているので，このオフィスタワーは木造であることがわかる。よって，③「木造の」が正解。

(b)　空所に入る語は，直後の laminated「ラミネート加工された」とともに wood を修飾している。建築木材に施される加工としてふさわしいものは①「耐火性の」であると判断する。

(c)　建設する際の二酸化炭素の排出量を比較している。木造建築と比較対象となるものとしてふさわしいものは②「鉄骨の」であると判断する。

(2)　①「利用できる植林地はすべて海外にある」本文中に記述なし。

②「木材は多くの利用法と応用法があるので，環境にやさしいと考えられている」Passage A の第6段（Plants absorb and …），および Passage B の第2段最終文（Carbon dioxide emissions …）などの内容と一致する。

③「三井不動産グループは植林における主要企業の1つである」Passage B でしか述べられていない。

④「植林産業は数十年にわたって需要の減少を経験してきた」本文中に記述なし。

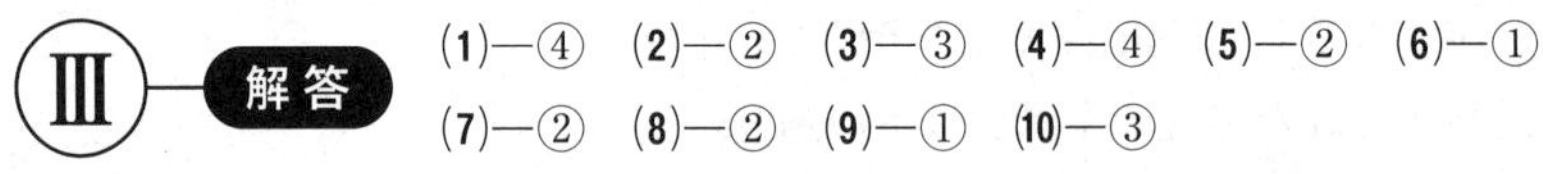

(1)—④　(2)—②　(3)—③　(4)—④　(5)—②　(6)—①
(7)—②　(8)—②　(9)—①　(10)—③

全訳

《歩行支援ロボット》

1　ウォークメイトと呼ばれるロボット装置は，東京工業大学によって開発され，2018年から医療センターやその他理学療法のための場所で使われてきた。2021年の12月中旬，この機械は四国地方のお遍路巡礼で，仏僧である空海（774-835）の足跡をたどる信心深い巡礼者をどのように支援できるのかを確かめるために試された。

2　この試験の終了後，夫とともに2つの寺の間の500mの坂を登った50代の女性は，この技術は素晴らしいと話した。「この装置の力のおかげで，息を切らすことなく順調に歩くことができました。右の膝が悪いことが心配でしたが，健康な人が歩くのと同じように歩くことができました」と彼女は述べている。60代の男性も驚きと賞賛を表した。彼は背中に制御装置，肩や腰に動力装置一式を身に付けていた。

③ この研究所の生物物理学教授である三宅美博によると，ウォークメイトは人のペースや足取りに合わせて，その四肢に力を加えることができる。なぜ四国のお遍路の経路が最初の試験場として選ばれたのかを尋ねられると，三宅は同行二人（2人が一緒に旅すること）という考えについて述べたが，その考えでは，どの寺を訪ねようとも空海が巡礼者とその旅を共にすると言われている。「このロボットは利用者が自分自身のペースで前進する手助けをするのです」と三宅は話している。「利用者は（弘法）大師と一緒に旅している気分になってほしいと思っています」

④ 一部の敬虔な仏教信徒は，ロボットスーツを空海の代わりとすることに寺院は難色を示すのではないかと心配するかもしれない。しかし，空海の生誕の地である善通寺によって，これはもうすでに公式な「同行二人ロボット」として認められている。「このロボットは，杖の現代技術版に過ぎないのです」と善通寺の住職は述べている。

解説

(1) 空所を含む文の動詞が has been used と現在完了形になっていることに着目し，「〜以来」という意味の④ since を選ぶ。

(2) 空所の後にある the footsteps of Kukai「空海の足跡」を目的語に取るのにふさわしい動詞を考える。② trace は「〜(の跡）をたどる」という意味で，ここの文意に合う。

(3) 空所を含む文にある like は接続詞で「〜するように」という様態の意味。「健康な人が歩くのと同じように歩くことができた」という意味にするには walk を入れればよいが，ここでは代動詞の③ do を選ぶ。

(4) 空所には expressed の目的語となる単語が入る。also という語から，この 60 代の男性もまた前述の女性と同じくウォークメイトを賞賛していることを読み取り，④「賞賛」を選ぶ。①「非難」，②「ためらい」，③「不安」。

(5) in accordance with 〜「〜に合わせて」

(6) 空所から first test site までは分詞構文になっている。主節の Miyake referred to 〜「三宅は〜に言及した」に対し，ask は受動関係になることから，受動態の分詞構文となる① Being asked が正解。

(7) move forward「前進する」

(8) frown on 〜「〜にまゆをひそめる，〜に難色を示す」

(9) 主語の it はロボットスーツを指しており，これが善通寺によって公式な同行二人ロボットとして認められる，とすれば文意に合う。よって，①「認められる」が正解。③「制限される」，④「再編成される」。

(10) 直後の version を修飾する形容詞としてふさわしいものを考える。この歩行支援ロボットは，杖の現代技術版とすれば文意に合う。よって，③「技術的な」が正解。②「生物学的な」，④「基本的な」。

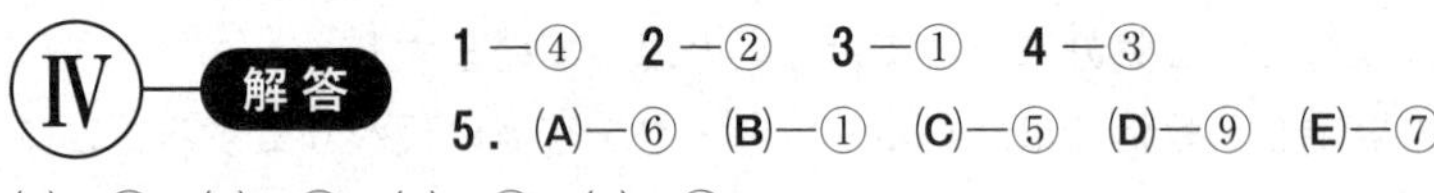

Ⅳ 解答 **1**—④ **2**—② **3**—① **4**—③
5. (A)—⑥ (B)—① (C)—⑤ (D)—⑨ (E)—⑦
(G)—③ (I)—⑧ (J)—② (K)—④

全訳

《マーケティングの授業》

興味深いシューズ

大学のチャイムが9時に鳴り，マーケティング 301 の開始を告げる。学生はノートパソコン，iPad，さらには紙を取り出して静まり始める。まだ教授が現れる気配はない。

学生1：あの老人はどこかな？

学生2：わからないな。いつもなら彼は朝のコーヒーで気分が高まっていて，そして8時50分には始める準備ができているんだけど，今日は何か変だね…

9時3分に教室のドアが開き，教授が歩いて中に入って来る。立派な白いひげを蓄え，頭頂部にはほとんど髪の毛がない老人である。

学生1（隣にいるキャメロンに向かって小声で）：あのね，僕はいつも彼を「サンタクロース」って呼びたいんだけど，ちょっと失礼かもね。

マクアリスター教授（微笑みながら）：ケヴィン，心配ご無用。頭の毛は薄くなってきたが，いつも耳はよく聞こえるんだ。「クロース教授」いいじゃないか。

ケヴィン（笑いながら）：わかりました，クロース教授，おはようございます。ちょっとすみません，しなければならないことがあって…

ケヴィンはカバンに手を伸ばし，サングラスを取り出して，それをかける。すぐに他の学生たちも全員が同じことをする。

ケヴィン：クロース教授，私たちは投票して，2つの理由で自分たちの目を守る必要があると決めたのです。1つ目は，あなたのはげ頭がとても輝いているということ。2つ目は，言わせてもらえるなら，あなたのシューズを見るのは苦痛だということです。

マクアリスター教授（自分の緑と黄色の蛍光色のスニーカーに目を落としてから，視線を教室に戻す）：私の頭が光っていて申し訳ない。何だって？　このシューズを見るのが苦痛だって？

ケヴィン（うなずきながら）：ちょっと待ってください。私たちは目を開けて確認します。

マクアリスター教授：では，ケヴィン，だからこの大きな目薬のボトルが私の机の上にあるのか？

ケヴィン：はい，私たちは先生の目の健康も心配しています。「網膜の保護」とでも言いましょうか。

マクアリスター教授：みんなありがとう。君たちはとても思いやりがあるね。さあ，もっと差し迫った話題に移ろう。なぜ私が今週またこのちょっとばかり色鮮やかなスニーカーを履いているのか？　君たちの目を害するためか，それとも別の目的があるのか？

キャメロン：私たちに靴ひもを結ぶことを思い出させるためにですか？

マクアリスター教授：キャメロン，君は非常によくわかっている！　今日，君はサンダルを履いてこの問題を回避したことに私は気づいたんだが，それにしても素晴らしい解答だ。

キャメロン：ありがとうございます。実は答える前に少し考えました。

マクアリスター教授：わかっているよ，君はいつもそうしているね。みんな，まじめな話，なぜ私はこのようなおしゃれなシューズを履いているのか？

ケヴィン：はい，これがマーケティングの授業だからです。先生は極めて難しく，視覚的にも苦痛な課題で，こっそり私たちに考えさせようとしていますよね？

マクアリスター教授：ケヴィン，君はサングラスの趣味がいいだけでなく，この授業の最も重要な答えに対して本日の賞も勝ち取ったね。今日の調査と議論の対象は，デザインに派手な色を使った製品を市場に出す効果を調べることなんだよ。一部の研究では，このようなどぎつい色は見る人の意識を高めるとされているが，別の研究では緑色は自然を連想させるともされている。2週間前にアースカラーの普遍的な魅力について話し合ったのを覚えているかな？

キャメロン：あ，わかりました。そして黄色は陽気なイメージをもたらすのでしたよね？　そうなると，もしすべての色を組み合わせれば，健全な屋外活動を見ていることになるのかな。正解ですよね？

マクアリスター教授：あー，それはあなたの友だちが判断する問題だね，青年。このあたりでサングラスを外して，ほら，そしてその光っているノートパソコンを持って調べに行きなさい。私はおでこを覆って，靴は机の下にしまっておくよ，みんながまた見てくれるようにね。

教室で拍手が起こり始める。

ケヴィン（おじぎしながら）：ありがとうございます，マクアリスター教授。もう一度見られるようになったら，私たちはみんな賞賛と尊敬の目をあなたに向けるでしょう。

マクアリスター教授（にやりと笑いながら）：私も同じようにするよ，私が担当する若者たちよ。さあ，解散だ！

解説

1.「教授が到着した時の彼の状況はどのようなものか」

第3文（There is no …）の内容から，教授が遅刻していることがわかる。また，教授が姿を現してからの学生とのやりとりから，教授の快活な様子がうかがえる。よって，④「少し遅れてきたが元気だ」が正解。

①「時間厳守で，とても格式張っている」

②「いつもどおり早く来たが，ケヴィンの言葉で気分を害した」

③「朝のコーヒーを飲まなかったために眠そうである」

2.「lurid colors の適当な意味は何か」

lurid「けばけばしい，派手な」　この教授が緑と黄色の蛍光色のスニーカーを履いていることからも推測できる。よって，②「とても強く，印象的な色」が正解。①「淡い色」，③「春を思わせる色」，④「木の葉のような秋の色」。

3.「earth tones の意味に最も近いものはどれか」

earth tones は「アースカラー（地球の自然をイメージさせる色）」という意味。よって，①「自然による色」が正解。下線部の前にある「緑色は自然を連想させる」という教授の発言で，自然界にある色について話していることからも推測できる。②「自然の音」，③「雷のような激しい音」，④「宇宙から撮られた地球の写真の色」。

4.「この授業はどのように描写できるか」

この授業では，学生の自由な発言や態度を認めつつ，教授がトピックを示し，その後学生たちが外に出てそれについて調べるという形式が取られている。よって，③「大いに学生が中心となっている」が正解。

①「教授が長々と話す講義」

②「ロールプレイングで参加型のもの」

④「まじめな発言と意見があるとても堅苦しいもの」

ロールプレイングとはあらかじめ何らかの場面と役割を設定し，それに従って演じるものをいうので，ここでは当てはまらないと考えられる。

5. **(A)**　この教授の普段の朝の様子を説明しているものとしてふさわしいものを選ぶ。⑥「朝のコーヒーを飲んで気分が高まっている」が正解。be wired で「興奮して」という意味。

(B)　空所は need to *do* の形を取っているので，動詞の原形から始まるものを選ぶ。空所の後に「２つの理由で」とあり，その理由が教授のはげ頭がまぶしいことと，教授のシューズが蛍光色であることが読み取れる。よって，①「目を守る」を入れると文意に合う。

(C)　空所の前で「このシューズを見るのが苦痛なのか」と教授が学生に問いかけており，ケヴィンはサングラスをかけたまま目を開けて確認しようとしている。教授の頭やシューズがあまりにもまぶしいので，ケヴィンはサングラスをかけただけでなく，目も閉じていたという状況を読み取る必要がある。⑤「目を開けて確認します」を入れるのがよい。

(D)　空所に続くコロンの後で，教授は自分が色鮮やかなスニーカーを履いている理由を学生に問いかけている。これがその日の授業のトピックとなる。そろそろ切り替えて本題に入ろう，という流れだと判断して，⑨「もっと差し迫った話題に移ろう」を入れるのがよい。

(E)　空所は教授が色鮮やかなスニーカーを履いている理由を学生が答える部分である。空所の後にある，キャメロンがサンダルを履くことでこの問題を回避できたという教授の発言につながるものを考える。スニーカーには靴ひもがあるが，サンダルには靴ひもがないので，⑦「私たちに靴ひもを結ぶことを思い出させる（ためにですか？）」を入れると会話の流れができる。

(G)　空所の前にある主語が「このようなどぎつい色」になっているので，この色がどのようなことをもたらすのかを考える。③「見る人の意識を高める」を入れると文意に合う。

(I)　空所の後で教授は「ノートパソコンを持って調べに行きなさい」と学生たちに指示を出している。外に出かけるのだから，もうまぶしいはげ頭やけばけばしいスニーカーから目を守るサングラスはいらないだろうということで，⑧「サングラスを外して」を入れると，発話の流れに合う。

(J)　空所の後に「机の下に」という副詞句があるので，これにつながる動詞句を選ぶ。②「靴をしまっておく」を入れると文意に合う。

(K)　空所は教授が学生に最後に出している指示となる部分である。④「行きなさい（解散）」を入れると文意に合う。

講評

2024年度も大問数，出題形式に変化はなく，長文読解問題3題と会話文問題1題から構成されている。例年，ⅠかⅡのどちらかで，本文に類似したテーマの英文が与えられ，空所を補充する問題が出題されていたが，2024年度はⅠ，Ⅱの両方で関連英文が与えられ，空所補充だけでなく内容説明や内容真偽の問題も出題された。

Ⅰの読解問題は，「透明な木材の開発」がテーマの英文で，標準的なレベルの出題になっている。2の語句整序は，選択肢の数も多く，完成した英文の構造も複雑であることから難易度は高い。前後の内容を考慮し，文法の知識を活用しながら解くことが求められる良問と言える。3では「絹の活用法」がテーマの英文が出題されており，本文の木材と同様に，天然の素材を加工することで様々に活用できるという内容が関連した英文であった。

Ⅱの読解問題は，「日本企業による海外での植林」がテーマの英文で，比較的取り組みやすい。1(1)は，複数の空所に入る語の組み合わせを選ぶ問題なので，消去法も用いながら正答を導き出したい。また2023年度には出題のなかった段落の主題を選ぶ問題が1(4)で出題されている。このような問題に対応するためには，普段から段落ごとの趣旨を考える練習をしておきたい。4は本文の植林と関連し，木造建築がテーマの英文が出題されている。4(2)はこの2つの英文から共通して言えることを選ぶ問題だが，難易度は高くない。

Ⅲの読解問題は，「歩行支援ロボット」がテーマの英文で，Ⅱと同様に比較的取り組みやすい。空所補充という形式で出題されているが，大半の問題が語彙力を試すものになっているので，日頃から語彙力の拡充に努め，高得点を狙いたい。

Ⅳの会話文問題は教授と学生の対話で，空所補充の選択肢には慣用的な表現が多く，発言の趣旨や会話の流れも想像しづらい部分が多くあり，かなり難易度が高い。選択肢と空所の数が同じなので，消去法で選択肢の候補を絞りながら，正答の数を増やしていきたい。

数 学

I 解答

(1)ア. 8 イ. 5 (2)ウ―⑦ (3)エ―② オ―⑦
(4)カ. 3 キ. 2 ク. 4 ケ. 2 コサ. 27
シ. 5 ス. 8 セ. 5 ソ. 8 タ. 5

解説

《小問 4 問》

(1) $\dfrac{1}{p}+\dfrac{1}{q}=\dfrac{1}{4}$ より

$$4q+4p=pq$$

$$pq-4p-4q=0$$

$$(p-4)(q-4)=16$$

p, q は自然数であり，$p \leqq q$ より

$$(p-4,\ q-4)=(1,\ 16),\ (2,\ 8),\ (4,\ 4)$$

よって

$$(p,\ q)=(5,\ 20),\ (6,\ 12),\ (8,\ 8)$$

したがって，p の最大値は　8　→ア

また，q の最小値は　5　→イ

(2) $g(x)=\dfrac{1}{x^2}$ より

$$g'(x)=-\frac{2}{x^3}$$

$x>0$ より，$f(x)=x^{g(x)}$ は正であるから

$$\log f(x)=\log x^{g(x)}$$

$$=g(x)\log x$$

両辺を x で微分して

$$\frac{f'(x)}{f(x)}=g'(x)\log x+g(x)\cdot\frac{1}{x}$$

よって

$$f'(x)=f(x)\left(g'(x)\log x+g(x)\cdot\frac{1}{x}\right)$$

$$=x^{g(x)}\left(-\frac{2}{x^3}\log x+\frac{1}{x^2}\cdot\frac{1}{x}\right)$$

$$=2x^{g(x)-3}\left(\frac{1}{2}-\log x\right)$$

x	(0)	…	$\sqrt{e}$	…
$f'(x)$		+		−
$f(x)$		↗		↘

$f(x)$ の増減は右の表のようになるから，$f(x)$ は $x=\sqrt{e}$ で最大値をとる。 →ウ

(3) $|z|=1$ より

$$z=\cos\theta+i\sin\theta \quad (0\leqq\theta<2\pi)$$

とおける。このとき

$$z^2-z+2=(\cos\theta+i\sin\theta)^2-(\cos\theta+i\sin\theta)+2$$
$$=(\cos^2\theta-\sin^2\theta+2i\sin\theta\cos\theta)-(\cos\theta+i\sin\theta)+2$$
$$=\cos^2\theta-\sin^2\theta-\cos\theta+2+(2\sin\theta\cos\theta-\sin\theta)i$$

$$|z^2-z+2|^2=(\cos^2\theta-\sin^2\theta-\cos\theta+2)^2+(2\sin\theta\cos\theta-\sin\theta)^2$$
$$=\{\cos2\theta-(\cos\theta-2)\}^2+(\sin2\theta-\sin\theta)^2$$
$$=\cos^22\theta+\sin^22\theta-2\cos2\theta(\cos\theta-2)-2\sin2\theta\sin\theta+(\cos\theta-2)^2+\sin^2\theta$$
$$=1-2(\cos2\theta\cos\theta+\sin2\theta\sin\theta)+\cos^2\theta+\sin^2\theta+4\cos2\theta-4\cos\theta+4$$
$$=4\cos2\theta-4\cos\theta-2\cos(2\theta-\theta)+6$$
$$=4(2\cos^2\theta-1)-6\cos\theta+6$$
$$=8\cos^2\theta-6\cos\theta+2$$
$$=8\left(\cos\theta-\frac{3}{8}\right)^2+\frac{7}{8}$$

$-1\leqq\cos\theta\leqq1$ より，$|z^2-z+2|$ は

$\cos\theta=-1$ のとき，最大値

$\sqrt{16}=4$ →エ

$\cos\theta=\dfrac{3}{8}$ のとき，最小値

$\sqrt{\dfrac{7}{8}}=\dfrac{\sqrt{14}}{4}$ →オ

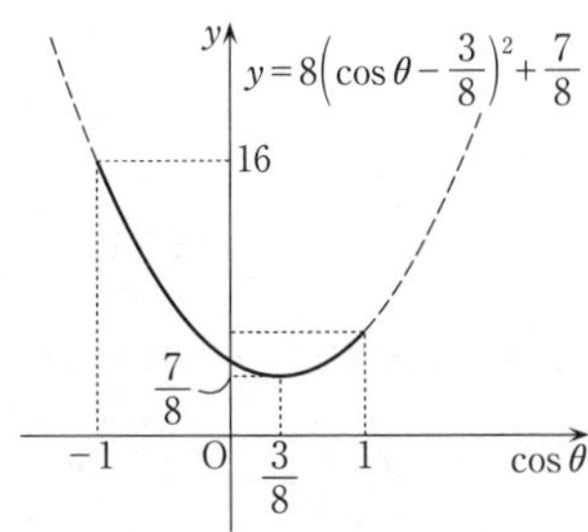

(4) 点Pは円 C 上にあり，動径 OP の表す角は θ $(0\leqq\theta<2\pi)$ であるから，Pの座標は $\mathrm{P}(3\cos\theta,\ 3\sin\theta)$ である。

線分 PA を 1：2 に内分する点がQより

$$\left(\frac{2\cdot 3\cos\theta+1\cdot 9}{1+2},\ \frac{2\cdot 3\sin\theta+1\cdot 12}{1+2}\right)$$

すなわち　$Q(3+2\cos\theta,\ 4+2\sin\theta)$　→カ～ケ

また，線分 PB を 1：1 に内分する点が R より

$$\left(\frac{3\cos\theta+12}{1+1},\ \frac{3\sin\theta+2}{1+1}\right)$$

すなわち　$R\left(\frac{3\cos\theta+12}{2},\ \frac{3\sin\theta+2}{2}\right)$

さらに，線分 QR を 4：1 に内分する点が S より

$$S\left(\frac{1\cdot(3+2\cos\theta)+4\cdot\frac{3\cos\theta+12}{2}}{4+1},\ \frac{1\cdot(4+2\sin\theta)+4\cdot\frac{3\sin\theta+2}{2}}{4+1}\right)$$

すなわち

$$S\left(\frac{8\cos\theta+27}{5},\ \frac{8\sin\theta+8}{5}\right)$$

$S(X,\ Y)$ とおくと

$$X=\frac{8\cos\theta+27}{5},\quad Y=\frac{8\sin\theta+8}{5}$$

となり

$$\cos\theta=\frac{5X-27}{8},\quad \sin\theta=\frac{5Y-8}{8}$$

$\cos^2\theta+\sin^2\theta=1$ に代入して

$$\left(\frac{5X-27}{8}\right)^2+\left(\frac{5Y-8}{8}\right)^2=1$$

$$\left(X-\frac{27}{5}\right)^2+\left(Y-\frac{8}{5}\right)^2=\left(\frac{8}{5}\right)^2$$

これより，S は円 $\left(x-\frac{27}{5}\right)^2+\left(y-\frac{8}{5}\right)^2=\left(\frac{8}{5}\right)^2$ 上にあり，θ が $0\leqq\theta<2\pi$ のとき，この円上すべてを動くから，求める S の軌跡は

中心 $\left(\frac{27}{5},\ \frac{8}{5}\right)$ →コ～セ，半径 $\frac{8}{5}$ →ソ，タ

の円である。

Ⅱ **解答** **あ.** $x_1+x_2+x_3$ **い.** $x_1x_2+x_2x_3+x_3x_1$ **う.** $x_1x_2x_3$
え. a^2-2b **お.** $a^3-3ab+3c$ **か.** b^3+3c^2-3abc

解説

《3次方程式の解と係数の関係，対称式の計算》

3次方程式 $x^3-ax^2+bx-c=0$ の3解が x_1, x_2, x_3 より，解と係数の関係から

$$\begin{cases} x_1+x_2+x_3=a \\ x_1x_2+x_2x_3+x_3x_1=b \\ x_1x_2x_3=c \end{cases}$$

よって

$a=x_1+x_2+x_3$ →あ，$b=x_1x_2+x_2x_3+x_3x_1$ →い，$c=x_1x_2x_3$ →う

また

$$\begin{aligned} k&=x_1{}^2+x_2{}^2+x_3{}^2 \\ &=(x_1+x_2+x_3)^2-2(x_1x_2+x_2x_3+x_3x_1) \\ &=a^2-2b \quad \text{→え} \end{aligned}$$

3次方程式 $x^3-Ax^2+Bx-C=0$ の3解が $x_1{}^3$, $x_2{}^3$, $x_3{}^3$ より，解と係数の関係から

$$x_1{}^3+x_2{}^3+x_3{}^3=A,\quad x_1{}^3x_2{}^3+x_2{}^3x_3{}^3+x_3{}^3x_1{}^3=B$$

である。

$$\begin{aligned} A&=x_1{}^3+x_2{}^3+x_3{}^3 \\ &=(x_1+x_2+x_3)\{(x_1{}^2+x_2{}^2+x_3{}^2)-(x_1x_2+x_2x_3+x_3x_1)\}+3x_1x_2x_3 \\ &=a\{(a^2-2b)-b\}+3c \\ &=a^3-3ab+3c \quad \text{→お} \end{aligned}$$

$$\begin{aligned} B&=x_1{}^3x_2{}^3+x_2{}^3x_3{}^3+x_3{}^3x_1{}^3 \\ &=(x_1x_2+x_2x_3+x_3x_1)\{(x_1{}^2x_2{}^2+x_2{}^2x_3{}^2+x_3{}^2x_1{}^2)-x_1x_2x_3(x_1+x_2+x_3)\} \\ &\qquad +3x_1{}^2x_2{}^2x_3{}^2 \\ &=(x_1x_2+x_2x_3+x_3x_1)\{(x_1x_2+x_2x_3+x_3x_1)^2-3x_1x_2x_3(x_1+x_2+x_3)\} \\ &\qquad +3(x_1x_2x_3)^2 \\ &=b(b^2-3ca)+3c^2 \\ &=b^3+3c^2-3abc \quad \text{→か} \end{aligned}$$

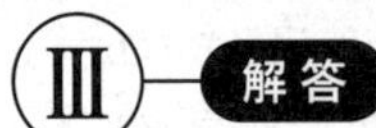

(1)　2回目の操作後，番号1のカードが手元にあるのは次の2つの場合である。

(i)　1回目に番号1のカードをとり出す。

(ii)　2回目に番号1のカードをとり出す。

(i)のとき

	1回目
(コイン，とり出したカードの番号)	(表，1)

よって，(i)が起こる確率は

$$\frac{1}{2}\times\frac{1}{n}=\frac{1}{2n}$$

(ii)のとき

	1回目　→　2回目	確率
(コイン，とり出したカードの番号)	(裏，×)　→　(表，1)	$\frac{1}{2}\times\frac{1}{2}\times\frac{1}{n}=\frac{1}{4n}$
	(表，1以外) → (表，1)	$\frac{1}{2}\times\frac{n-1}{n}\times\frac{1}{2}\times\frac{1}{n-1}=\frac{1}{4n}$

(×はカードをとり出さない)

よって，(ii)が起こる確率は

$$\frac{1}{4n}+\frac{1}{4n}=\frac{2}{4n}=\frac{1}{2n}$$

(i)，(ii)は互いに排反であるから，求める確率は

$$\frac{1}{2n}+\frac{1}{2n}=\frac{2}{2n}=\frac{1}{n}\quad\cdots\cdots(答)$$

(2)　事象 A，B を次のように設定する。

事象 A：n 回目の操作後，手元に i 枚のカードがある。

事象 B：n 回目の操作後，手元に番号1のカードがある。

求める確率 $P_A(B)$ は

$$P_A(B)=\frac{P(A\cap B)}{P(A)}\quad\cdots\cdots①$$

である。$P(A)$ は n 回中コインの表を i 回出す確率であるから

$$P(A)={}_n\mathrm{C}_i\left(\frac{1}{2}\right)^i\left(\frac{1}{2}\right)^{n-i}={}_n\mathrm{C}_i\left(\frac{1}{2}\right)^n\quad\cdots\cdots②$$

$P(A\cap B)$ は n 回中コインの表を i 回出し，とり出したカードの中に番

号 1 のカードを含む確率であるから

$$P(A\cap B)={}_n\mathrm{C}_i\left(\frac{1}{2}\right)^i\left(\frac{1}{2}\right)^{n-i}\times\frac{{}_{n-1}\mathrm{C}_{i-1}\times i!}{{}_n\mathrm{C}_i\times i!}$$

$$={}_n\mathrm{C}_i\left(\frac{1}{2}\right)^n\times\frac{{}_{n-1}\mathrm{C}_{i-1}}{{}_n\mathrm{C}_i}\quad\cdots\cdots③$$

②，③を①に代入して

$$P_A(B)=\frac{{}_n\mathrm{C}_i\left(\frac{1}{2}\right)^n\frac{{}_{n-1}\mathrm{C}_{i-1}}{{}_n\mathrm{C}_i}}{{}_n\mathrm{C}_i\left(\frac{1}{2}\right)^n}$$

$$=\frac{(n-1)!}{(n-i)!\,(i-1)!}\times\frac{(n-i)!\,i!}{n!}$$

$$=\frac{i}{n}\quad\cdots\cdots(答)$$

(3)　n 回目の操作後，番号 1 のカードが手元にある確率は

$$\sum_{i=1}^{n}P(A\cap B)=\sum_{i=1}^{n}P(A)\,P_A(B)$$

$$=\sum_{i=1}^{n}{}_n\mathrm{C}_i\left(\frac{1}{2}\right)^n\cdot\frac{i}{n}$$

$$=\frac{1}{n}\left(\frac{1}{2}\right)^n\sum_{i=1}^{n}i\,{}_n\mathrm{C}_i$$

$$=\frac{1}{n}\left(\frac{1}{2}\right)^n\sum_{i=1}^{n}n\,{}_{n-1}\mathrm{C}_{i-1}$$

$$=\left(\frac{1}{2}\right)^n\sum_{i=1}^{n}{}_{n-1}\mathrm{C}_{i-1}$$

$$=\left(\frac{1}{2}\right)^n(1+1)^{n-1}$$

$$=\frac{1}{2}\quad\cdots\cdots(答)$$

(4)　事象 A，C を次のように設定する。

事象 A：n 回目の操作後，手元に i 枚のカードがある。

事象 C：n 回目の操作後，番号 1 から番号 j までのカードすべてが手元にある。

求める確率 $P_A(C)$ は

$$P_A(C)=\frac{P(A\cap C)}{P(A)}$$

(2)より，$P(A)={}_n\mathrm{C}_i\left(\frac{1}{2}\right)^n$ であり

$$P(A\cap C)={}_n\mathrm{C}_i\left(\frac{1}{2}\right)^n\times\frac{{}_{n-j}\mathrm{C}_{i-j}\cdot i!}{{}_n\mathrm{C}_i\cdot i!}$$

よって

$$P_A(C)=\frac{{}_n\mathrm{C}_i\left(\frac{1}{2}\right)^n\times\frac{{}_{n-j}\mathrm{C}_{i-j}\cdot i!}{{}_n\mathrm{C}_i\cdot i!}}{{}_n\mathrm{C}_i\left(\frac{1}{2}\right)^n}=\frac{{}_{n-j}\mathrm{C}_{i-j}}{{}_n\mathrm{C}_i}\quad\cdots\cdots(答)$$

(5) n 回目の操作後，番号1から番号 j までのカードがすべて手元にある確率は

$$\begin{aligned}\sum_{i=j}^{n}P(A\cap C)&=\sum_{i=j}^{n}P(A)P_A(C)\\&=\sum_{i=j}^{n}{}_n\mathrm{C}_i\left(\frac{1}{2}\right)^n\cdot\frac{{}_{n-j}\mathrm{C}_{i-j}}{{}_n\mathrm{C}_i}\\&=\left(\frac{1}{2}\right)^n\sum_{i=j}^{n}{}_{n-j}\mathrm{C}_{i-j}\\&=\left(\frac{1}{2}\right)^n(1+1)^{n-j}\\&=\left(\frac{1}{2}\right)^j\quad\cdots\cdots(答)\end{aligned}$$

解説

《コインとカードの番号により設定される事象の確率，条件付き確率，乗法定理，Σ計算》

コインを投げて表が出たときに，カードをとり出す確率の問題である。

(1) 2回の操作で起こりうる場合を丁寧に考えればよい。

(2) 条件付き確率の問題であるから，しっかり事象設定して公式に従えばよい。

(3) $\sum_{i=1}^{n}P(A\cap B)$ より求めればよいが，$i\times{}_n\mathrm{C}_i=n\times{}_{n-1}\mathrm{C}_{i-1}$ という式変形が必要になる。さらに，二項定理が必要になる。

(4) 条件付き確率である。(2)を応用すればよいだろう。

(5) (3)と同様に $\sum_{i=j}^{n}P(A\cap C)$ より求まる。ここでも，二項定理が必要になってくる。

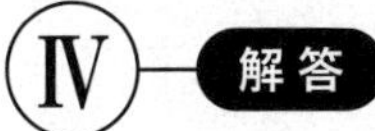

(1)　$x_n{}^2+y_n{}^2-z_n{}^2=(2n^2+2n)^2+(2n+1)^2-(2n^2+2n+1)^2$

$$=(2n^2+2n)^2-(2n^2+2n+1)^2+(2n+1)^2$$

$$=(-1)(4n^2+4n+1)+(4n^2+4n+1)$$

$$=0 \quad \cdots\cdots(\text{答})$$

(2)　$\sin\theta_n=\dfrac{y_n}{\mathrm{OP}_n}=\dfrac{y_n}{\sqrt{x_n{}^2+y_n{}^2}}$

$$=\frac{y_n}{\sqrt{z_n{}^2}}=\frac{y_n}{|z_n|}$$

$z_n=2n^2+2n+1>0$，$y_n=2n+1$ より

$$\sin\theta_n=\frac{2n+1}{2n^2+2n+1} \quad \cdots\cdots(\text{答})$$

(3)　$\displaystyle\int\frac{1}{\cos t}dt=\int\frac{\cos t}{\cos^2 t}dt$

$$=\int\frac{\cos t}{1-\sin^2 t}dt$$

$$=\int\frac{\cos t}{(1-\sin t)(1+\sin t)}dt$$

$$=\int\frac{1}{2}\left(\frac{\cos t}{1-\sin t}+\frac{\cos t}{1+\sin t}\right)dt$$

$$=\frac{1}{2}(-\log|1-\sin t|+\log|1+\sin t|)+C$$

$$=\frac{1}{2}\log\frac{1+\sin t}{1-\sin t}+C \quad (C\text{ は積分定数}) \quad \cdots\cdots(\text{答})$$

(4)　$x_n\cos t+y_n\sin t=\sqrt{x_n{}^2+y_n{}^2}\cos(t-\alpha)$

$$\left(\sin\alpha=\frac{y_n}{\sqrt{x_n{}^2+y_n{}^2}},\quad \cos\alpha=\frac{x_n}{\sqrt{x_n{}^2+y_n{}^2}}\right)$$

と表せる。

このとき，$\alpha=\theta_n$，$\sqrt{x_n{}^2+y_n{}^2}=z_n$ より

$$x_n\cos t+y_n\sin t=z_n\cos(t-\theta_n)$$

よって

$$a_n=\int_0^{\theta_n}\frac{z_n}{x_n\cos t+y_n\sin t}dt$$

$$=\int_0^{\theta_n}\frac{z_n}{z_n\cos(t-\theta_n)}dt$$

$$=\int_0^{\theta_n}\frac{1}{\cos(t-\theta_n)}dt$$

$$=\frac{1}{2}\left[\log\frac{1+\sin(t-\theta_n)}{1-\sin(t-\theta_n)}\right]_0^{\theta_n}$$

$$=\frac{1}{2}\left(\log 1-\log\frac{1-\sin\theta_n}{1+\sin\theta_n}\right)$$

$$=\frac{1}{2}\log\frac{1+\sin\theta_n}{1-\sin\theta_n}$$

$$=\frac{1}{2}\log\frac{1+\dfrac{2n+1}{2n^2+2n+1}}{1-\dfrac{2n+1}{2n^2+2n+1}}$$

$$=\frac{1}{2}\log\frac{2n^2+4n+2}{2n^2}$$

$$=\frac{1}{2}\log\frac{(n+1)^2}{n^2}$$

$$=\log\frac{n+1}{n}\quad\cdots\cdots(\text{答})$$

また

$$\lim_{n\to\infty}(na_n)=\lim_{n\to\infty}n\log\frac{n+1}{n}$$

$$=\lim_{n\to\infty}\log\left(1+\frac{1}{n}\right)^n$$

$$=\log e=1\quad\cdots\cdots(\text{答})$$

解説

《積分計算，極限》

(1) 与えられた x_n，y_n，z_n を代入して丁寧に計算すればよいが，どこから計算すると楽になるか工夫した方がよい。

(2) 定義に従って $\sin\theta_n=\dfrac{y_n}{\mathrm{OP}_n}$ を計算すればよい。(1)の $x_n{}^2+y_n{}^2=z_n{}^2$ を利用する。

(3) (4)への誘導となる積分計算である。この問題が解けるかが大きな差になる一問である。

(4) a_n は分母を $\cos(t-\theta_n)$ の形に合成することがポイントである。そうすれば(3)が利用できる。極限に関しては，$\lim_{n\to\infty}\left(1+\frac{1}{n}\right)^n=e$ という定義をきちんと理解しているかがカギになる。

講評

2024年度は2023年度までと異なり，Ⅰ・Ⅱがマークシート方式または結果のみを記述する方式で，Ⅲ・Ⅳはすべて記述式と合計4題の出題であった。1題少なくなったが，Ⅰでは小問4問と2023年度の2問から増えている。問題のレベルは標準的な問題が中心であるが，やや難しい問題も出題されている。

Ⅰは小問4問で(1)整数の不定方程式，(2)微分法，(3)複素数平面，(4)軌跡であった。微分法の問題は，対数微分法であることに気づきたい。

Ⅱは3次方程式の解と係数の問題である。解と係数の関係（もしくは恒等式）を利用すればよいが，その後対称式の計算では落ちついて丁寧に計算しなければならない。

Ⅲは確率の問題である。条件付き確率の問題であるから，事象を設定して公式どおり計算していくことが大切である。さらに，乗法定理やΣ計算も含み難易度は高い。

Ⅳは積分および極限の問題である。積分の計算や極限で登場する式は，日頃の学習でよく出てくるものばかりである。

全体的に日頃の学習で身に付いた基礎力を十分に発揮すれば対応できる出題になっている。

/////////////////// · memo · ///////////////////

////////////////////// · memo · ///////////////////////

//////////////////// · memo · ////////////////////

/////////////////// · **memo** · ///////////////////

//////////////////// ·memo· ////////////////////

問題と解答

■学部別入試

▶試験科目・配点

教　科	科　　目	配　点
外国語	コミュニケーション英語Ⅰ・Ⅱ・Ⅲ，英語表現Ⅰ・Ⅱ	120 点
数　学	数学Ⅰ・Ⅱ・Ⅲ・A・B	200 点

▶備　考

「数学B」は「数列・ベクトル」から出題する。

英語

（70分）

〔Ⅰ〕 次の英文を読んで設問に答えなさい。

For centuries, the educated and wealthy had the ability to write beautiful, flowing letters. The delicately formed cursive writing of America's Declaration of Independence, still visible today, expresses the thoughts and ideas behind the formation of the United States.

Thomas Jefferson, the third president of the United States and a learned man of many interests, is often credited with writing the Declaration some 240 years ago, but the cursive handwriting on the document is not his. "Jefferson was the one who supplied many of the words," said Kitty Nicholson, formerly of the National Archives in Washington, D.C., "but Timothy Matlack was the man who wrote it out in such a beautiful way." Matlack, according to Nicholson, was a professional scribe, a man whose job was to write important papers in the era before printing was readily available. "Scribes were professional clerks known for writing beautifully and clearly in a way that anyone could read," Nicholson said.

The elegant writing of those old documents, however, may be a vanishing skill. In fact, cursive handwriting, taught in American classrooms for generations, has declined in recent years. Young children still write by hand, of course, but another skill is overtaking it: Children are increasingly skilled at texting and keyboarding, but the act of carefully crafting notes and letters by hand is becoming less and less necessary in the modern world.

Many elementary schools across the United States have dropped cursive instruction as increased testing, new core standards, and computers in the classroom take more time and resources. Forty-five states and the District of Columbia use those new core standards, but a few states have recently moved to make cursive mandatory. North Carolina, for example, passed a "Back to Basics" law last year that required the teaching of cursive.

Children in one second grade class in an elementary school in Asheville, North Carolina, have just begun learning their cursive letters. Somewhat surprisingly, even in the age of email, typing, and texting, some of ＿(A)＿ writing, "Maybe we won't have electricity anymore and it might be a blackout so we have to write letters to each other," said Jacob Fender, 8, after practicing cursive writing at his desk.

"You don't always have your phone wherever you go," said Sammi Hascher, 9, who has started to use cursive writing in her third grade lessons. "If you want to write a fancy party invitation or something you can write in cursive."

The cursive that Hascher and her classmates are learning has played a crucial role in something embedded in the identity of most literate people — their signature. "(B)One of the (　　) I spoke with recently said that many (　　) come in to open (　　) yet do not have (　　)," said Marilyn Zecher, a former teacher. "That's a problem."

Not everyone sees losing cursive from the elementary school curriculum as a critical problem. Among those is Steve Graham, a professor of education at Arizona State University who has studied handwriting extensively. "You can write your name out in any style, of course. It doesn't have to be a signature," Graham said. "We now have electronic signatures, and we simply don't use the signature in the same way that we did 20, 30, 50, or 100 years ago."

In spite of the increasing popularity of digital devices with keyboards, there are still many who slowly and carefully create beautiful characters like those in the Declaration of Independence. Shane Perry, a calligraphy instructor who has spent many years teaching how to write beautifully, says, "I have a passion for the art form and I've always thought that calligraphy is a genuine art form just like drawing, painting, or sculpture. Calligraphy, however, has an added element, which is that you can very clearly show what you want to say. You can make it as clear or as opaque (C) as you want, but it's also a tradition that's been around almost since the beginning of human civilization."

(Adapted from 'Is cursive handwriting dying out in America?' by April Brown, *PBS Newshour*, April 24, 2014)

1. 次の各問の答を①～④の中から1つ選び、その番号を解答欄にマークしなさい。

(1) According to the passage, the Declaration of Independence was

① composed by Mr. Matlack.

② a handwritten document.

③ an important court decision.

④ required writing for all professional scribes.

(2) According to elementary-age students, cursive is useful

① for getting good grades at school.

② if there is a power outage.

③ when they read history textbooks.

④ to improve their keyboarding skills.

(3) What factor has NOT contributed to the decline of cursive writing?

① The spread of mechanical pencils

② New education guidelines

③ Increased emphasis on testing

④ The growth of the Internet

(4) Which statement best summarizes Professor Graham's logic?

① Students and teachers are both too busy to spend time on handwriting.

② Cursive writing should be learned in junior high school and senior high school.

③ Signatures are timeless.

④ People use electronic devices, so signatures aren't necessary.

(5) Which is closest in meaning to opaque?
(C)

① complex　② artistic

③ difficult to understand　④ transparent

(6) What is Shane Perry implying in the last paragraph?

① Calligraphy allows us to express or hide our feelings behind beautiful characters.

② American high schools should make cursive mandatory.

③ Calligraphy will die out eventually due to the development of computers.

④ Compared to typing and texting, cursive writing has no benefits.

(7) Which of the following is consistent with the passage?

① Timothy Matlack was a politician who worked with Thomas Jefferson.

② In the District of Columbia, teaching cursive writing has become a requirement at elementary schools.

③ Jacob Fender and Sammi Hascher recognize the importance of learning cursive.

④ Shane Perry has taught calligraphy in his art classes for a long time.

2. 本文の内容に関する以下の問題について指示に従って答えなさい。

(1) 空欄(A)には(ア)〜(ク)の語句すべてを用いて並べ替えた英文が入る。3番目と6番目にくる単語の組み合わせで適当なものを１つ選び、その番号を解答欄にマークしなさい。

(ア) potential applications	(イ) can	(ウ) students
(エ) still	(オ) cursive	(カ) see
(キ) for	(ク) the	

① 3番目 イ 6番目 ア

② 3番目 ウ 6番目 ク

③ 3番目 カ 6番目 キ

④ 3番目 オ 6番目 カ

(2) 下線部(B)の4箇所の空欄に、以下の1から4までの語句を並べ替えて英文を作る場合、どの順序で入れたら良いか。1つ選び、その記号を解答欄にマークしなさい。

1. bank managers　　2. a bank account

3. recent high school graduates　　4. a signature

① 1－2－3－4

② 3－4－1－2

③ 2－1－4－3

④ 1－3－2－4

3. 本文に関連した以下の文章を読んで設問に答えなさい。

Cursive forms of the Chinese script (*cǎoshū*) began to develop as early as the third century BC. These early forms of cursive were closely associated with the (a) script for clerical work, and in their mature form came later to be known as *zhāngcǎo* 'regulated cursive'. In the century after the fall of the Eastern Han Dynasty*, as the new standard script (*kǎishū*) was (b) form, the classical form of the cursive script (the so-called *jīncǎo* 'moderm cursive') was also (c) to develop. On the other hand, the extreme (d) of cursive forms made it (e) to read and thus (f) its practicality.

(Adapted from *Chinese* by Jerry Norman, Cambridge University Press, 1988) *the Eastern Han Dynasty　後漢、東漢

(1) 空欄(a)、(b)、(c)に入る最も適切な単語を枠内の①～③から１つずつ選び、その番号を解答欄にマークしなさい。ただし、同じものを２度以上使ってはならない。

① continuing	② evolving	③ taking

(2) 下線の文章は「草書(行書)体の極度の簡略化により読むことが困難になり、実用性が減少してしまった」という意味である。空欄(d)、(e)、(f)にそれぞれ適当な英語１語を入れなさい。

〔Ⅱ〕 次の英文を読んで設問に答えなさい。

Some of the classic systematic research in memory and forgetting was conducted in the late nineteenth century by Herman Ebbinghaus. Ebbinghaus taught himself 169 lists of 13 nonsense combinations of letters. Ebbinghaus relearned each of these lists after an interval ranging from 21 minutes to 31 days. He was especially interested in the extent to (A) forgetting had occurred over this time period, using the 'saving score' (namely how much time it took him to relearn the list) as a measure of how much he had forgotten. Ebbinghaus noted that the rate of forgetting was roughly exponential: that is, forgetting is rapid at first (soon after the material was learned), but the rate at (A) information is forgotten gradually decreases. This observation has stood the test of time well and has been shown to apply to studying a foreign language (B) you leave school: in the first 12 months your vocabulary of that language will show a rapid decline. However, the rate at (A) you forget the vocabulary will gradually slow down over time. Therefore, if you study the foreign language again five or ten years (C), you might be surprised at how much you have actually retained (compared with how much you remembered a few years earlier).

Another interesting feature of memory noted by Ebbinghaus is the concept of ‘savings’. This means that although you may have forgotten or lost some of your foreign language vocabulary, you can relearn this information much faster than someone who has never learned the language in the first place. This finding implies that there must be a trace of this ‘lost’ information in your brain. This point also emphasizes the important issue (D) conscious versus unconscious knowledge, but the research findings indicate that there must be some retention of the memory recorded at an unconscious level. A closely related point was made by the eminent (E) psychologist B. F. Skinner when he wrote that “Education is what survives when what has been learnt has been forgotten.” We might add “.... consciously forgotten but retained in some other form.”

Ebbinghaus’ classic work in the field, *On Memory*, was published in 1885. This work encompasses (F) Ebbinghaus’ many enduring contributions to memory research, including the nonsense syllable, the identification of exponential forgetting, and the concept of savings (in addition to the several memory problems Ebbinghaus investigated systematically in his research, such as the effects of repetition, the shape of the forgetting curve, and the comparison of poetry and nonsense-syllable learning). The great advantage of the experimental methodology practiced by Ebbinghaus is that it controls for many extra (and potentially distorting) factors that may influence memory. Although Ebbinghaus described these things as strengths of his approach, he could be criticized for failing to use more meaningful memory materials. Some workers in the field have argued that Ebbinghaus’ approach tends to oversimplify memory, reducing its subtleties to a series of artificial, mathematical components.

(Adapted from *Memory: A very short introduction* by Jonathan K. Foster, Oxford University Press, 2008)

1. 次の各問の答を①～④の中から1つ選び、その番号を解答欄にマークしなさい。

(1) 3つの空欄(A)に共通して入る語として最も適切なものは次のうちのどれか。

① which ② that ③ whom ④ when

(2) 空欄(B)と(C)に入る組み合わせとして最も適切なものは次のうちどれか。

① (B) later (C) after
② (B) after (C) before
③ (B) later (C) before
④ (B) after (C) later

(3) 空欄(D)に入る語として最も適切なものは次のうちのどれか。

① replacing ② recovering ③ regarding ④ refraining

(4) 下線部(E) eminent の意味に最も近いものは次のうちのどれか。

① old ② unhappy ③ rival ④ famous

(5) 下線部(F) encompasses の意味に最も近いものは次のうちのどれか。

① enriches ② contains ③ informs ④ sells

2. 本文の内容について、次の各問に対する最も適切な答を①～④の中から1つ選び、その番号を解答欄に、マークしなさい。

(1) According to the passage, Ebbinghaus

① attempted to find out how he would forget what he had learned.
② recorded how quickly he could memorize different sounds.
③ mastered a foreign language in his experiments.
④ closely worked with B. F. Skinner to study memory and forgetting.

(2) What will happen if you again study a foreign language that you studied long ago?

① It will be more difficult for you to learn the language again.

② You will need the same amount of time to learn the same information.

③ You can learn the same vocabulary quicker than when you studied it before.

④ Some kind of unconscious learning may occur the second time you study it.

(3) Which is true about Ebbinghaus' work?

① It has had minimal influence on the study of human memory.

② Some critics have pointed out that there are limitations to his study.

③ Its method was based upon mathematical theories.

④ It failed to control for misleading factors in the experiments.

3. 本文の内容に合うグラフとして最も適切なものはどれか①～③の中から１つ選び、その番号を解答欄にマークしなさい。

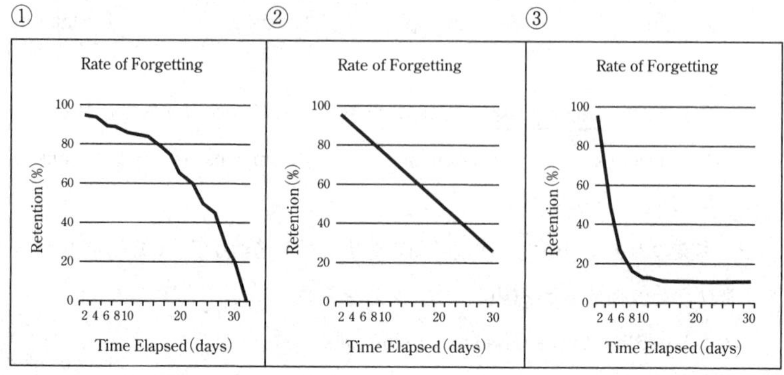

〔Ⅲ〕 以下の空欄に入る最も適切なものを①から④の中から１つ選び、その番号を解答欄にマークしなさい。

The US Senate approved the Sunshine Protection Act in March 2022, with the goal of making daylight saving time（DST）permanent starting in November 2023. In DST, you set the clock one hour ahead of standard time at a certain date in spring; then you set the clock an hour（ 1 ）on one day in fall. If the Act（ 2 ）into effect, the US will never again "spring forward" or "fall back".

(1) ① aside ② earlier ③ late ④ fast

(2) ① comes ② come ③ will come ④ came

Many people don't know that the original justification for DST was to save energy —（ 3 ）during World Wars Ⅰ and Ⅱ to prioritize energy for US troops, and then later during the 1973 OPEC oil crisis. By implementing DST, energy loads are（ 4 ）when the sun is out later in the evening. Having longer daylight hours requires not just less electricity to provide lighting, but reduces the amount of oil and gas required to heat homes and businesses, though it could increase cooling（ 5 ）in the summer.

(3) ① initially ② finally ③ eventually ④ instantly

(4) ① eliminated ② increased ③ supplemented ④ reduced

(5) ① resources ② costs ③ benefits ④ storages

The American Council for an Energy-Efficient Economy estimated that the US（ 6 ）an energy savings of more than US$4 billion and a decrease of carbon emissions by 10.8 million metric tons if we had enacted permanent DST more than decade ago.

(6) ① has seen ② will see
③ sees ④ would have seen

It is important to (7) that there are downsides of DST. The first (8) is that DST creates sleep disruptions. If you have to wake up an hour earlier or later starting from tomorrow, you might feel strange and need to adjust the daily schedule including sleep time.

(7) ① note ② describe ③ tell ④ deny
(8) ① favor ② strength ③ time ④ concern

Other research has associated living in western portions of US time zones — which have longer evening sun — (9) an increased cancer risk compared with those living in eastern portions. The increased cancer risk may be partially explained by lifestyle choices, like diet and (10), in different parts of time zones.

(9) ① to ② in ③ with ④ for
(10) ① temperature ② grades
③ exercise ④ finance

Further, Americans make decisions all the time that we know have health risks, like eating red meat (11) broccoli and drinking alcohol or soda instead of water. We do this because we enjoy the benefits of those products despite their risks. This is similar to sun exposure and later bedtimes; we enjoy and benefit from them even though we know they (12) risks.

(11) ① depending on ② in spite of
③ regardless of ④ instead of
(12) ① carry ② avoid ③ supply ④ demand

(Adapted from '5 ways Americans' lives will change if Congress makes daylight saving time permanent' by Steve Calandrillo, The Conversation, April 5, 2022)

〔Ⅳ〕 次の会話文を読んで設問に答えなさい。

Two university students are thinking about an elective course.

(*In a dormitory room at a university in the U.S.*)

Tony: Brad, put down your drumsticks and come here for a second.

Brad: (*drumming on the arm of the sofa*) What's up?

Tony: Been thinking about that new requirement that the university started this year. You know, the one about having to choose an 'Internet peripheral' class in addition to all the regular programming and design courses.

Brad: Yeah, I kind of remember. Wasn't that ___(A)___ motivation and psychology?

Tony: Bingo. It's like, you know, one of those courses to broaden our minds.

Brad: So?

Tony: Well, take a look. Here's one that ___(B)___. It's called 'History of Technology — The View from My Garage'.

Brad: (*laughing*) 'From my garage'? Love it. Let's go chat with the prof and see what it's about.

Tony: Done — let me grab my bass so we can jam afterward.

(*a couple hours later, in a building on campus*)

Brad: OK, should be here in this hallway somewhere. 405, 407, 409, yep, here it is.

Tony: Nice! How many other profs have a bass guitar poster on the door? Way cool! Let's do it — ___(C)___!

Professor: (*from inside the office*) Yes!　Come on in!

Tony: Professor Stillman?　May we bother you for a few minutes?

Professor Stillman: Sure, guys, but you'll have to call me John.　Have a seat. What can I do for you today?

Tony: Sir, my name is Tony Gray, and this is Brad Ashford.　We're interested in your class called 'History of Technology — The View from My Garage'.

Brad: That's a great title for a course, but what does it actually mean?

Professor Stillman: (*laughing*) Oh, that's because so much of today's web started in such ＿(D)＿.　Lots of inventors and other people played roles.　Ever hear of a guy named Edison?　Marconi?　How about TimBL?

Tony: The first two, yes.　Who's the third one?

Professor Stillman: Sir Tim Berners-Lee, the inventor of the web.　All three were pretty creative.

Brad: Wonder if they all had labs or garages as clean as our dorm room.

Professor Stillman: (*smiling*) Might be a tie!　Of course, we'll also look at related things such as the ＿(E)＿ parts, economic trends, and even some pop culture things like music.

Brad: Professor Stillman, how much of a psychology background would we need?

Professor Stillman: John, just John, please — no need to be too formal here.　A psych background?　Oh, not much.　We'll be looking at the larger picture, at such things as social and business conditions.　Some history, too.

Brad: That sounds pretty cool.

Professor Stillman: So you guys use chat, right?

Brad: All the time.　I ＿(F)＿.

Professor Stillman: When were you born?

Brad: Uhh, 2001.

Professor Stillman: Got it.　So your parents were born in the 60s or 70s, right?

Tony: Yep, long, long ago.

Professor Stillman: (*laughing*) Careful now! I was born in 1969!

Tony: (*turning red*) Sorry, Profe-, I mean, John.

Professor Stillman: (*smiling*) No problem. So when your parents were, like, really young or even before they came along, some people could use chat.

Brad: No way!

Professor Stillman: Yes way! In 1964 Bell Telephone ____(G)____ called the PicturePhone, which had a black-and-white, 5-inch screen on which people could talk while looking at the other person.

Tony: (*shaking his head*) In '64? Hard to believe.

Professor Stillman: All true, and they set up demo booths in major cities to interest people in the novel idea of audio plus video. It ____(H)____, however, Bell lost a half billion dollars on their invention.

Tony: <u>Serious coin</u>(I), that.

Professor Stillman: That's right, and do you know why the PicturePhone lost so much money?

Tony: Not a clue.

Professor Stillman: So I'll explain in class!

Brad: (*laughing*) Smooth, Profe-, oops, I mean, John. Very smooth. You sold me.

Tony: Me, too. Looking forward to your class.

Professor Stillman: Glad to hear it, guys.

Tony: So what's with the poster on your door?

Professor Stillman: I did study some in school, but I spent a lot of time playing in a band. Have always wanted a classic Rickenbacker 4001.

Tony: Sweet! So we have our drummer right here, too — let's play someday!

Professor Stillman: Done. Thanks for stopping by guys.

1. What is a Rickenbacker 4001?

① a World War I pilot

② a poster company

③ an old tool for chatting

④ a type of bass guitar

2. When did the first “chat” technology appear?

① 1994

② 1964

③ 1969

④ 2001

3. What type of course will Professor Stillman teach soon?

① an elective course

② a psychology course

③ a workshop on playing bass guitars

④ a programming course

4. Brad and Tony share a hobby — what is it?

① building stuff in their garage

② music

③ studying psychology

④ drumming on the arm of the sofa

5. What word best typifies Professor Stillman's behavior during this conversation?

① formal

② scary

③ casual

④ bored

6. Which phrase is closest in meaning to Serious coin?(I)

① a considerable amount of money

② a serious discussion

③ a major financial undertaking

④ Internet-based money

7. How did Bell Telephone publicize its new invention?

① door-to-door salespeople

② advertisements in newspapers and magazines

③ locations where people could actually try out the new technology

④ posters on university campuses

8. What do Tony and Brad decide to do about the course?

① use it to replace one of their programming courses

② buy something from Professor Stillman

③ observe it but not register for credit

④ enroll in it

9. 空欄(A)から(H)に入る最も適切なものを①～⑧の中から１つ選び、その番号を解答欄にマークしなさい。同じものを２度以上使ってはならない。

① knock, knock

② humble places as your garage

③ can't live without it

④ never caught on

⑤ historical events that played

⑥ looks pretty cool

⑦ introduced what they

⑧ about stuff like

数学

（120分）

〔Ⅰ〕 次の空欄 [ア] から [ウ] に当てはまる 0 から 9 までの数字を，解答用紙の所定の欄にマークせよ。また，空欄 [エ] に当てはまるものを指定された解答群の中から選び，解答用紙の所定の欄にマークせよ。

(1) $\displaystyle\int_0^{\frac{\pi}{2}} \frac{(\cos x)(1+\cos x)}{1+\sin x}\,dx = \frac{\pi}{\boxed{ア}} - \boxed{イ} + \log \boxed{ウ}$ である。

ただし log は自然対数である。

(2)

$$\lim_{n\to\infty} \frac{1+2^4+3^4+\cdots+n^4}{n^5} = \boxed{エ}$$

エの解答群

⓪ 1　① $\frac{1}{2}$　② $\frac{1}{3}$　③ $\frac{1}{4}$

④ $\frac{1}{5}$　⑤ $\frac{2}{5}$　⑥ $\frac{1}{6}$　⑦ $\frac{1}{7}$

⑧ $\frac{2}{7}$　⑨ $\frac{3}{7}$

〔Ⅱ〕 次の空欄 カ と キ に当てはまる 0 から 9 までの数字を，解答用紙の所定の欄にマークせよ。また，空欄 ク から コ に当てはまるものを指定された解答群の中から選び，解答用紙の所定の欄にマークせよ。

(1) 実数 a，b に対して関数 $f(x)$ を

$$f(x)=\log\left(2e^{3x}+4\right)-ax-b$$

とする。ただし，log は自然対数，e は自然対数の底である。$\lim_{x\to\infty} f(x)=0$ となるとき，$a=$ カ ，また $b=\log$ キ である。

(2) 複素数平面上の 3 点を O(0)，A(α)，B(β) とし，$z=\dfrac{\beta}{\alpha}$ とおく。△OAB において OA $=1$，AB $=\sqrt{2}$，OB $=\sqrt{3}$ かつ z の虚部は正とする。このとき $z=$ ク である。この z は ケ を満たす。また z^3-2z^2+4z+1 の値は コ である。なお，以下の解答群における i は虚数単位とする。

クの解答群

⓪ $1+\sqrt{2}\,i$　① $1+\sqrt{3}\,i$　② $1+\sqrt{6}\,i$　③ $\sqrt{2}+i$
④ $\sqrt{3}+i$　⑤ $\sqrt{6}+i$　⑥ $\sqrt{2}+\sqrt{3}\,i$　⑦ $\sqrt{3}+\sqrt{2}\,i$
⑧ $\sqrt{6}+2i$　⑨ $2+\sqrt{6}\,i$

ケの解答群

⓪ $z^2-2z+3=0$　① $z^2-2z+4=0$　② $z^2-2z+7=0$
③ $z^2-4z+10=0$　④ $z^2-2\sqrt{2}\,z+3=0$　⑤ $z^2-2\sqrt{2}\,z+5=0$
⑥ $z^2-2\sqrt{3}\,z+4=0$　⑦ $z^2-2\sqrt{3}\,z+5=0$　⑧ $z^2-2\sqrt{6}\,z+7=0$
⑨ $z^2-2\sqrt{6}\,z+10=0$

コの解答群

⓪ 0　① 1　② $1+\sqrt{2}\,i$　③ $\sqrt{2}+i$
④ $\sqrt{2}+\sqrt{3}\,i$　⑤ $\sqrt{3}+i$　⑥ $\sqrt{3}+\sqrt{2}\,i$　⑦ $2+\sqrt{2}\,i$
⑧ $\sqrt{6}+i$　⑨ $\sqrt{6}+2i$

〔Ⅲ〕　次の空欄 [あ] から [か] に当てはまるもの (数・式など) を解答用紙の所定の欄に記入せよ。

さいころ1個，1から13までの番号を1つずつ書いた13枚のカード，硬貨1枚がある。

さいころを投げて出た目を X, カードを1枚引いて出た番号を Y，硬貨を投げて表が出たら $Z=1$，裏が出たら $Z=-1$ とする。

X と Y について以下の4つの条件のうちただ1つが成り立つ。

ⓐ X が Y の倍数であり，Y が X の倍数でない。

ⓑ X が Y の倍数ではなく，Y が X の倍数である。

ⓒ X が Y の倍数であり，Y が X の倍数である。

ⓓ X が Y の倍数ではなく，Y が X の倍数でない。

いま，W を以下のように定義する。

$$W=\begin{cases} X & (\text{条件 ⓐ が成り立つとき}) \\ Y & (\text{条件 ⓑ が成り立つとき}) \\ X+Y & (\text{条件 ⓒ が成り立つとき}) \\ 0 & (\text{条件 ⓓ が成り立つとき}) \end{cases}$$

(1)　条件 ⓐ を満たす (X,Y) の組のうちで，$Y=2$ となるものは全部で [あ] 通りある。

(2)　W の最小値は [い]，最大値は [う] である。

(3)　$W=4$ となる (X,Y) の組は全部で [え] 通りある。

(4)　W が奇数になる (X,Y) の組は全部で [お] 通りある。ただし，2の倍数である整数を偶数，2の倍数でない整数を奇数という。

(5)　$Z^W=1$ となる (X,Y,Z) の組の総数と $Z^W=-1$ になる (X,Y,Z) の組の総数を比べると，$Z^W=$ [か] となる (X,Y,Z) の組の方が多い。

〔Ⅳ〕　四面体 OABC の 4 枚の面は互いに合同な三角形でできているとする。$\overrightarrow{OA}=\vec{a}$, $\overrightarrow{OB}=\vec{b}$, $\overrightarrow{OC}=\vec{c}$ とおく。ただし，$|\vec{a}|$, $|\vec{b}|$, $|\vec{c}|$ はすべて異なるとする。このとき以下の問いに答えよ。

(1)　$|\vec{a}|^2+|\vec{b}|^2+|\vec{c}|^2-2\vec{a}\cdot\vec{b}-2\vec{b}\cdot\vec{c}-2\vec{c}\cdot\vec{a}=0$ を示せ。

(2)　$|\vec{a}+\vec{b}-\vec{c}|^2=k\vec{a}\cdot\vec{b}$ を満たす実数 k の値を求めよ。

(3)　$\vec{a}$ と $\vec{b}$ のなす角は鋭角であることを示せ。

(4)　4 点 O，A，B，C を頂点に含む平行六面体 ODAE − FCGB があるとする。このとき平行六面体 ODAE − FCGB は直方体であることを示せ。ただし，平行六面体では，すべての面は平行四辺形であり，向かい合う面は合同である。

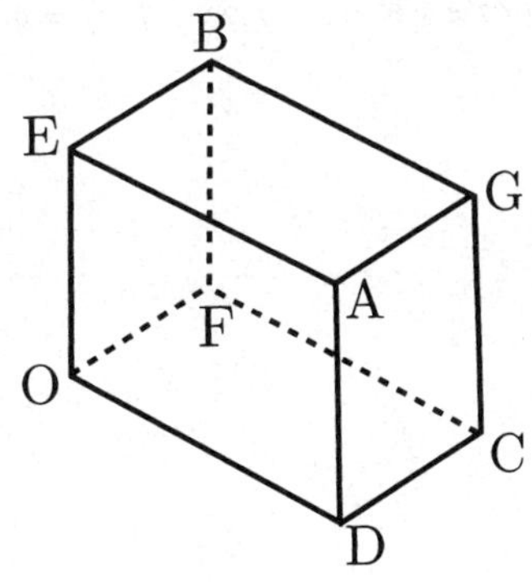

〔V〕　点 P $\left(t, \frac{1}{2}t^2\right)$ $(t>0)$ を曲線 $C: y=\frac{1}{2}x^2$ の上の点とする。点 P における曲線 C の法線を ℓ とし，ℓ と曲線 C の共有点のうち，P と異なるものを Q $\left(s, \frac{1}{2}s^2\right)$ とする。

(1)　法線 ℓ の方程式を求めよ。

(2)　点 Q の x 座標 s を t で表せ。

(3)　曲線 C における点 P から点 Q までの部分の長さを $f(t)$ とおくと，$f(t)$ はある関数 $g(x)$ により

$$f(t)=\int_s^t g(x)\,dx$$

と表せる。この関数 $g(x)$ を求めよ。途中経過を記述する必要はない。

(4)　$f(t)$ が最小となる t の値を求めよ。ただし $f'(t)=g(t)-g(s)\frac{ds}{dt}$ であることは用いてよい。

解答編

英語

I **解答** 1．(1)—② (2)—② (3)—① (4)—④ (5)—③ (6)—① (7)—③

2．(1)—① (2)—④

3．(1)(a)—② (b)—③ (c)—①

(2)(d) simplification (e) difficult (f) reduced

◆全　訳◆

≪アメリカにおける筆記体指導の減衰と必要性≫

何世紀もの間，教養人や富裕層の人々は美しく流れるような文字を書く能力があった。繊細に書かれたアメリカ独立宣言の筆記体は，今日でも目にすることができるが，アメリカ合衆国の建国の背景にある思想や意見を表している。

トマス=ジェファーソンは，第三代アメリカ合衆国大統領で，多くの関心を持つ学識のある人物であったが，約 240 年前にアメリカ独立宣言を書いたと考えられることが多い。しかし，独立宣言の文書の筆記体は，彼の直筆ではない。「ジェファーソンは宣言文に多くの言葉を与えた人だが，ティモシー=マトラックがあのように美しく独立宣言を清書した人なのだ」とワシントン D.C. にある米国国立公文書館職員であったキティー=ニコルソンは語る。ニコルソンによると，マトラックはプロの写字生，つまり印刷が容易にできるようになる以前の時代に重要文書を書く仕事をする人であった。「写字生は美しくかつ誰でも読むことができるよう明確に文字を書くことで知られる専門の事務員であった」とニコルソンは言う。

しかし，そうした古文書の優美な筆使いは，消えゆく技術かもしれない。実際，筆記体は何代にもわたりアメリカの教室で教えられていたが，近年教える学校が減少した。もちろん幼児はまだ手で文字を書くが，他の技術が手書きに勝りつつある。子供たちは携帯やキーボードで文字を打つのが，ますますうまくなっている。しかし，手でじっくりと丁寧にメモを取ったり文字を書いたりする行為は，現代世界においてはどんどん必要がなくなってきている。

合衆国各地の多くの小学校は，テストの増加，新しい基礎学力標準（＝数学と英語について，学年ごとに到達すべきレベルを定めたもの），そして教室でのコンピュータ使用により，より多くの時間と資金がかかるので，筆記体指導をやめている。45州とコロンビア特別区はこの新しい基礎学力標準を採用しているが，近年に数州が筆記体指導を必須にするよう移行した。例えば，ノースカロライナ州は昨年，筆記体授業を必須とする「基本回帰」法を可決した。

ノースカロライナ州アッシュビルの小学2年生のあるクラスの子供たちは，筆記体の文字を習い始めたばかりだ。少し意外なことだが，電子メールやキーボードでの入力，携帯電話でのメール作成が普及した現代でもなお，なかには筆記体の潜在的な用途に気づくことができる生徒がいる。「もしかして，もう電気がなくなって停電することがあったら，手紙を書き合わなくてはならないかもしれない」と自分の机で筆記体の練習をした後，8歳のジェイコブ=フェンダーは語った。

「出かけるときにいつも携帯電話を持っているとは限らない」と9歳のサミ=ハッシャーは言う。彼女は3年生の授業で筆記体を使い始めたばかりだ。「おしゃれなパーティーの招待状か何かを書きたいなら筆記体で書けるわ」

ハッシャーや彼女のクラスメートが学んでいる筆記体は，ほとんどの識字者のアイデンティティーに組み込まれているもの，つまりサイン（＝署名）において重要な役割を果たしている。「最近話をした銀行の支店長の一人が言うには，近年多くの高卒生が銀行口座を開設しに来るが，（自分の）サインを持っていない」と元教師のマリリン=ゼッカーは語った。「それが問題だ」

小学校のカリキュラムから筆記体学習を外すことをみなが重大問題ととらえているわけではない。その一人がアリゾナ州立大学の教育学の教授で，手書きについて幅広く研究しているスティーブ=グラハムだ。「自分の名前を書き出すのは，もちろんどんな書体でもいいんです。サインである必要はありません」とグラハムは言う。「今では電子署名があり，20，30，50，

100 年前と同じように署名を使う必要はないということです」

キーボード付きのデジタル機器の人気の高まりにもかかわらず，独立宣言文のような美しい文字をゆっくりと丁寧に書く人はいまだに多い。文字を美しく書く方法を長年教えているカリグラフィー講師のシェーン=ペリーはこう語る。「私には芸術表現への情熱があり，カリグラフィーは，まさに絵や絵画，彫刻と同じように本物の芸術表現だと常に考えてきました。しかし，カリグラフィーには，自分の言いたいことを非常に明確に示すことができる，という要素が加わっています。望む通りに明瞭にも不明瞭にもできますが，これは人類の文明が始まってからほぼずっと続いている伝統でもあるのです」

◀解　説▶

1．⑴「本文によると，独立宣言は…であった」

①マトラック氏によって作成された

②手書きの文書

③重要な法廷判決

④すべてのプロの写字生にとって必須の文書

第 2 段第 1 文（Thomas Jefferson, …）後半に，「独立宣言の手書きの筆記体はジェファーソンの手によるものではない」とあり，第 2 段第 2 文（"Jefferson was the one …）に「ティモシー=マトラックが，それ（=独立宣言）を清書した人だ」とあることから，②「手書きの文書」が正解。それ以外の選択肢は根拠となる内容が本文中にない。

⑵「小学校の年齢の生徒たちによると，…筆記体は役に立つ」

①学校で好成績を取るのに

②もし停電があれば

③歴史の教科書を読むとき

④キーボード使いの技術を向上させるために

第 5 段第 2 文（Somewhat surprisingly, …）の小学生の発言に，「もしかしたら，もう電気がなくなり停電になるかもしれないから，お互いに手紙を書くしかない」とあることから，②「もし停電があれば」を続けると本文に合致する。

⑶「筆記体の衰退の一因ではない要因は何か」

第 4 段第 1 文（Many elementary schools …）で，合衆国各地の多くの

小学校が筆記体指導をやめた理由として「テストの増加」,「新しい基礎学力標準」および「教室でのコンピュータ使用」を挙げているので,②「新しい教育指針」,③「さらなる試験偏重」,④「インターネットの普及」は不適。衰退原因として触れられていない①「シャープペンシルの普及」が正解となる。

(4)「グラハム教授の論理を最もよく言い表しているのはどれか」

①生徒も先生も非常に忙しく,手書きに時間を割くことができない

②筆記体は中学・高校で習うべきものだ

③サインは不朽である

④人々は電子機器を使うので,サインは必要ない

第8段第5文（“We now have …）で,サインが不要であることを述べていることから,④が正解。

(5)「opaque に意味が近いものはどれか」

下線部を含む英文は,最終段第3文（Calligraphy, however, …）で,カリグラフィーは「書いた人が言いたいことを明瞭に表すことができる」要素があるのだと述べた直後の文であることから,表現の幅が広いことを伝える内容であると予測をつける。この文脈に合わせて as clear or as opaque as を読めば,opaque の意味を知らなくとも clear「澄んだ,明快な」と対比の意味であると察しがつく。つまり③「理解しにくい」が opaque「くすんだ,あいまいな」の意味に最も近いと判断できる。① complex は「複雑な」,② artistic は「趣のある」,④ transparent は「透明な」の意。

(6)「最後の段でシェーン=ペリーが暗示していることは何か」

①カリグラフィーは,美しい文字の裏側に自分の気持ちを表現したり隠したりすることができる

②アメリカの高校では,筆記体を必修にすべきだ

③コンピュータの発達により,カリグラフィーはいずれ廃れるだろう

④キーボードでの入力や携帯電話でのメール作成に比べれば,筆記体には何のメリットもない

最終段最終文（You can make it …）にあるように,カリグラフィーは文字を「望む通りに明瞭にも不明瞭にもできる」とあり,この箇所が選択肢①中の Calligraphy allows us to express or hide our feelings「自分の

気持ちを表現したり隠したりすることができる」と合致する。これ以外の選択肢の内容は，シェーン=ペリーの発言からは読み取れない。

(7)「次のうち，本文と一致するものはどれか」

①ティモシー=マトラックは，トマス=ジェファーソンと行動を共にした政治家である

②コロンビア特別区では，筆記体を教えることが小学校で必須となっている

③ジェイコブ=フェンダーとサミ=ハッシャーは，筆記体を学ぶことの重要性を認識している

④シェーン=ペリーは，長い間，カリグラフィーを美術の授業で教えている

第5段第2文（Somewhat surprisingly, …）と第6段第2文（"If you want …）の発言内容からジェイコブ=フェンダーとサミ=ハッシャーが「筆記体学習の重要性」に気づいていると判断できる。ゆえに③が正解。ティモシー=マトラックは politician「政治家」ではなく scribe「写字生」なので①は不適。第4段第1文（Many elementary schools …）にあるように多くの小学校は新しい基礎学力標準（new core standards）の採用が原因で筆記体指導をやめている。さらに同段第2文（Forty-five states …）より，「筆記体指導を必須にしている」州は数州で，コロンビア特別区（the District of Columbia）は筆記体指導を採用していないことがわかる。よって②は不適。最終段第2文（Shane Perry, a …）には，カリグラフィー講師のシェーン=ペリーは「芸術表現に対する情熱は持っている」とあるが，美術教師であるとは書かれていない。ゆえに④は不適。

2．(1)文脈と文構造の理解を試す問題である。空所直前の第5段第2文（Somewhat surprisingly, …）の even「～でも」に着目すると，この後には前述の内容とは対照的な意見が入ると予想がつく。他動詞で使われることが多い see が選択肢にあることから SVO 構文と考えて，空所前後の語句に合わせると the students can still see potential applications for cursive となり，3番目(イ)，6番目(ア)が正解となる。the の位置で迷うかもしれないが，代名詞 some の後ろに of＋代名詞以外の名詞をつける場合は，some of the〔*one's*, this, that, these, those など〕＋複数名詞もしくは不可算名詞の単数形がくるので，the students とする。still「それでも

（やはり）」の位置は，助動詞 can の後ろに置くとよい。

(2)前述の(1)の解法手順で考える。下線部前文の第 7 段第 1 文（The cursive that …）では，筆記体習得の重要な役割（＝サイン，署名）について触れ，下線部直後の第 7 段最終文（"That's a problem."）で「それが問題だ」と述べる文脈である。下線部には筆記体未習得に関する問題点が書かれていることが明確である。この文脈と one of の後ろが複数形であることを考え合わせ，主部の一部となる最初の空所に bank managers を入れ，主部が「支店長のうちの一人」と確定すると SVO 構文が見えてくる。文脈から考え，目的語となる that 節の内容が，筆記体を書けないことの問題点であると方向付けると，that many recent high school graduates come in to open a bank account yet do not have a signature となる。したがって，④ 1-3-2-4 が正解。

3．与えられた英文の全訳は以下の通り。

中国語の手書きの草書体（cǎoshū）は，紀元前 3 世紀には発達し始めていた。この初期の筆記体は，事務用文字の進化と密接に関連しており，その成熟した形は，後に zhāngcǎo「規制草書」として知られるようになった。東漢王朝滅亡後の 100 年間，新しい標準文字（kǎishū）が作り出される中，古典的な書体の草書（いわゆる jīncǎo「近代草書」）も発展し続けていた。一方，草書体の極度の簡略化により読むことが困難になり，実用性が減少してしまった。

(1)「発展する」の意味を持つ動詞 evolve を現在分詞にし，後ろに続く名詞と名詞句に合わせ「事務職用に発展していった手書き文字」とすると文脈にあった意味として成立するので(a)には② evolving を入れる。take form「（事・物が）形を成す，具体化する」という熟語を知っていれば，主部 the new standard script と文脈に合った内容になる③ taking を(b)に入れることができる。(c)には空所直後の to と合わせて continue to *do*「～し続ける」の語法を用い，「発展し続けた」とすると文脈に合う英文ができるので，① continuing を入れる。

(2)無生物主語構文になっており，和文の「草書（行書）体の極度の簡略化により」の箇所が主部となることから，「簡略化する」の意味を持つ simplify を名詞にした simplification を(d)に入れる。基本単語の simple「簡素な」と形容詞を動詞化する -fy「～にする」を組み合わせた

simplify の語尾に，さらに -tion をつけて名詞化した形である。「読むことが困難になり」は SVOC 構文に合わせて考える。make *A* *B*「*A* を *B* にする」 *A* には形式目的語の it があり，真の目的語は後置されている to read である。(e)に目的語（＝it）の補語となる「困難」を表す difficult を入れるとよい。and の後ろには主部の the extreme simplification of cursive forms「草書（行書）体の極度の簡略化」が省略されていると考え，SVO 構文で「実用性が減少してしまった」を作文する。英語での発想は「草書（行書）体の極度の簡略化が実用性を下げた」であることに気づき，「(数量・程度・値）を下げる，減少させる」の意を持つ語を過去形にした reduced を(f)に入れるとよい。

II 解答

1．(1)―①　(2)―④　(3)―③　(4)―④　(5)―②
2．(1)―①　(2)―③　(3)―②
3―③

◆全　訳◆

≪エビングハウスの記憶と忘却に関する実験と功績≫

記憶と忘却に関する古典的な体系的研究の中には，19 世紀後半にヘルマン=エビングハウスによって行われたものがある。エビングハウスは，意味を持たない 13 個の文字の組み合わせからなる 169 個のリストを自身で覚え，これらのリストの一つ一つを 21 分から 31 日の間隔で再学習した。彼はこの期間にどの程度忘却が進んだかということに特に関心を持ち，自身がどれくらい忘れてしまっているのかということを測る一つの指標として「節約率」(つまり，彼がリストを再学習するのにどれくらい時間がかかったのか）を用いた。エビングハウスは，忘却の速度がほぼ指数関数的であることを指摘した。つまり，最初のうちは（このリストを学習した直後は）急速に忘却されるが，情報が忘れられる速度は徐々に減少していく。この実験観察（結果）は年月を経ても今でも使われ続けており，学校を出てから外国語を勉強する場合にも当てはまることが示されている。最初の 12 カ月でその言語の語彙は急速に減少するが，その語彙を忘れる速度は，時間の経過とともに徐々に遅くなっていく。したがって，5 年後，10 年後に再びその外国語を勉強すると，(数年前の記憶量と比較して）実際にどれだけ記憶しているかに驚くかもしれない。

エビングハウスが指摘した記憶に関するもう一つの興味深い特徴は，「節約」という概念だ。つまり，外国語の語彙を忘れたり失ってしまっても，その言語をそもそも学んだことのない人よりもはるかに早くその情報（＝忘れたり失ってしまった外国語の語彙）を再学習することができるということだ。この発見は，この「失われた」情報の痕跡が脳内にあるはずだということを意味している。この点は，意識的な知識と無意識的な知識に関する重要な問題も強調しているが，研究結果は，無意識レベルで記録された記憶の保持がいくらかあるはずだということを示している。（これに）密接に関連した点について，著名な心理学者 B.F. スキナーが指摘しており，「教育（の成果）とは，学んだことが忘れ去られたときに残るものである」と書いている。この言葉に「…意識の上では忘れてしまっているが，他の何らかの形で記憶の保持がある」と付け加えられるかもしれない。

エビングハウスのこの分野での代表作『記憶について』は1885年に出版された。この著作には，無意味音節，指数関数的忘却の把握，（再学習時間の）節約の概念（さらに，繰り返しの効果，忘却曲線の形状，詩と無意味音節の学習比較など，エビングハウスが研究において体系的に調査したいくつかの記憶の問題に加え），エビングハウスの記憶研究に対する多くの永続的な貢献が含まれている。エビングハウスが実践した実験方法の大きな利点は，記憶に影響を与える可能性のある多くの余分な（そして潜在的に記憶を歪曲させる）要因を考慮に入れているところだ。エビングハウスは，こうした配慮事項を自分の研究方法の長所として述べているが，より意味のある記憶材料を使うことを怠ったと批判され得る。この分野の研究者の中には，エビングハウスの研究方法は記憶を単純化しすぎる傾向があり，その繊細さを一連の人工的で数学的な要素に限定していると主張する人もいる。

◀解　説▶

1．(1)3カ所の空所の前後を見ると，選択肢はすべて関係詞か接続詞であると予想がつくので，これらが導く節が文法的，意味的に成立するかを吟味する。①の which を選べば，3カ所とも先行詞の後ろに前置詞＋関係代名詞が続く形ができ，文意も文脈に合う。それ以外の選択肢では英文が成立しない。関係代名詞 that は前置詞を直前に伴って先行詞を修飾することはできない。

(2)(B)の直後が節構造になっているので接続詞 after が入る。(C)を含む英文の前文である第1段第7文（However, the rate …）では，時間の経過とともに外国語の語彙を忘れるスピードが緩やかになることが述べられている。この文脈をとらえて(C)に later を入れて，「したがって，5年後，10年後に」とすれば文脈に沿った英文になる。

(3) This point が指す内容は，第2段第2文（This means that …）中の that 節内の事実（＝外国語の語彙を忘れたり失ったりしてしまっても，その言語をそもそも学んだことのない人よりもはるかに早くその情報を再学習することができる）を指していると考えられる。③ regarding「～に関して」を選択すれば文脈に沿った英文内容となる。① replacing「～を取りかえて」，② recovering「～を取り戻して」や④ refraining「～を差し控えて」では，意味が成立しない。

(4) eminent「著名な，高名な」は B. F. スキナーがどのような心理学者であったかを表す形容詞として用いられている。④ famous「有名な」が正解。

(5)問われている encompasses は文中で述語動詞となっており，主語が This work（＝エビングハウスの代表作『記憶について』），目的語が Ebbinghaus' many enduring contributions to memory research「記憶研究に対するエビングハウスの多くの永続的な貢献」である。SVO 構文から意味を予想する。また，接頭辞の知識も用いたい。動詞に en- や em- がついた場合には「～の中に」の意味を持つ。compass「～を一周する，取り囲む」を合わせて考え，encompass「～を（中に）含む」と予想し，同意の② contains を選択する。① enriches「豊かにする」，③ informs「～に情報を与える」，④ sells「～を売る」の意。

2．(1)「本文によると，エビングハウスは…」

①自分が学習したことをどのように忘れるかを知ろうとした

②異なる音をどれだけ早く記憶できるかを記録した

③実験で外国語をマスターした

④ B. F. スキナーとの共同研究を行い，記憶と忘却の研究を行った

第1段第2～4文（Ebbinghaus taught himself … he had forgotten.）に，自らが被験者となり記憶と忘却について調べようとしていたことが述

べられているので①が正解。それ以外の選択肢についてはまったく述べられていない内容である。

⑵「ずっと以前に学習した外国語を再度学習するとどうなるか」

①もう一度その言語を学習することが，より難しくなる

②同じ情報を学ぶのに同じだけの時間が必要となる

③同じ語彙でも，以前学習したときより早く覚えることができる

④２回目に学習するときに何らかの無意識の学習が行われるかもしれない

第２段第２文（This means that …）の内容に合致する③が正解。①・②については，内容に矛盾する。④については述べられていない。

⑶「エビングハウスの著作について正しいものはどれか」

①人間の記憶に関する研究にほとんど影響を与えなかった

②彼の研究には欠点があると指摘する評論家もいる

③彼の手法は数学的理論に基づくものであった

④実験において，誤解を招く要因を管理し損ねていた

第３段第４文（Although Ebbinghaus described …）の主節に，より意味のある記憶材料を使っていなかったことを批判される可能性があることが示唆されている。また第３段最終文（Some workers …）に，エビングハウスの実験では記憶を単純にとらえすぎており，問題がある旨を主張している研究者がいることが述べられている。したがって，②が正解。①は第３段第２文（This work encompasses …）の Ebbinghaus' many enduring contributions to memory research「記憶研究に対するエビングハウスの多くの永続的な貢献」に矛盾する。それ以外の選択肢については明確な記述は本文中にない。

３．エビングハウスの記憶と忘却についての実験結果のまとめについては，第１段第５文（Ebbinghaus noted that …）に書かれており，学習直後の忘却スピードは速く，時間が経つにつれて忘却のスピードが徐々に緩やかになることが述べられている。この様子を正しく示しているのは③のみである。

III 解答

(1)—② (2)—① (3)—① (4)—④ (5)—② (6)—④
(7)—① (8)—④ (9)—③ (10)—③ (11)—④ (12)—①

◆全　訳◆

≪アメリカにおける夏時間の恒常化決定≫

米国上院は2023年11月から夏時間を恒常化することを目的に，2022年3月に「日照保護法」を承認した。夏時間は，春のある日に標準時より1時間時計を早めて，秋のある日に1時間遅らせる。この法律が施行されれば，アメリカは二度と「春に進む」または「秋に戻る」ことはない。

夏時間のもともとの正当な理由が，当初は第一次，第二次世界大戦時の米軍へのエネルギー供給優先，その後は1973年のOPECオイルショックによる節電のためであったことを知らない人も多い。夏時間を実施することで，夕方の太陽が出ている時間帯のエネルギー負担が軽減される。日照時間が長いと，照明に必要な電力が少なくて済むだけでなく，家庭や企業の暖房に必要な石油やガスの量が減るが，夏場の冷房費は増える可能性がある。

米国エネルギー効率化経済評議会は，米国が10年以上前に夏時間恒常化を制定していれば，40億米ドル以上のエネルギーの節約と1,080万トンの二酸化炭素排出量の減少が見られたと推定している。

しかし，夏時間には不都合な点もあることに注意が必要である。最初の懸念事項は，夏時間が睡眠障害を生むことだ。明日から起床時間を1時間早めたり遅くしたりしなければならないと，違和感を覚え，就寝時間を含めた1日のスケジュールを調整する必要が出てくるかもしれない。

他の研究では，夕方の日照時間が長い米国西部時間帯に住む人は，東部に住む人に比べて，がんになるリスクが高くなるとされている。このがん発症リスクの増加は，時間帯の異なる地域で食事や運動などのライフスタイルの選択によって部分的に説明できるかもしれない。

さらに，アメリカ人は，そうすることが健康上のリスクがあるとわかっていながら，ブロッコリーの代わりに赤身の肉を食べたり，水の代わりにアルコールやソーダを飲んだりするといった決断を常にしているのだ。そのような決断をするのは，リスクがあるにもかかわらず，それらの製品の恩恵を享受しているからだ。これは，日光浴や就寝時間を遅くすることと同じで，たとえリスクがあるとわかっていても，私たちはそれらを楽しみ，恩恵を受けているのだ。

◀解 説▶

(1)夏時間を採用している地域の人（＝you）が秋に行う時間設定の説明箇所である。第1段第2文（In DST, …）の前半で述べられている春に行う時間設定のone hour ahead（＝1時間先に進める）との対比表現と考え，② earlierを選択すれば，an hour earlier（＝1時間早い時間にする〔戻す〕）となり，夏時間の説明に合う。

(2)主語のthe Actは第1段第1文（The US Senate …）の日照保護法を指している。空所直後のinto effectと① comesを合わせると熟語表現come into effect「(法律などが）発効する，実施される」となり，文脈に合う文意となる。

(3)空所以降と第2段第1文（Many people don't know …）の後半の副詞表現and then later「そしてそののちに」以降とを対比で考える。① initially「最初に」を選ぶとうまくつながる。

(4)夏時間の施行で，主語のenergy loads「エネルギー負担」が，when the sun is out later in the evening「夕方の太陽が出ている時」にどうなるのかと考える。太陽が出ていれば，電気を使わなくても明るくエネルギー負担は減るはずなので，④ reduced「減る」を選択する。

(5) when the sun is out later in the evening「夕方の太陽が出ている時」に，夏は暑さ対策として冷房「費」が増えるはずなので，② costsを選択すると文意が通る。

(6)第3段第1文（The American Council …）の後半の仮定法過去の条件節if we had enacted permanent DST「(実際はしていなかったが10年以上前に）もし夏時間恒常化を制定していたなら」に着目し，これに対応した帰結節の述語動詞となるよう④ would have seenを選択するとよい。

(7)第4段では，sleep disruptions「睡眠障害」など，夏時間採用時の注意すべきネガティブな側面について述べられていることから，単に「～(状態など）について述べる」ことを表す② describeではなく，① note「～に注意する，～に注目する」を選ぶとよい。

(8)第4段第1文（It is important …）にthere are downsides of DSTとあり，「夏時間の不都合な点」について具体的に述べていく文脈であることから，④ concern「懸念（事項)」を選ぶとよい。

⑼ associate は他動詞で「～を関連付ける」の意。目的語の living in western portions of US time zones「米国西部時間帯に住むこと」と関連付ける対象を探しながら読むと，ダッシュ（―）で挟まれた関係代名詞節の直後に名詞句 an increased cancer risk「がんの発症リスク増加」が現れる。associate *A* with *B*「*A* を *B* と関連付ける」は基本語法である。③ with が正解。

⑽空所は直前の節の lifestyle choices「ライフスタイルの選択肢」の具体例を示している箇所の一部である。直前の diet「食事」と並列させて③ exercise「運動」を選べば文意に合う。like は前置詞で，しばしば名詞の後で「(たとえば)～のような」(＝such as ～) の意味で用いられる。

⑾空所を含めその前後（eating … water）は，⑽同様に like 後の具体例の提示になっており，health risks「健康上のリスク〔危機〕」を具体化している。空所の直後のブロッコリーは健康上のリスクがない食べ物と考えられるので，red meat と broccoli が対照になるように *A* instead of *B*「*B* ではなく *A*，*B* の代わりに *A*」を用いると文意に合う。直後の形 drinking alcohol or soda instead of water「水の代わりにアルコールやソーダを飲む」も同じ対照構造なのでヒントになっている。④ instead of が正解。

⑿譲歩表現の～even though …「たとえ…だけれども～」に着目する。これより前の内容（＝日光浴や就寝時間を遅くすることを楽しみ，恩恵を受けている）から推測される対照的な情報を付加する内容が even though の後ろに続くので，SVO 構文で「リスク〔危機〕を伴う」と考え，述語動詞として① carry を選択する。supply は「(必要なもの) を供給する」の意味なので，ここでは不適。

Ⅳ　解答

1―④　2―②　3―①　4―②　5―③　6―①
7―③　8―④

9．(A)―⑧　(B)―⑥　(C)―①　(D)―②　(E)―⑤　(F)―③　(G)―⑦　(H)―④

◆全　訳◆

≪大学生の選択科目相談≫

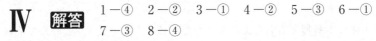

2人の大学生が選択科目について考えている。

(アメリカのある大学寮の一室にて)

トニー　：ブラッド，ドラムスティックを置いて，ちょっとこっちに来てくれ。

ブラッド：(ソファの肘かけをドラムを叩くように叩いて) どうしたんだ？

トニー　：今年から大学が始めた新しい履修条件について考えているんだ。通常のプログラミングやデザインの授業に加えて，「インターネット周辺機器」の授業も選択しなければならないってやつだ。

ブラッド：ああ，なんとなく覚えてるよ。モチベーションとか心理学みたいな話じゃなかったっけ？

トニー　：ビンゴ。思考力を広げるための講座の１つって感じだね。

ブラッド：それで？

トニー　：まあ，見て。ほらいい感じのがあるよ。『技術史――私のガレージからの眺め』っていうタイトルだよ。

ブラッド：(笑いながら)「私のガレージから」？　気に入った。どんな内容なのか，教授に話を聞きに行こう。

トニー　：そうだな，この後ジャムセッションをするからベースを持って行こう。

(数時間後，キャンパス内の建物で)

ブラッド：よし，この廊下のどこかにあるはずだ。405，407，409，よし，ここだ。

トニー　：いいね！　ドアにベースギターのポスターを貼ってる教授が他に何人いる？　超かっこいいね！　さあ，会って聞いてみよう。コンコン！

教授　　：(オフィスの中から) はい！　どうぞ入って！

トニー　：スティルマン教授ですか？　ちょっとお邪魔してもいいですか？

スティルマン教授：もちろんだよ。ただ，私のことをジョンと呼んでくれたまえ。座って。今日はどんな用件かな？

トニー　：先生，僕はトニー=グレイ，こちらはブラッド=アッシュフォードです。『技術史――私のガレージからの眺め』という授業に興味があります。

ブラッド：素晴らしいタイトルですが，実際はどういう意味なんでしょうか？

スティルマン教授：(笑いながら) それはね，今日のウェブの多くが，ガレージのような質素な場所で始まったからだよ。発明家などがたくさん活躍した。エジソンという人物を知ってるかい？　マルコーニは？　TimBL はどうだい？

トニー　：最初の２人は知っています。３人目は誰ですか？

スティルマン教授：ティム=バーナーズ=リー卿さ。ウェブの発明者だよ。３人ともかなりクリエイティブだったね。

ブラッド：みんな，僕らの寮の部屋みたいにきれいな研究室やガレージを持ってたのかなあ。

スティルマン教授：(微笑みながら) いい勝負かもしれないね。もちろん，それに関連する歴史的な出来事や経済的なトレンド，音楽などのポップカルチャーだって見ていくよ。

ブラッド：スティルマン先生，心理学の知識はどの程度必要ですか？

スティルマン教授：ジョンだよ，ただジョンとだけ呼んでくれ。ここではあまり堅苦しくしないでくれよ。心理学的な背景？　ああ，それほどいらないよ。社会状況やビジネス状況など，より大きな視野で見ていくつもり。歴史も少し。

ブラッド：それはとてもいいですね。

スティルマン教授：で，君たちはチャットを使っているよね？

ブラッド：常に使っています。なしでは生きていけません。

スティルマン教授：君は何年生まれだい？

ブラッド：ええと，2001 年です。

スティルマン教授：なるほど。では，ご両親は 60 年代か 70 年代生まれだね？

トニー　：その通りです。ずっとずっと前です。

スティルマン教授：(笑いながら) ほら，気をつけてくれよ。私は 1969 年生まれだ。

トニー　：(顔を真っ赤にして) すみません，教授，つまり，ジョン。

スティルマン教授：(微笑みながら) 問題ないよ。君たちの両親がたぶんずっと幼い時，もしくは生まれる前でさえ，チャットを使える人がいたんだよ。

ブラッド：まさか！
スティルマン教授：そうなんだよ。1964 年，ベル・テレフォンはピクチャーフォンと呼ばれる，白黒の 5 インチのスクリーンを持ち，相手の顔を見ながら会話することができるものを発表したんだ。
トニー　：（首を横に振って）64 年に？　信じがたいな。
スティルマン教授：オーディオ＋ビデオという斬新なアイデアに興味を持ってもらうために，主要都市にデモブースを設置したんだ。しかし，この発明がはやることはなく，ベルは 5 億ドルの損失を出したんだよ。
トニー　：大金ですね。
スティルマン教授：その通りさ。ピクチャーフォンがなぜそんなに損をしたか知っているかい？
トニー　：まったくわかりません。
スティルマン教授：では，授業で説明するよ！
ブラッド：（笑いながら）お話がうまいですね，教授。おっと，つまり，ジョン。とてもうまいです。承知しました。
トニー　：僕もです。先生の授業が楽しみです。
スティルマン教授：それはうれしいよ，君たち。
トニー　：それで，ドアに貼ってあるポスターは何ですか？
スティルマン教授：学校でもちゃんと勉強したんだが，バンドで演奏している時間も長かったな。最高級品のリッケンバッカー 4001 がずっと欲しかったんだ。
トニー　：いいですね。では，僕たちのバンドのドラマーもここにいます。いつか一緒に演奏しましょう。
スティルマン教授：決まりだね。立ち寄ってくれてありがとう。

◀解　説▶

1．「リッケンバッカー 4001 とは何か」
①第一次世界大戦のパイロット
②広告会社
③古いチャットのツール
④ベースギターの一種

スティルマン教授の部屋に 2 人が到着した際に，トニーが 6 番目の発言

（Nice! How many other profs …）でドアに貼ってあるベースギターのポスターについて触れている。最後から2番目のトニーの質問 So what's with the poster on your door? の the poster は，このポスターを指していると推測できる。この状況から，トニーの質問に対して返答したスティルマン教授の発言中の一言（Have always wanted a classic Rickenbacker 4001.）は，ポスターに載っているベースギターについて述べていると考えられる。ゆえに④ a type of bass guitar が正解。

2．「最初のチャット技術はいつ登場したか」

スティルマン教授は11番目の発言（No problem. …）で，2人の両親が生まれる前からチャットを使っていた人がいることを伝え，驚くブラッドに対し，12番目の発言（Yes way! …）でベル・テレフォンが1964年に発表したピクチャーフォンについて触れる。この箇所の説明から，ピクチャーフォンはチャットと基本的に同じような機能を持つと判断できるので，② 1964 が正解。

3．「近々，スティルマン教授はどのような講座を担当する予定か」

①選択科目

②心理学講座

③ベースギターを弾くためのワークショップ

④プログラミング講座

会話文のタイトル（Two university students …）やトニーの2番目の発言第2文（You know, …）に，the one about having to choose an 'Internet peripheral' class in addition to all the regular … courses とあり，この場面の話題が選択授業であることがわかる。この後，トニーの4番目の発言第1文（Well, take a look.）とブラッドの4番目の発言第1・2文（'From my garage'? Love it.）から，2人がある授業について関心を持ち，この講座を担当する教授に会いに行く流れとなっている。この担当教授がスティルマン教授であることがこの後の展開で明白なので，① an elective course「選択授業〔科目〕」が正解。

4．「ブラッドとトニーの共通の趣味は何か」

①ガレージで物を作ること

②音楽

③心理学を学ぶこと

④ソファの肘かけをドラムを叩くように叩くこと

トニーの5番目の発言（Done—let me grab …）中に so we can jam afterward とある。so は so that SV 構文「SがVできるように」の that が省略された形である。ベースギターを使う活動であることから，ここでは動詞 jam が「～を即興演奏する，ジャムセッションする」の意で使われていることがわかる。また，トニーの最初の発言（Brad, put down …）や最後の発言（Sweet! So we …）から，ブラッドはドラムを演奏することが推察できる。ゆえに2人の共通の趣味が② music であることがわかる。grab は「(素早く何かを）手に入れる〔飲む，食べる〕，（さっと何かを）取ってくる」の意。

5.「スティルマン教授のこの会話中のふるまい方の特徴を最もよく表す言葉は何か」

①堅苦しい

②怖い

③形式ばらない

④退屈した

スティルマン教授は2番目の発言（Sure, guys, but …）で，初対面の2人に自分のことをファーストネームの「ジョン」と呼ぶよう求めている。その後も6番目の発言（John, just John, …）で，no need to be too formal here と述べ，堅苦しくならないよう2人の学生に伝えている。したがって，③ casual「形式ばらない」が正解。

6.「Serious coin と最も近い意味を持つ表現はどれか」

①相当額のお金

②真剣な討議

③大規模な金融事業

④インターネット上のお金

Serious coin「大金」という表現を知らなくとも，スティルマン教授の13番目の発言最終文（Bell lost a half billion dollars …）で，「5億ドル」の損失という驚愕の金額を聞いた反応として考えると，①を正解として選べる。

7.「ベル・テレフォンはどのように新発明を宣伝したのか」

①訪問販売員

②新聞や雑誌での広告

③新しい技術を実際に体験できる場所

④大学キャンパスのポスター

スティルマン教授の 13 番目の発言（All true, and they set up …）で,「興味を持ってもらうために, 主要都市にデモブースを設置した」とあることから, ③が正解。

8.「トニーとブラッドは, この科目についてどうすることにしたのか」

①プログラミングのコースの 1 つと置き換えるために使う

②スティルマン教授から何かを買う

③授業は見学するが, 単位取得のため登録はしない

④それ（＝この科目）に授業登録する

講義内容の説明の途中で, スティルマン教授が 15 番目の発言（So I'll explain …）で, あとは授業で説明すると言ったのに対して, ブラッドは最後の発言（Smooth, …）で, You sold me. と述べている。sell は会話表現で,「(考え・説明などを人に）納得〔受け入れ〕させる」の意味がある。つまり, You sold me. は, You convinced me.＝I'm convinced.「承知しました」の意味となる。このブラッドの発言の直後に, トニーも Me, too. と言い, 2 人とも教授があとは授業で 2 人に説明することを承知した, つまりこの授業を履修登録する気になったことがわかる。その言葉に続いてトニーが「先生の授業が楽しみです」と言っていることからもわかる。したがって④が正解。

9. (A)トニーの 2 番目の発言（Been thinking about …）は大学が今年から新しく始めた（卒業）必須条件の選択授業に関するものである。ここでトニーが述べた the one about having to choose an 'Internet peripheral' class が何を示すかを確認するためにブラッドが尋ねているのが, (A)を含む箇所である。⑧を選択すれば, Wasn't that <u>about stuff like</u> motivation and psychology? となり, the one の内容を具体的に確認する質問文となり, 会話が成立する。stuff は口語表現で「もの, 物事」の意。参考までに, sta<u>f</u>f は「スタッフ, 職員」の意。

(B)空所直前で, take a look「見てよ」と言って, 選択科目に関する何かに載っている, 注目させて見せるに値するものをブラッドに見せていると考えられる。ゆえに, ⑥ looks pretty cool「とてもかっこいい」を選択す

るとよい。that は one を先行詞とする関係代名詞。

(C)空所直後にスティルマン教授が Yes! と答えていることから，教官室に入る前に何らかの呼びかけを行ったことが推測できる。入室の許可を求める発言として，① knock, knock を選択するとよい。この表現は，会話で「コンコン」とドアをノックする音を声に出して入室の許可を得るときに使う。

(D) what does it actually mean?「それ（＝その講義のタイトル）は実際のところどういう意味なのですか」と尋ねているブラッドの6番目の発言に対する返答が空所を含む箇所である。that's because … と答えていることから，講義のタイトルを 'History of Technology－The View from My Garage' とした理由の説明をしている。したがって，② humble places as your garage「君たちのガレージのような質素な場所」を選択するとgarage をタイトルに入れた理由の説明となり，意味の通る会話文となる。

(E)空所の前にある also「～も」から，空所を含む発言が講義内容の説明の続きであり，先に述べた人物のほかにどのような事柄に着目していくのかを説明しているくだりであることが推測できる。空所が related things such as の直後の3つの並列の一部であることから，関連事項の具体的内容が述べられていると考えられる。ゆえに⑤ historical events that played を選択すれば，「（さまざまな一役）を買った歴史的出来事」となり流れに沿った会話文となる。

(F)「チャットは使うよね？」というスティルマン教授からの問いかけに対して，All the time.「四六時中常に使っている」と答えた後の発言として，③ can't live without it「チャットなしでは生きていけません」を続けると自然な会話となる。

(G) 2人の両親が生まれる前から存在していたチャットについてスティルマン教授が具体的に説明するくだりであることが，教授の11番目の発言（No problem. …）と空所の後ろの発言からうかがえる。ベル・テレフォンが世に出したピクチャーフォンの説明として⑦ introduced what they を選択する。what they called は「いわゆる」の意で SVO 構文の述語動詞の直後に挿入されている。

(H) however の前後の文はカンマ（,）のみでつながっているが，口語表現なので and が省略されていると考えるとよい。文頭・文中・文末に置かれていることのある「逆説」の意味を持つ副詞の however「しかしながら」は，前後関係を考えて “〜, however, …” や “〜. However, …” は「〜，しかしながら…」の関係が成り立つように however の位置を動かして考える必要がある。本問では，空所前の It の前に However, を置き直し，④ never caught on「まったくはやらなかった」を入れて意味確認をすると，前文との逆接関係がきれいにできあがる。

❖講　評

例年，基本的な大問数，出題パターンは変わっていない。読解や会話文問題では文法・語法・表現がバランスよく出題されている。読解問題の英文は，受験生が読みやすいよう配慮されている。読解問題では，図表やグラフから数値やメカニズムを読み取る問題も出題されている。ここ 6 年連続で，本文に関連した内容の英文が与えられ，空所を補充する問題（選択）が，**Ⅰ**もしくは**Ⅱ**で出題されている。同じテーマを別の観点から把握する能力が問われている。読解や会話文問題では，設問が英語になっているものもあるので慣れておく必要がある。

2023 年度の読解問題の**Ⅰ**はアメリカの公共ネットワークである PBS が取り上げた「アメリカにおける筆記体指導の減衰と必要性」についての記事が素材になっている。また，関連読解問題として，中国における草書の変遷についての英文も出題された。**Ⅱ**は「エビングハウスの記憶と忘却に関する実験と功績」に関する著書の抜粋が問題の素材となっている。彼が行った実験と考察，さらには実験データ結果を示したグラフも含めて作問されている。**Ⅲ**では学術関係者や専門家の研究をわかりやすいニューススタイルで伝えるメディアウェブサイト The Conversation に掲載された「アメリカにおける夏時間の恒常化決定」に関する記事の中で，語彙・イディオムを試す問題が出題された。2023 年度に限らず読解問題ではパラグラフの連関から解答する問いや英文の主旨を問う問題もある。普段からパラグラフの役割を意識しながら英文を読む癖をつけておきたい。これまで健康，環境，産業，科学，教育，生活など幅広い分野のテーマが出題されている。英語だけでなく他教科で得る知識や時事問題に関心をもつことも求められている。

Ⅳの会話文問題は比較的長めで，ストーリー性のある内容である。見慣れない俗語表現を会話の流れから理解する力も試されている。発話内容を正しく理解し，登場人物の立場や特徴をつかみ，さらには会話の場面をイメージし，動きや現象をビジュアル化する能力も問われている。

試験時間70分の時間配分は，Ⅰ（読解）15分もしくは25分，Ⅱ（グラフ・図解つき読解）15分もしくは25分（ⅠもしくはⅡのどちらかに関連英文問題がつくことが多い），Ⅲ（語彙中心読解）15分（短文の文法・語彙問題だと6分），Ⅳ（会話文）15分を目安として考え，得意分野の解答時間を短くして見直しの時間を生むとよい。

数学

I

解答 (1)ア．2　イ．1　ウ．2

(2)エ―④

◀解　説▶

≪小問 2 問≫

(1)　　与式 $=\int_0^{\frac{\pi}{2}}\frac{\cos x}{1+\sin x}dx+\int_0^{\frac{\pi}{2}}\frac{\cos^2 x}{1+\sin x}dx$

$I_1=\int_0^{\frac{\pi}{2}}\frac{\cos x}{1+\sin x}dx$，$I_2=\int_0^{\frac{\pi}{2}}\frac{\cos^2 x}{1+\sin x}dx$ とおく。

I_1 については，$t=\sin x$ と置換して計算する。

$$\frac{dt}{dx}=\cos x$$

より $\cos x dx=dt$ であり，x と t の対応は右表のようになるので

x	$0\to\frac{\pi}{2}$
t	$0\to 1$

$$I_1=\int_0^1\frac{dt}{1+t}=\Big[\log|1+t|\Big]_0^1=\log 2$$

また，I_2 については

$$I_2=\int_0^{\frac{\pi}{2}}\frac{1-\sin^2 x}{1+\sin x}dx=\int_0^{\frac{\pi}{2}}(1-\sin x)\,dx$$

$$=\Big[x+\cos x\Big]_0^{\frac{\pi}{2}}=\frac{\pi}{2}-1$$

したがって，求める定積分の値は

$$I_1+I_2=\log 2+\left(\frac{\pi}{2}-1\right)$$

$$=\frac{\pi}{2}-1+\log 2 \quad \to ア～ウ$$

(2)　区分求積法により，求める極限値は，右図のような n 個の長方形の面積の和の極限値と考えられる。

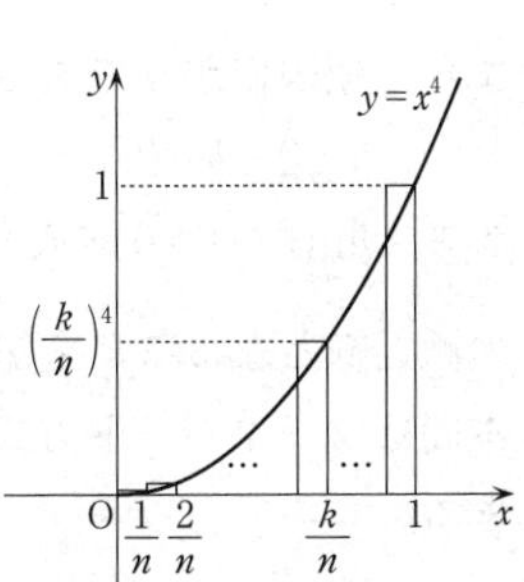

$$\lim_{n\to\infty}\frac{1+2^4+3^4+\cdots+n^4}{n^5}$$
$$=\lim_{n\to\infty}\frac{1}{n}\left\{\left(\frac{1}{n}\right)^4+\left(\frac{2}{n}\right)^4+\left(\frac{3}{n}\right)^4+\cdots+\left(\frac{n}{n}\right)^4\right\}$$
$$=\lim_{n\to\infty}\frac{1}{n}\sum_{k=1}^{n}\left(\frac{k}{n}\right)^4=\int_0^1 x^4dx=\left[\frac{x^5}{5}\right]_0^1=\frac{1}{5}\quad\to エ$$

II　解答

(1)カ．3　キ．2

(2)ク―⓪　ケ―⓪　コ―⑦

◀解　説▶

≪小問 2 問≫

(1)　$a\leqq 0$ のとき，$f(x)\to\infty$ $(x\to\infty)$ であるから，$a>0$ でなければならない。

$$f(x)=\log 2(e^{3x}+2)-\log e^{ax}-b=\log\frac{e^{3x}+2}{e^{ax}}+\log 2-b$$

ここで

$$\frac{e^{3x}+2}{e^{ax}}=e^{(3-a)x}+2e^{-ax}\quad\cdots\cdots①$$

であるが，$x\to\infty$ のとき

　$0<a<3$ ならば $e^{(3-a)x}\to\infty$，$e^{-ax}\to 0$ で　　$f(x)\to\infty$

　$a>3$ ならば $e^{(3-a)x}\to 0$，$e^{-ax}\to 0$ で　　$f(x)\to-\infty$

となるので，$0<a<3$，$a>3$ は不適。

$a=3$ のとき，①は $1+2e^{-3x}$ となり，$x\to\infty$ のとき

$$f(x)=\log(1+2e^{-3x})+\log 2-b\to\log 2-b$$

となり，極限値をもつ。

よって，求める a の値は　　3　→カ

また，極限値が 0 であるから

$$\log 2-b=0\qquad\therefore\quad b=\log 2\quad\to キ$$

参考　$\lim_{x\to\infty}f(x)=0$ が成り立つとき，直線 $y=ax+b$ は曲線 $y=\log(2e^{3x}+4)$ の漸近線となることを知っていれば，見通しが良くなる。

本問はマークシート方式であるから，a の値を次のように求めることもできる。

$\log(2e^{3x}+4)=g(x)$ とすると

$$g'(x)=\frac{(2e^{3x}+4)'}{2e^{3x}+4}=\frac{6e^{3x}}{2e^{3x}+4}=\frac{3e^{3x}}{e^{3x}+2}$$

これより

$$a=\lim_{x\to\infty}g'(x)=\lim_{x\to\infty}\frac{3e^{3x}}{e^{3x}+2}=\lim_{x\to\infty}\frac{3}{1+\frac{2}{e^{3x}}}=\frac{3}{1+0}=3$$

(2) $OA^2+AB^2=OB^2$ より，△OAB は OB が斜辺の直角三角形である。

α，β の偏角をそれぞれ θ_1，θ_2 とすると

$$z=\frac{\sqrt{3}\,(\cos\theta_2+i\sin\theta_2)}{\cos\theta_1+i\sin\theta_1}=\sqrt{3}\,\{\cos(\theta_2-\theta_1)+i\sin(\theta_2-\theta_1)\}$$

z の虚部は正であるから $0<\theta_2-\theta_1<\pi$ であり

$$\cos(\theta_2-\theta_1)=\frac{1}{\sqrt{3}},\quad \sin(\theta_2-\theta_1)=\frac{\sqrt{2}}{\sqrt{3}}$$

であるから

$$z=\sqrt{3}\left(\frac{1}{\sqrt{3}}+\frac{\sqrt{2}}{\sqrt{3}}i\right)$$

$$=1+\sqrt{2}i \quad \to ク \quad \cdots\cdots①$$

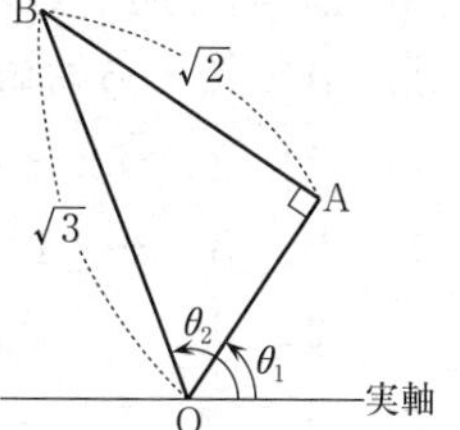

このとき，z は

$$z-1=\sqrt{2}i$$

$$(z-1)^2=(\sqrt{2}i)^2=-2$$

整理して

$$z^2-2z+3=0 \quad \to ケ \quad \cdots\cdots②$$

を満たす。また

$$z^3-2z^2+4z+1=z(z^2-2z+3)+z+1$$

と変形できるので，①，②を利用して

$$z^3-2z^2+4z+1=0+(1+\sqrt{2}i)+1$$

$$=2+\sqrt{2}i \quad \to コ$$

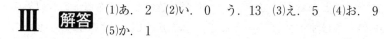

III 解答 (1)あ．2 (2)い．0 う．13 (3)え．5 (4)お．9
(5)か．1

◀解　説▶

≪さいころの出た目とカードの番号によって定義される数に関する場合の数≫

$(X,\ Y)$ の組は全部で　　$6\cdot 13=78$ 組

78組の内訳は

ⓐ：(2, 1), (3, 1), (4, 1), (5, 1), (6, 1), (4, 2), (6, 2), (6, 3)（計8組）

ⓑ：(1, 2), (1, 3), (1, 4), (1, 5), (1, 6), (1, 7), (1, 8), (1, 9), (1, 10), (1, 11), (1, 12), (1, 13), (2, 4), (2, 6), (2, 8), (2, 10), (2, 12), (3, 6), (3, 9), (3, 12), (4, 8), (4, 12), (5, 10), (6, 12)（計24組）

ⓒ：(1, 1), (2, 2), (3, 3), (4, 4), (5, 5), (6, 6)（計6組）

ⓓ：上記以外の40組

(1)　条件ⓐを満たす $(X,\ Y)$ の組のうち，$Y=2$ となるのは，(4, 2), (6, 2) の2通りである。→あ

(2)　W のとりうる値についてまとめると次のようになる。

ⓐ：2，3，4，5，6のいずれか

ⓑ：2，3，…，13のいずれか

ⓒ：2，4，6，8，10，12のいずれか

ⓓ：0

したがって，W の最小値は0，最大値は13である。→い，う

(3)　$W=4$ となるのは

　　(4, 1), (4, 2), (1, 4), (2, 4), (2, 2)

の5通りである。→え

(4)　W が奇数となるのは

ⓐ：(3, 1), (5, 1)

ⓑ：(1, 3), (1, 5), (1, 7), (1, 9), (1, 11), (1, 13), (3, 9)

の合計9通りである。→お

(5)　$Z^W=-1$ となるのは Z が -1 で W が奇数のときである。それ以外の Z, W のときはすべて $Z^W=1$ となる。したがって，(4)より $Z^W=1$ となる組の方が多い。→か

Ⅳ　解答

(1)　四面体の4面は互いに合同であるから

$|\overrightarrow{AB}|=|\vec{c}|$ ……①

$|\overrightarrow{BC}|=|\vec{a}|$ ……②

$|\overrightarrow{CA}|=|\vec{b}|$ ……③

が成り立つ。

①より　$|\overrightarrow{AB}|^2=|\vec{c}|^2$　$|\vec{b}-\vec{a}|^2=|\vec{c}|^2$

よって　$|\vec{b}|^2-2\vec{a}\cdot\vec{b}+|\vec{a}|^2=|\vec{c}|^2$ ……①′

②，③についても同様にして

$|\vec{c}|^2-2\vec{b}\cdot\vec{c}+|\vec{b}|^2=|\vec{a}|^2$ ……②′

$|\vec{a}|^2-2\vec{c}\cdot\vec{a}+|\vec{c}|^2=|\vec{b}|^2$ ……③′

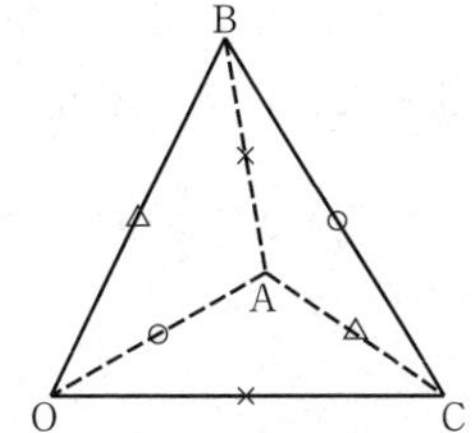

①′，②′，③′ を辺々加えて整理すると

$$2|\vec{a}|^2+2|\vec{b}|^2+2|\vec{c}|^2-2\vec{a}\cdot\vec{b}-2\vec{b}\cdot\vec{c}-2\vec{c}\cdot\vec{a}=|\vec{c}|^2+|\vec{a}|^2+|\vec{b}|^2$$

ゆえに　$|\vec{a}|^2+|\vec{b}|^2+|\vec{c}|^2-2\vec{a}\cdot\vec{b}-2\vec{b}\cdot\vec{c}-2\vec{c}\cdot\vec{a}=0$　(証明終)

(2)　$|\vec{a}+\vec{b}-\vec{c}|^2=|\vec{a}|^2+|\vec{b}|^2+|\vec{c}|^2+2\vec{a}\cdot\vec{b}-2\vec{b}\cdot\vec{c}-2\vec{c}\cdot\vec{a}$

$=(|\vec{a}|^2+|\vec{b}|^2+|\vec{c}|^2-2\vec{a}\cdot\vec{b}-2\vec{b}\cdot\vec{c}-2\vec{c}\cdot\vec{a})+4\vec{a}\cdot\vec{b}$

$=4\vec{a}\cdot\vec{b}$　((1)により)

よって　$k=4$ ……(答)

(3)　4点O，A，B，Cは同一平面上にはないので

$\vec{a}+\vec{b}-\vec{c}\neq 0$

ゆえに，$|\vec{a}+\vec{b}-\vec{c}|>0$ である。

よって，(2)より

$4\vec{a}\cdot\vec{b}=|\vec{a}+\vec{b}-\vec{c}|^2>0$

すなわち　$\vec{a}\cdot\vec{b}>0$

$\vec{a}$ と $\vec{b}$ のなす角を $\theta\,(0<\theta<\pi)$ とすると，$\vec{a}\cdot\vec{b}>0$ ならば

$$\cos\theta=\frac{\vec{a}\cdot\vec{b}}{|\vec{a}||\vec{b}|}>0$$

また，$\vec{a}$ と $\vec{b}$ のなす角は0でもないので　$\cos\theta\neq 1$

したがって，$0<\cos\theta<1$ すなわち $0<\theta<\dfrac{\pi}{2}$ となるので，$\vec{a}$ と $\vec{b}$ のなす角は鋭角である。　(証明終)

(4)　$\vec{x}=\overrightarrow{\mathrm{OD}}$, $\vec{y}=\overrightarrow{\mathrm{OE}}$, $\vec{z}=\overrightarrow{\mathrm{OF}}$ とおく。

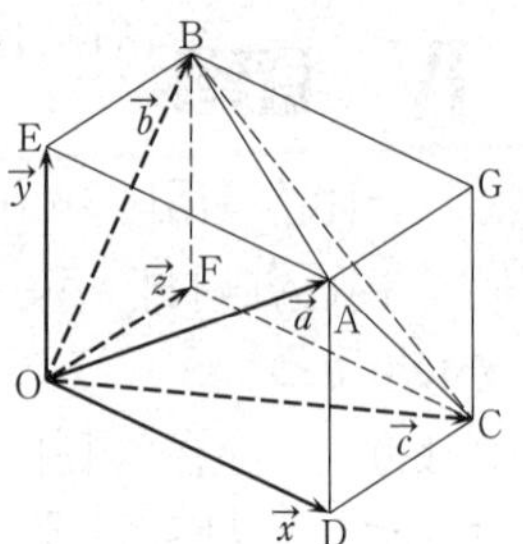

平行六面体の各面は平行四辺形であるから

$$\vec{a}=\vec{x}+\vec{y},\ \vec{b}=\vec{y}+\vec{z},\ \vec{c}=\vec{z}+\vec{x}$$

これを，$\vec{x}$, $\vec{y}$, $\vec{z}$ について解くと

$$\vec{x}=\frac{\vec{a}-\vec{b}+\vec{c}}{2},\ \vec{y}=\frac{\vec{a}+\vec{b}-\vec{c}}{2},\ \vec{z}=\frac{-\vec{a}+\vec{b}+\vec{c}}{2}$$

よって，(1)の②を用いて

$$\vec{x}\cdot\vec{y}=\frac{1}{4}(\vec{a}-\vec{b}+\vec{c})\cdot(\vec{a}+\vec{b}-\vec{c})$$

$$=\frac{1}{4}(|\vec{a}|^2-|\vec{b}-\vec{c}|^2)=0$$

同様に③，①を用いて

$$\vec{y}\cdot\vec{z}=0,\ \vec{z}\cdot\vec{x}=0$$

したがって，頂点Oから出る3つの辺は互いに垂直となり，頂点Oを共有する3つの面はいずれも長方形であるから，この平行六面体は直方体である。　(証明終)

◀解　説▶

≪ベクトルの内積の立体図形への応用≫

ベクトルの内積を利用した，立体図形（四面体，平行六面体）への応用問題である。(1)は四面体の1つの面が長さ $|\vec{a}|$, $|\vec{b}|$, $|\vec{c}|$ の三角形であることを内積を用いて表現する。(2)は(1)をどう利用するか考える。(3)では $\cos\theta\leqq 0$, $\cos\theta=1$ とはならないことを説明する。(4)では，1つの頂点から出る3つの辺がどの2つも垂直のとき直方体となるので，やはり内積へ帰着する。

V

解答　(1)　$y=\frac{1}{2}x^2$ のとき　$y'=x$

よって，$x=t$ のとき法線（接線に垂直）の傾きは　$-\frac{1}{t}$

したがって，法線 l の方程式は

$$y=-\frac{1}{t}(x-t)+\frac{1}{2}t^2=-\frac{1}{t}x+1+\frac{1}{2}t^2\quad\cdots\cdots(\text{答})$$

(2) (1)により，点Qのx座標sはxの2次方程式

$$\frac{1}{2}x^2=-\frac{1}{t}x+1+\frac{1}{2}t^2$$

の解である。これを解くと

$$tx^2+2x-2t-t^3=0$$

$$(x-t)(tx+2+t^2)=0$$

$$x=t,\quad -\left(\frac{2}{t}+t\right)$$

$s\neq t$であるから

$$s=-\left(\frac{2}{t}+t\right)\quad\cdots\cdots(\text{答})$$

(3) $t>0$より$s<0$，つまり$t>s$なので点Pから点QまでのCの長さ$f(t)$は

$$f(t)=\int_s^t\sqrt{1+\left\{\left(\frac{1}{2}x^2\right)'\right\}^2}\,dx=\int_s^t\sqrt{1+x^2}\,dx$$

すなわち　$g(x)=\sqrt{1+x^2}$　……(答)

(4) (2)より

$$\frac{ds}{dt}=-\left(\frac{2}{t}+t\right)'=-\left(-\frac{2}{t^2}+1\right)=\frac{2-t^2}{t^2}$$

また，$t>0$に注意して

$$\sqrt{1+s^2}=\sqrt{1+\left(\frac{2}{t}+t\right)^2}=\sqrt{\frac{t^4+5t^2+4}{t^2}}=\frac{\sqrt{(t^2+1)(t^2+4)}}{t}$$

よって，(4)で与えられている等式を用いて

$$f'(t)=\sqrt{1+t^2}-\frac{\sqrt{(t^2+1)(t^2+4)}}{t}\cdot\frac{2-t^2}{t^2}$$

$$=\frac{\sqrt{1+t^2}}{t^3}\{t^3-(2-t^2)\sqrt{t^2+4}\}$$

$t^3-(2-t^2)\sqrt{t^2+4}>0$を解く。

$$t^3>(2-t^2)\sqrt{t^2+4}=(\sqrt{2}+t)(\sqrt{2}-t)\sqrt{t^2+4}\quad\cdots\cdots①$$

$t\geqq\sqrt{2}$のとき$\sqrt{2}-t\leqq 0$であるから，不等式①はつねに成り立つ。

すなわち，このとき　$f'(t)>0$

$0<t<\sqrt{2}$のとき不等式①は両辺ともに正であるから，2乗しても両辺の大小関係は変わらない。

$t^6 > (2-t^2)^2(t^2+4) = t^6 - 12t^2 + 16$

$3t^2 - 4 > 0$

$(\sqrt{3}t-2)(\sqrt{3}t+2) > 0$

$\sqrt{3}t+2>0$ であるから

$\sqrt{3}t-2>0$ より　　$t > \dfrac{2}{\sqrt{3}} = \dfrac{2}{3}\sqrt{3}$

$(\sqrt{2})^2 - \left(\dfrac{2}{3}\sqrt{3}\right)^2 = \dfrac{2}{3} > 0$ より　　$\sqrt{2} > \dfrac{2}{3}\sqrt{3}$

すなわち，$0 < t < \dfrac{2}{3}\sqrt{3}$ のとき　　$f'(t) < 0$

$\dfrac{2}{3}\sqrt{3} < t < \sqrt{2}$ のとき　　$f'(t) > 0$

以上から，$f(t)$ の増減は右のようになる。

よって，$f(t)$ は $t = \dfrac{2}{3}\sqrt{3}$ のとき最小値をとる。……(答)

t	0	…	$\frac{2}{3}\sqrt{3}$	…
$f'(t)$		$-$	0	$+$
$f(t)$		↘	極小	↗

◀解　説▶

≪曲線の長さ≫

法線の方程式，曲線の長さを求める式を作るところまでは基本である。本問では，実際に長さを計算する（定積分）のではなく，その最小値をとる t の値について考察する。微分の計算や，増減を調べるための根号のついた不等式の解法など，ていねいに処理していく必要がある。

❖講　評

例年どおり，**Ⅰ**・**Ⅱ**・**Ⅲ**はマークシート方式または結果のみを記述する方式で，**Ⅳ**・**Ⅴ**はすべて記述式であった。いわゆる「難問」というものはなく標準的である。

Ⅰは小問2問で，(1)定積分の計算と(2)数列の極限である。定積分は置換積分を含む計算であった。数列の極限は式の形から区分求積法の利用に気づきたい。

Ⅱも小問2問で，(1)関数の極限と(2)複素数平面である。(2)では△OABが直角三角形であることはすぐに気づくであろう。

Ⅲは場合の数の問題である。ルールが記号で書かれていて少し読み取りづらく感じるが，具体的に並べ始めると意外に数え上げやすい。

Ⅳはベクトルの内積計算の図形への応用である。直方体のとき，何が「垂直」かを考え，どう内積で表現するかが大事である。

Ⅴは曲線の長さに関する問題であるが，実際には長さを最小にするときの t の値を求めるもので，微分と根号のある不等式の処理が少し大変であるが，問題文にヒントの式が書かれていたり，結果のみを答える問いがあったりと受験生の負担を少しだけ軽減してくれている。

//////////////////// ·memo· ////////////////////

2022年度

問題と解答

■学部別入試

問題編

▶試験科目・配点

教　科	科　　目	配　点
外国語	コミュニケーション英語Ⅰ・Ⅱ・Ⅲ，英語表現Ⅰ・Ⅱ	120 点
数　学	数学Ⅰ・Ⅱ・Ⅲ・A・B	200 点

▶備　考

「数学B」は「数列・ベクトル」から出題する。

英語

(70分)

〔Ⅰ〕 次の英文を読んで設問に答えなさい。

At the end of the 19th century, for just a few years, bicycles were the newest trend. The cycling craze brought changes for millions of Americans, and for women the changes were being out of the house and away from restrictive clothing rules. One major reason for those changes was the simple bicycle. "The bicycle craze was both a reality and a symbol — a symbol of personal mobility," says Roger White of the Smithsonian's National Museum of American History. Bicycles had existed for ___(A)___, and some late-1860s models even had shapes similar to modern-day bicycles, but they were made of iron and wood. [I]

In the 1880s, however, high-wheel bicycles became big in both size and popularity. The large front wheel ___(ア)___ a rider to get some speed before gears were ___(イ)___. A two-wheeled bicycle was easier to care for than a four-legged horse, and travelers weren't ___(ウ)___ by train routes, schedules, or ticket costs. The bicycle became part of a grassroots recreation movement, with people using their newfound leisure time after the Civil War to get out of the city and into the country. Tricycles were manufactured in the 1880s, too, although not specifically as toys for children. Women rode tricycles (which came in different sizes to accommodate legs of various lengths), but men <u>cornered the market</u>(B) on two wheels. Men formed clubs for touring, complete with uniforms. These were masculine activities in which women were not welcome, perhaps because their clothing at the time wouldn't allow them to ride, or perhaps because attitudes prevented them from being given a chance. [II]

"The high-wheel bicycle became a man's bicycle because of cultural perceptions," White says. Roads weren't smooth or paved in those days, and men raced and toured across dusty, uneven countryside. Helmets also weren't part of the uniform. If you were on a high-wheel bicycle and hit a rock, you'd go ___(C)___ head. To reduce accidents and injuries, inventors modified the high-wheel bicycle. By the 1890s, the diamond-shaped frame with equal-sized wheels that we recognize today was standard, along with air-filled tube tires and gears. Innovations for the "safety bicycle" allowed riders to gain speed with a lower chance of having an accident — turning up the volume on the bicycle trend while also changing the lives of many women.

Bicycles extended women's mobility outside the home. A woman didn't need a horse to come and go as she pleased, whether to work outside the home or participate in social causes. Those who had been limited by conservative standards for behavior and clothing could break conventions and get out of the house. "Here she was out riding a bicycle, wearing pants, doing things she wanted to do," White says. The bicycle craze boosted(D) the "rational clothing" movement, which encouraged women to do away with long, heavy skirts. [Ⅲ]

The safety bicycle gave women the personal mobility that men enjoyed in the 1880s, offering independence from both home and husband. It shaped women's identity and increased their visibility (literally) in society. White compares it to women getting short haircuts ("bobs") in the 1920s, or the youth movement of the 1960s. This was a moment when the fabric of American life changed, but there were limits to how the bicycle provided mobility. Bicycles were expensive, and most Americans who took advantage of the movement were white and affluent. Then came cars. [Ⅳ]

The inventive spirit that drove the bicycle movement led to electric streetcars, automobiles, and motorcycles. "So because of inventors, suddenly there were all these other options," White says. The same people that adored bicycles pivoted to cars — the new icon of personal mobility. Bicycles were no longer the fastest way to get into the countryside or between towns and cities. Plus, there was the novelty — Americans were fascinated with motors and "in love with gasoline," according to White. Some bicycle manufacturers were always in the mix, and bicycles made a comeback in the middle of the 20th century, but nothing compared to the boom years from 1892 to 1899.

(Adapted from 'How the 19th-century Bicycle Craze Empowered Women and Changed Fashion', by Hannah S. Ostroff, *Smithsonian Stories*, May 17, 2018)

1. 次の各問の答を①～④の中から１つ選び，その番号を解答欄にマークしなさい。

(1) 空欄(A)に入る最も適切なものは次のうちどれか。

① minutes　② hours　③ decades　④ centuries

(2) 空欄(ア)，(イ)，(ウ)に入る組み合わせとして最も適切なものは次のどれか。

① (ア) led　(イ) used　(ウ) favored
② (ア) permitted　(イ) made　(ウ) encouraged
③ (ア) caused　(イ) created　(ウ) disappointed
④ (ア) allowed　(イ) developed　(ウ) limited

(3) 下線部(B) cornered the market に最も近いものは次のどれか。

① controlled most or all of the supply
② built a corner location for a market
③ caused the economy to change direction
④ invented new equipment

(4) According to the passage, what other inventions resulted from the very creative minds of American inventors?

① rules about clothing
② electric streetcars
③ handlebars
④ leisure time

(5) According to the passage, women's options were limited in what two

areas?

① driving cars and riding in cars

② working and long dresses

③ running errands and choice of clothing

④ riding bicycles and uniforms

(6) Which is closest in meaning to boosted (D)?

① prevented　② advanced　③ turned　④ echoed

(7) Which of the following is consistent with the passage?

① The bicycle was replaced by newcomers such as the car and the motorcycle.

② The high-wheel bicycle was popular among men because it was safe and strong.

③ The Industrial Revolution brought about changes in the American economy in the 1880s.

④ The bicycle will be more popular again as a means of travel in the near future.

2. この英文に次の1文を入れる，最も適切な場所はどこか。

"In the 1890s, no one had any idea this craze was coming to an end," White said.

① [Ⅰ]　② [Ⅱ]　③ [Ⅲ]　④ [Ⅳ]

3. 空欄(C)に(ア)～(ク)の語句すべてを用いて並び替えた英文が入る。3番目と6番目にくる単語の組み合わせで適当なものを1つ選び，その番号を解答欄にマークしなさい。

(ア) on	(イ) and	(ウ) the
(エ) your	(オ) over	(カ) land
(キ) flying	(ク) handlebars	

① 3番目 ウ 6番目 カ

② 3番目 ウ 6番目 ク

③ 3番目 キ 6番目 ア

④ 3番目 オ 6番目 カ

〔Ⅱ〕 次の英文を読んで設問に答えなさい。

Scientists have changed the way the kilogram is defined.

Currently, it is defined by the weight of a platinum-based cylinder called "Le Grand K" which is locked away in a safe in Paris. On Friday, researchers meeting in Versailles voted to get rid of it in favour of defining a kilogram in terms of an electric current. The decision was made at the General Conference on Weights and Measures. But some scientists, such as Perdi Williams at the National Physical Laboratory (NPL) in the UK, have expressed mixed feelings about the change. "I haven't been on this project for too long but I feel a weird ___(A)___ to the kilogram," she said. "I think it is such an exciting thing and this is a really big moment. So I'm a little bit sad about the change. But it is an important step forward and so the new system is going to work a lot better. It is also a really exciting time, and I can't wait for it to happen."

Why kill off the kilogram?

Le Grand K has been at the forefront of the international system of measuring weights since 1889. Several replicas were made and distributed around the globe. But the master kilogram and its copies were seen to change — ever so slightly — as they deteriorated. In a world where accurate measurement is now critical in many areas, such as in drug development, nanotechnology and precision engineering — <u>those responsible for (①) the international system had no (②)(③) to move beyond Le Grand K to a more robust definition.</u> (B)

How wrong is Le Grand K?

The fluctuation is about 50 parts in a billion, less than the weight of a single eyelash. But although it is tiny, the change can have important consequences. The new definition came in as electrical measurement which Dr Stuart Davidson, head of mass metrology at NPL, says is more ___(C)___, more ___(D)___ and more equal. "We know from comparing the kilogram in Paris with all the copies of the kilogram that are all around the world that there are discrepancies between them and Le Grand K itself," he said. "This is not acceptable from a scientific point of view. So even though Le Grand K is fit for its purpose at the moment, it won't be in 100 years' time."

___(E)___

Electromagnets generate a force. Scrapyards use them on cranes to lift and move large metal objects, such as old cars. The pull of the electromagnet, the force it exerts, is directly related to the amount of electrical current going through its coils. There is, therefore, a direct relationship between electricity and weight. So, in principle, scientists can define a kilogram, or any other weight, in terms of the amount of electricity needed to counteract the weight (gravitational force acting on a mass).

Here's the tricky part

There is a quantity that relates weight to electrical current, called Planck's constant — named after the German physicist Max Planck and denoted by the symbol h. But h is an incredibly small number and to measure it, the research scientist Dr Bryan Kibble built a super-accurate set of scales. The Kibble balance, as it has become known, has an electromagnet that pulls down on one side of the scales and a weight — say, a kilogram — on the other. The electrical current going through the electromagnet is increased until the two sides are perfectly balanced. By measuring the current running through the electromagnet to incredible precision, the researchers are able to calculate *h* to an accuracy of 0.000001%. This breakthrough (F) has paved the way for Le Grand K to be replaced by *die kleine h*, 'the small *h*'.

Kibble Balance

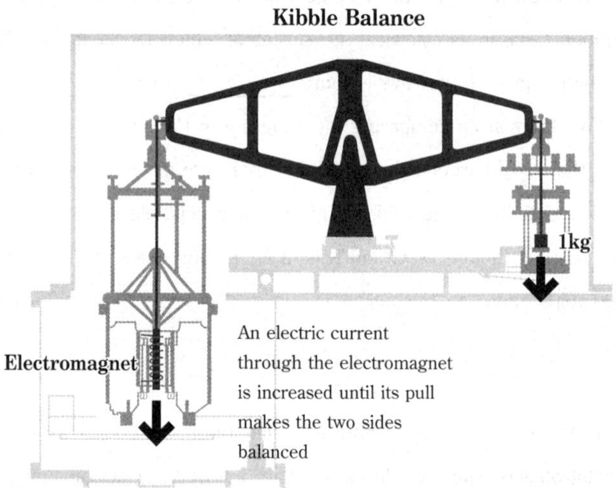

Figure 1. How an electromagnet can calculate the kilogram

Source : National Physical Laboratory

What are the advantages of the new system?

Every few decades, all the replica kilograms in the world had to be checked against Le Grand K. The new system, now that it's been adopted, will allow anyone with a Kibble balance to check their weights anytime and anywhere, according to NPL's Dr Ian Robinson. "It feels really good to be at this point. I feel it is the right decision. Once we've done this it will be stable for the foreseeable future," he said.

(Adapted from 'Kilogram Gets a New Definition', by Pallab Ghosh, *BBC News*, November 16, 2018)

1. 次の各問の答を①〜④の中から1つずつ選び，その番号を解答欄にマークしなさい。

(1) 空欄(A)に入る語として最も適切なものは次のうちのどれか。

① attachment　② compliment
③ instrument　④ refreshment

(2) 空欄(C)と(D)に入る組み合わせとして最も適切なものは次のうちのどれか。

① (C) competent　(D) influential
② (C) stable　(D) accurate
③ (C) solid　(D) lethal
④ (C) temporary　(D) explicit

(3) 空欄(E)に入る，その段落の見出しとして最も適切なものは次のうちどれか。

① How does the new system work?
② What is wrong with the old system?
③ When did the new system begin?
④ Why can we define the new system?

(4) 下線部(F) breakthrough の意味に最も近いものは次のうちどれか。

① A place or time at which a conflict occurs
② An end of a road or passage from which no exit is possible
③ A place that forms the effective center of an activity, region or network
④ A significant and dramatic overcoming of a perceived obstacle

2. 本文の内容について，次の質問に対するもっとも適切な答を①〜④の中から1つずつ選び，その番号を解答欄にマークしなさい。

(1) Why should Le Grand K be replaced?

① Measurement errors, however marginal, seem to be unavoidable.
② No one feels any affection for it.

③ Production of its copies cannot keep up with the demand.

④ The earlier model Kibble balance has come back as a new model.

(2) What can be stated based on the passage and Figure 1?

① Planck's constant is denoted by p.

② Once the two sides of the scale in Figure 1 are perfectly balanced, the calculation is always perfect.

③ The Kibble balance has an electromagnet through which the electrical current runs until both sides become equal.

④ The Kibble balance is more reliable than Le Grand K due to its solid piece of metal, platinum.

(3) According to the passage, which of the following is true?

① Replicas distributed around the world were all checked every ten years.

② Replicas of Le Grand K had been made following Planck's constant.

③ Le Grand K was named after the British scientist Bryan Kibble.

④ Le Grand K had been the standard of measuring weight for more than a century.

3. 下線部(B)は「国際的なシステムを維持することに関与しているこれらの分野では，Le Grand K を超えて，より確固とした定義へ進展するしか選択肢は残されていない。」という意味である。空欄①～③にそれぞれ適当な英語1語を入れなさい。

4. 本文に関連した以下の英文を読んで設問に答えなさい。

The system of measures was conceived prior to the appearance of cuneiform writing* in Mesopotamia in approximately 2,900 B.C.

The system of measures dates as far back as 6,000 B.C., when it became necessary due to (a) development needing to calculate the distribution of crops and the volume of food consumed by families. With the transition of humankind from hunter-gatherers to established agricultural settlements, metrology was（　b　）in managing population growth and confronting famine.

It was not until 1875 at the Metre Convention that scientists recognized the need to establish a system of internationally（　c　）measurement standards. Prior to this, various systems existed across the world and were merged and transformed through trade and contact with other systems.

（Adapted from 'The Measure of All Things: A Brief History of Metrology', by James Brookes, *AZO Materials*, May 13, 2015）

*cuneiform writing　くさび形文字

(1) 空欄(a)～(c)に入る最も適切な単語を枠内の①～③から１つずつ選び，その番号を解答欄にマークしなさい。ただし，同じものを２度以上使ってはならない。

① agreed	② agricultural	③ imperative

(2) この英文のタイトルとしてもっとも適切なものは次のどれか。

① Defining the Meter

② Medieval Metrics

③ Metric Systems of the Ancient World

④ Standardized Measurement in Metrology

〔Ⅲ〕 以下の空欄に入る最も適切なものを①から④の中から1つ選び，その番号を解答欄にマークしなさい。

A Dutch couple have become Europe's first tenants of a fully 3D printed house in a development that will open up a world of choice in the shape and style of the homes of the future. Elize Lutz, 70, and Harrie Dekkers, 67, ___(1)___ shopkeepers from Amsterdam, received their digital key — ___(2)___ allowing them to open the front door of their two-bedroom bungalow at the press of a button — on Thursday.

(1) ① guided　② survived　③ retired　④ stolen

(2) ① an app　② an arrow　③ a mouse　④ a measure

The 3D printing method involves a huge robotic arm with a nozzle that squirts out a specially formulated cement, said to have the texture of whipped cream. The cement is "printed" according to an architect's design, adding layer upon layer to create a wall to increase its strength. The point ___(3)___ the nozzle head had to be changed after hours of operation is visible in the pattern of the new bungalow's walls, as are small errors in the cement printing, perhaps familiar to anyone who ___(4)___ an ink printer.

(3) ① at which　② in where　③ of that　④ to when

(4) ① have used　② have not used
③ has used　④ has not used

Although the 3D printing technology is still new, it is seen by many people ___(5)___ the construction industry as a way to cut costs and environmental damage by reducing the amount of cement that is used. In the Netherlands, it also provides an alternative at a time when there is a ___(6)___ of skilled bricklayers.

(5)　① during　② within　③ for　④ above

(6)　① respect　② supply　③ tradition　④ shortage

The new house ＿(7)＿ of 24 concrete elements that were printed layer by layer at a plant in Eindhoven before ＿(8)＿ by truck to the building site and placed on a foundation to be worked on by Dutch building firm Van Wijnen. A roof and window frames were then fitted, and finishing touches applied.

(7)　① composes　② completes　③ constructs　④ consists

(8)　① being transported　② transport

③ transporting　④ transported

By the time the fifth home ＿(9)＿ built, it is hoped that construction will be done wholly on-site and that various other installations will also be made using the printer, which would further reduce costs. Lutz and Dekkers, who have lived in four different types of home in the six years since their two grown-up daughters left the family home, are paying €800 ＿(10)＿ to live in the property for six months from 1 August after answering a call for applicants on the Internet. "I saw the drawing of this house and it was ＿(11)＿ like a fairytale garden," said Lutz.

(9)　① will　② will be　③ is　④ have

(10)　① per a month　② by a month

③ in a month　④ a month

(11)　① exactly　② accidentally

③ unfortunately　④ relatively

(Adapted from 'Dutch Couple Become Europe's First Inhabitants of a 3D-Printed House', by Daniel Boffey, *The Guardian*, April 30, 2021)

〔Ⅳ〕 次の会話文を読んで設問に答えなさい。

Cardboard Bicycles

Two university students step out the door of their apartment. It's chilly enough that both can see their breath in the cold winter air.

Mason: Whoa, cold out here this morning! Makes me want to go ＿＿(A)＿＿ and wake up in, ohhhhh, … about May.

Adam (*laughing*): Seems that I've heard that before! Wasn't that related to your bear-person theory of the universe?

Mason (*unlocking his bicycle*): Exactly. Humans are actually half bear, so we like to hibernate in the winter!

Adam (*also unlocking his bicycle*): And does that explain why ＿＿(B)＿＿, too?

Mason: Naturally. And honey and berries, too.

Adam (*smiling*): And that's the natural order of the universe, I gather. Thanks for enlightening me, maestro.

Mason: Always a pleasure. OK, off we go. (*Pushes off and starts pedaling his bicycle.*) Ohhh, Mr. Rabbit, that is a cold set of handlebars.

Adam: No worries — you just need some thick gloves. Or fur on the palms of your hands.

Mason: Or a different set of handlebars!

Adam: True, true, but I think you're pretty limited on the choice of handlebar material.

Mason: No way! Ever heard of Cardboard Technologies? Very innovative company, started by an Israeli entrepreneur, makes bicycles from … ready for it?

Adam: Sure! From what?

Mason: From … drum roll, please … cardboard!

Adam: You're kidding, right?

Mason: Not in the least. The company started a few years ago and ___(C)___ about how cardboard bicycles could help save the planet, but then they kind of disappeared. Just dropped out of sight, stopped using social media, the works.(D)

Adam: So then what happened?

Mason: Well, they reappeared last year, all grown up with these cool bicycles made almost entirely of cardboard and some recycled material like rubber. Turns out they wanted to ___(E)___ and were developing their products secretly, and now they own all the patents.

Adam: And you can actually ride a cardboard bicycle?

Mason: Sure, no problem. Turns out that a cardboard bicycle weighs much less than a regular bike, only about 4kg. Plus there is the added bonus that you're being ___(F)___ since they recycle cardboard.

Adam: Seriously, I can't imagine riding down the street on a cardboard bike. Seems like I'd need about 10kg of duct tape to ___(G)___ and support my weight.

Mason: OK, here we are,(H) and we still have time to grab a cup of coffee before class.

Adam (*hops off his bicycle and locks it to a bicycle rack*): Excellent! That was a chilly ride this morning.

(*inside the university coffee shop*)

Mason (*looking up at the overhead menu*): So ___(I)___?

Adam: Double espresso, my man — that'll ___(J)___.

Mason (*orders a regular cup of coffee*): Are you out of your mind? That'll make you see double and shake like a leaf.

Adam (*stirring sugar into his small cup of espresso*): All the better for Prof. Moriarty's physics class.

Mason: So here, take a look (*holds out his cell phone*). This is a cardboard bike!

Adam: Awesome! That is a cool design, and it says all kinds of stores and companies ___(K)___. And the price is … thank goodness for Amazon … what? Just $85 plus shipping?

Mason: Tell you what. You get one, I'll get one, just like a taste test.

Adam: Sold!(L) Sounds very cool, and I can't wait to be the first — well, the first two — on campus with cardboard bicycles.

Mason: Touché. Might even have to get some t-shirts that say, "Cardboard Rocks!" (*laughing*)

1. Why does Mason have a theory about bears?

① Because he's studying biology.

② Because he's joking.

③ Because he's concerned about preserving salmon.

④ Because he has furry hands like a bear.

2. Which is closest in meaning to the works(D)?

① Jobs at the bicycle company

② Going out of business

③ Toppings for a hamburger

④ All public information

3. What does Mason mean by here we are(H)?

① Let's go (buy coffee).

② We've arrived at our destination.

③ Please take one.

④ We should begin.

4. Which is closest in meaning to Sold(L)?

① Completion of a sale

② A contraction of "so old"

③ Agreement about doing something

④ Decision about a price

5. 空欄(A)～(C)，(E)～(G)，(I)～(K)に入る最も適切なものを①から⑨の中から１つ選び，その解答欄に番号をマークしなさい。ただし，同じものを２度以上使ってはならない。

① kind to Mother Earth

② made lots of noise

③ keep a tight lid on things

④ what's your poison

⑤ are snapping them up

⑥ people like salmon

⑦ open your eyes

⑧ crawl back in bed

⑨ make it stay together

数学

（120分）

〔Ⅰ〕　次の空欄 ア から オ に当てはまる 0 から 9 までの数字を解答用紙の所定の欄にマークせよ。また，空欄 カ と キ に当てはまるものを指定された解答群の中から選び，解答用紙の所定の欄にマークせよ。

(1)　m と n が整数のとき，

$$\frac{m}{2}+\frac{n}{3}$$

で表される最小の正の数は $\dfrac{\boxed{\text{ア}}}{\boxed{\text{イ}}}$ である。

(2)　$\displaystyle\int_2^7 \frac{x}{x+1}\,dx = \boxed{\text{ウ}} + \log\frac{\boxed{\text{エ}}}{\boxed{\text{オ}}}$ である。

(3)　i を虚数単位とする。$\left(\dfrac{1+\sqrt{3}\,i}{1+i}\right)^{12} = a+bi$ を満たす実数 a, b は $a = \boxed{\text{カ}}$, $b = \boxed{\text{キ}}$ である。

カ，キ の解答群

⓪ 0　　① 1　　② −1　　③ 4　　④ −4
⑤ 12　　⑥ 16　　⑦ −16　　⑧ 64　　⑨ −64

〔Ⅱ〕　次の空欄 [あ] から [き] に当てはまるもの（数・式など）を解答用紙の所定の欄に記入せよ。

(1)　r は正の定数とする。半径 r の 3 つの円がそれぞれ他の 2 つの円と接している。またこれらの 3 つの円は図のように，正三角形 ABC の異なる 1 辺とそれぞれ接している。辺 BC と接する円の中心を Q とし，接点を P とする。

正三角形 ABC の重心を O，辺 BC の中点を M とする。$\angle$QOM を θ とする。

このとき MP を r と θ で表すと MP= [あ] である。また OM を r と θ で表すと OM= [い] である。

したがって，BC$=12$, BP$=7$ であるとき，$r=$ [う] となる。

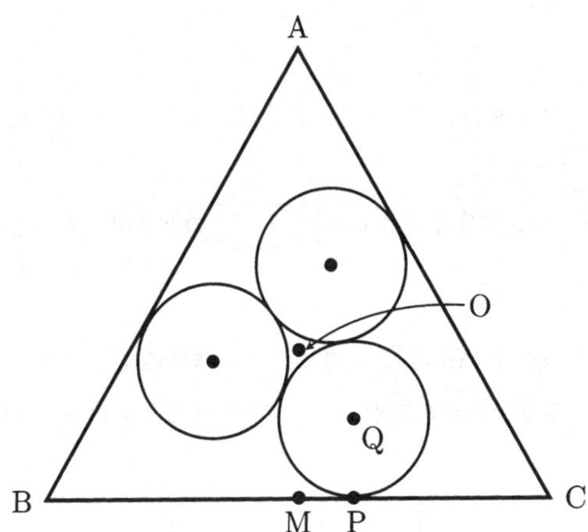

(2)　1 つのサイコロをくり返し投げて，n 回目に出た目を X_n とおく $(n=1,2,3,\cdots)$。このサイコロの目はどれも $\dfrac{1}{6}$ の確率で出るものとする。

(a)　サイコロを 2 回投げたとき，X_1+X_2 が奇数になる確率は [え]，また X_1X_2 が奇数になる確率は [お] である。

(b)　サイコロを m 回投げたとき，$X_1, X_2, \cdots, X_m$ の積 $X_1X_2\cdots X_m$ が偶数に

なる確率を m で表すと［か］である。

(c)　サイコロを m 回投げたとき，$X_1, X_2, \cdots, X_m$ の積 $X_1X_2\cdots X_m$ が 4 の倍数になる確率を m で表すと［き］である。

〔Ⅲ〕　次の空欄［さ］から［そ］に当てはまるもの（数・式など）を解答用紙の所定の欄に記入せよ。

a は正の定数とする。放物線

$$y = -\frac{1}{2}(1+a^2)x^2 + ax$$

を C_a とおく。

(1)　放物線 C_a と x 軸の交点のうち，原点以外の点の x 座標を a を用いて表すと $x=$［さ］となる。
［さ］が最大になるのは $a=$［し］のときで，そのとき $x=$［す］である。

(2)　座標平面上の点を $\mathrm{P}(s,t)$ $(s>0)$ とする。放物線 C_a と $C_{a'}$ が点 P を通るような，相異なる 2 つの正の実数 a, a' が存在するための s, t の条件を不等式で表すと

［せ］$< t <$［そ］

である。

〔Ⅳ〕　θ は $0 \leqq \theta < \pi$ を満たす定数，b は正の定数とする。

数列 $\{a_n(\theta)\}$ を，

$$a_1(\theta) = \sin\theta,\quad a_{n+1}(\theta) = \frac{a_n(\theta)}{b\cos\left(\frac{\theta}{2^n}\right)} \quad (n = 1, 2, 3, \cdots)$$

で定める。以下の問いに答えよ。

(1)　$t \geqq 0$ のとき $\sin t \leqq t$ が成り立つことを示せ。

(2)　すべての自然数 n について

$$a_n(\theta) = \left(\frac{2}{b}\right)^{n-1} \sin\left(\frac{\theta}{2^{n-1}}\right)$$

が成り立つことを示せ。

(3)　$b > 1$ のとき，すべての自然数 m について

$$\sum_{n=1}^{m} a_n(\theta) \leqq \frac{b}{b-1}\theta$$

が成り立つことを示せ。

(4)　$b = 1$ のとき，すべての自然数 m について

$$\sum_{n=1}^{m} \int_0^{\frac{\pi}{2}} \frac{a_n(\theta)}{2^{n-1}}\, d\theta \leqq \frac{\pi^2}{4}$$

が成り立つことを示せ。

〔V〕 座標平面上に，原点 O(0,0) と点 A(3,0) をとる。

動点 P は条件 $\mathrm{OP}+2\mathrm{AP}=6$ を満たしながら動くとする。点 P の描く曲線を C とする。以下の問いに答えよ。(答えだけでなく途中経過も記述すること。)

(1) 点 P は原点ではないとする。点 P の座標 (x,y) を，極座標 (r,θ) を用いて

$$x=r\cos\theta,\ y=r\sin\theta\quad (r>0,\ -\pi\leqq\theta<\pi)\qquad \cdots\cdots ①$$

と表す。点 P が曲線 C 上を動くとき，r を θ で表せ。

(2) 点 P は原点ではないとする。点 P が曲線 C 上を動くとき，①で定まる θ と r のとり得る値の範囲をそれぞれ求めよ。

(3) 曲線 C が囲む図形の面積を求めよ。

解答編

英語

I **解答** 1．(1)―③　(2)―④　(3)―①　(4)―②　(5)―③　(6)―②　(7)―①

2―④

3―①

◆全　訳◆

≪19 世紀の自転車ブームが女性に与えたもの≫

19 世紀末のほんの数年間に，自転車は最新トレンドとなった。サイクリングブームは非常に多くのアメリカ人に変化をもたらし，女性にとってこの変化は，外出することや制約のある服装習慣をやめることを意味していた。こういった変化の一つの大きな動機となったのは，単なる自転車であった。「自転車ブームは現実であり，個人の可動性の象徴でもあった」とスミソニアン国立アメリカ歴史博物館のロジャー=ホワイトは言う。自転車は（それまで）何十年も存在しており，1860 年代の終わりごろの型式モデルは現代の自転車に似た形にすらなっていたが，その時代の自転車は鉄と木で作られていた。

しかし，1880 年代にハイホイール自転車がサイズと人気の両方において大きくなった。大きな前輪により，ギアが開発される前にかなりのスピードが出せるようになっていた。二輪自転車は 4 脚の馬より手入れがしやすく，旅行者は列車の経路や時刻表，乗車券代に制限されることはなかった。南北戦争ののちに人々が新しく見つけた余暇を使って，町を出て田舎へと出かけるようになり，自転車は民衆に根差したレクリエーション活動の一部になった。特に子供たちのおもちゃ用としてではなかったが，1880 年代には三輪車も製造された。女性は三輪車（さまざまな脚の長さに合わせるためいろいろなサイズの三輪車があった）に乗り，一方で男性は二輪自転車の市場を独占していた。男性はユニフォームをそろえたツーリングクラブを作った。これは女性が歓迎されない男性のレクリエーション活動となった。おそらく女性は当時の服装では二輪自転車に乗れなかったであろうし，また，（当時の）社会意識ゆえに女性はチャンスを与えられなかったからかもしれない。

「ハイホイール自転車は文化的認知ゆえ男性用の自転車になった」とホワイトは言う。当時道路は平坦ではなく舗装もされておらず，男性は埃まみれのでこぼこの田舎道を走って各地を周遊していた。ヘルメットもユニフォームの一部ではなかった。もしあなたがハイホイール自転車に乗っていて岩にぶつかったら，ハンドルバーの向こう側に投げ出されて，頭から落ちるだろう。事故と怪我を減らすために，発明家たちはハイホイール自転車を改良した。1890年代までに，私たちが現在よく見る（前後）同サイズのホイールを装着したひし形フレームが標準となり，あわせて空気を充塡したチューブタイヤと歯車も装備されるようになった。「安全な自転車」を目指したいくつかの革新により，自転車に乗る人たちは事故に遭う危険性を減らしつつスピードを出せるようになった。これによりますます自転車の流行は高まり，同時に多くの女性の生活を変えることにもなった。

自転車により，女性の移動域は家の外へと広がった。家の外で働くにしても社会的大義に参加するためであっても，女性は馬を必要とせず好きに出かけた。行動や服装に対する保守的な基準にかつて制限されていた女性が，慣習を打ち破り家から出ることができた。「このときに女性は自転車に乗って出かけ，ズボンをはき，やりたかったことをしたのです」とホワイトは言う。自転車ブームにより「合理的な服装」をしようという動きが高まったことで，女性は長く分厚いスカートをはかなくなった。

安全な自転車のおかげで，女性は男性が1880年代に享受していた個人の可動性を手にし，家庭と夫の両方から離れる機会を得た。このことにより，女性の主体性が生まれ，社会の中で（文字通りに）女性の姿が見られることが増えた。ホワイトはこういった変化を，1920年代に女性が短髪（「bobs」）にしていたこと，または，1960年代の青年運動になぞらえて述べている。これはアメリカ人の生活の基本構造が変化した節目となったが，どのように自転車が（人々に）可動性をもたらしたかについては限界があった。自転車は高価だったので，この（社会的な）動きをうまく活用できたアメリカ人のほとんどは白人と裕福な人であった。その後，自動車が登場した。「1890 年代には，このブームが終わりを迎えようとは誰も考えていなかった」とホワイトは語った。

自転車運動を推し進めた創造力豊かな精神が，路面電車や自動車，オートバイへとつながった。「それゆえ発明家たちの尽力で，突如としてこれらすべての選択肢が生まれたのだ」とホワイトは言う。自転車を敬愛していたのと同じ人たちがその気持ちを自動車――個人の可動性の新たな象徴――へと向けた。もはや自転車は田舎のほうへ，また町から町，都市から都市に行く最速の手段ではなくなった。それに加え，真新しさがあった。ホワイトによると，アメリカ人はモーターに魅了され，「ガソリンが大好き」になった。複数の自転車メーカーは常に混在していた。そして自転車は 20 世紀の中ごろに再流行を果たしたが，1892 年から 1899 年の間の好況ぶりとはまったく比べ物にならなかった。

◀解　説▶

1．(1)空欄直前の had existed に着目する。過去の一時点より前のことを表す過去完了形になっている。ここでは，19 世紀末に自転車が流行した時点以前について述べていると考えられる。for は直後に時を表す語句と合わさると「期間」を表すので，自転車はどれくらいの期間存在していたのかを推測して正解を選ぶ。① minutes や② hours では短すぎる。また，④ centuries とし「何世紀もの間」とする根拠となる記述が本文にはない。鉄と木で作られていたとはいえ，1860 年代に現代の自転車に近い形になったことが第 1 段最終文（Bicycles had existed …）で述べられていることから，自転車ブームが起こった数十年前から自転車が存在していたと考えられる。③ decades を選択すると「何十年もの間」となり，文脈に矛盾のない内容となる。

(2) 1880 年代にハイホイール自転車の車体変化によりもたらされた利点について述べているのが空欄を含む第 2 段第 2・3 文（The large front wheel … or ticket costs.）である。(ア)は，無生物主語と後ろの to 不定詞にも着目しながら，「大きな前輪」によって自転車に乗る人がスピードを出すことが可能になったと考え，permitted もしくは allowed を念頭に置く。(イ)は自転車のギアがどうされる前にスピードを出すことができたのかを考えるとすべての選択肢を選べる。(ウ)においては，encouraged は空欄直後の by train routes, …「列車の経路や…によって」との意味的な絡みから不適切なので，④の選択群が正解となる。allow *A* to *do* は「*A* に〜することを許可する，*A* は〜することができる」，cause *A* to *do* は「*A* に〜させる（原因となる）」の意。

(3)①「供給のほとんどもしくはすべてを占有する」

②「市場用に角地を作る」

③「経済に方向転換させる」

④「新しい設備を考案する」

corner the market は「市場を独占する」の意なので，①が正解。

(4)「本文によると，他のどのような発明がアメリカ人発明家たちの独創的な精神に起因しているか」

①「服装の規定」

②「路面電車」

③「ハンドルバー」

④「余暇」

問題文中の creative minds「独創的な精神」は，最終段第1文（The inventive spirit …）で述べられている inventive spirit「創造力豊かな精神」の言い換えである。同文にこの inventive spirit が路面電車につながったとあることから，② electric streetcars が正解。

(5)「本文によると，女性の選択肢はどのような二領域に制限されていたか」

①「車の運転と乗車」

②「仕事と長いドレス」

③「使い走りをすることと服の選択」

④「二輪自転車に乗ることとユニフォーム」

第4段第1〜3文（Bicycles extended women's … of the house.）に，自転車により女性の移動域が家の外へ広がり，働くためや社会的大義に参加するために好きに出かけ，行動や服装をかつて制限されていた女性が慣習を打ち破ったとある。このことから行動は家事労働のような使い走りに制限され服装にも制限があったと言えるので，③が正解となる。④「二輪自転車に乗ることとユニフォーム」は，女性の服装的な問題や社会背景からくる，女性にはチャンスがないという考えによって歓迎されなかっただけで，制限されていたわけではない。

(6)「boostedの意味に最も近いものはどれか」
選択肢の原形での意味は次のとおり。
①「～を妨げる」
②「～を前に進める」
③「向きを変える」
④「～を反響させる」
boostは「～を押し上げる，～を増加する」の意。ここでは「自転車ブームが「『合理的な服装』をしようという（社会的な）動きを高めた」という意味で使われている。「～（物事や状況）を前に進めた，促進させた」の意味をもつ② advancedが最も近い。
(7)「次の選択肢のうち本文と一致するものはどれか」
①「自転車は車やオートバイといった新たな乗り物によって置き換わった」
②「ハイホイール自転車は安全で頑丈だったので男性に人気であった」
③「産業革命が1880年代のアメリカ経済に変化をもたらした」
④「自転車は近い将来旅行の手段として再度もっと人気が出るだろう」
最終段第2文（“So because of …）に「突然これらの他の選択肢（= electric streetcars, automobiles, and motorcycles）ができた」とあり，同段第4文（Bicycles were no longer …）には「田舎に出かけたり，町から町，都市から都市へと移動するための最速移動手段ではなくなった」とあるように，完全ではないにせよ自転車は後発のより便利な乗り物に取って代わられたところがあるので，①が正解。②・③・④についての記述はない。
2.「『1890年代には，このブームが終わりを迎えようとは誰も考えていなかった』とホワイトは語った」
this crazeは自転車ブームを指している。自転車ブームを終わらせ，自転車に代わって台頭する自動車の到来について触れる第5段最終文（Then came cars.）の直後が最適である。したがって，④［ Ⅳ ］を選ぶ。
3. 仮定法で書かれた英文の帰結節を完成させる問題である。条件節に「もしあなたがハイホイール自転車に乗っていて岩にぶつかったら」とあり，その結果，事故になるであろうと推測される。goの直後に補語をおき，「～(通例よくない状態）になる」の語法を用いて go flying「投げ出される」とする。具体的にどのように投げ出されるのかを引き続き表現し，over the handlebars「ハンドルバーの向こう側に」とする。最後に空欄直後の head に合わせて「頭から落ちる」ことを意味する land on your (head）とつなげると英文が成立する。できあがる英文は（… go) flying over (ウ)the handlebars and (カ)land on your (head.）となり，①が正解。

Ⅱ 解答

1．(1)―①　(2)―②　(3)―①　(4)―④
2．(1)―①　(2)―③　(3)―④
3．① maintaining〔keeping〕　② option〔choice〕　③ but
4．(1)(a)―②　(b)―③　(c)―①　(2)―③

◆全　訳◆

≪キログラムの新定義法≫

科学者がキログラムの定義方法を変更

現在，キログラムはパリの金庫に保管されている「ル・グラン・キロ」と呼ばれる，プラチナを主成分とする円柱形の分銅の重量によって定義づけられている。金曜日，ベルサイユで会合を行った科学者たちは，1キログラムを電流の単位で定義づけることに賛成し，ル・グラン・キロによる定義づけを廃止することを投票で決定した。この決定は国際度量衡総会でなされた。しかし，この変更については複雑な心境を表明している科学者もいる。イギリスの国立物理学研究所のパーディ=ウィリアムズもその一人だ。「私はこの事業にそれほど長く関わっていませんが，キログラムに対しては妙な愛着があります」と語った。「刺激的なことだし，これは本当に大きな節目となると思うのです。だから，この変更については少し悲しい気持ちです。しかし，重要な前進ですし，この新しいシステムはこれまでよりずっとうまく機能するでしょう。本当に心躍る瞬間でもあるし，(新しいシステムが）始まるのが待ちきれません」

なぜ従来のキログラムを廃止するのか？

ル・グラン・キロが1889年以来計量の国際単位の中心であった。数個のレプリカが製作され，世界中に分配された。しかし，このキログラム原器とその複製器は，経年劣化で――極めてわずかだが――変化が見られた。薬品開発，ナノテクノロジー，精密工学といった多くの分野で正確な計量が今や決定的な意味をもつ世界において——国際的制度を維持する責任がある人たちは，ル・グラン・キロよりもっと安定している定義へと移行するほか選択肢はなかった。

ル・グラン・キロの誤差は？

誤差幅は約 10 億分の 50 で，まつげ一本の重さ以下である。その誤差はごく微小だが，この変化は重大な結果につながりうる。新定義は，国立物理学研究所の質量計測学主任のスチュアート=デイビッドソン博士が，より安定していて正確で偏りがないと述べる電気計測形式で導入される。「パリのキログラム原器と世界中のすべてのキログラム複製器を比較し，複製器とル・グラン・キロには相違があることがわかっています」と彼は語った。「これは科学的視点から容認できません。それゆえ，たとえル・グラン・キロが今のところは目的にかなっているとしても，100 年経てばそうでなくなるでしょう」

どのようにして新しいシステムは機能するのか

電磁石が磁力を発生させる。屑鉄置き場ではこの電磁石をクレーン車に装備し，古い車などの大きな金属製の物体を持ち上げて移動させるのに使用する。電磁石が引っ張る力，つまり電磁石が発揮する磁力は，コイルの中を通る電流の量と正比例する。したがって，電力と質量の間には直接的な関係がある。それゆえ，原理上，科学者は 1 キロもしくは他の重量（質量に作用する重力）をその重さに反作用するのに必要な電力単位で定義することができる。

これが厄介なところ

ドイツの物理学者マックス=プランクにちなんで名づけられ，h の記号で表されるプランク定数と呼ばれる重量と電流を関連づける数がある。しかし，h は非常に細かな数字となるのでそれを測定するために，学術研究科学者のブライアン=キップル博士が超精密天びんを製作した。キップルバランスとして知られるようになったが，これには天びんの片側に引き下ろす電磁石ともう片側に例えば 1 キログラムの分銅がついている。両側の均衡が完璧にとれるまで電磁石を通る電流が増加される。電磁石を流れる電流を非常に精密に測定することで，研究者たちは h を 0.000001 %の精度まで算出することができる。この飛躍的進歩は，ル・グラン・キロが

die kleine h，つまり「小文字の *h*」に置き換えられる道をひらいた。

新システムの利点は？

数十年ごとに世界中のすべての複製キログラム器がル・グラン・キロと対照して検査されなければならなかった。国立物理学研究所のイアン=ロビンソン博士によると，新しいシステムが，今は採用されているので，キッブルバランスを持っている人なら誰でもいつでもどこでも重量を検査することができる。「現状は本当にいい感じです。正しい決断だったと思います。このようにしておけば，この先しばらくの間は安泰でしょう」と彼は述べた。

◀解　説▶

1．(1)この事業に関わった国立物理学研究所のパーディ=ウィリアムズがル・グラン・キロに対して抱いている気持ちを表すための目的語となる名詞が問われている。空欄を含む文の2つあとの文（So I'm a little bit …）では，彼女がこの変更に対して悲しさを感じていると述べていることから，これまで使ってきた the kilogram に「愛着」を感じていたことがうかがえる。したがって，① attachment が正解。② compliment は「賛辞」，③ instrument は「道具」，④ refreshment は「元気回復」の意。

(2)英文構造と文脈理解が問われている。空欄(C)の前の says と is が連続している箇所に着目して，which が electrical measurement を先行詞とする主格の連鎖関係代名詞であることに気づきたい。つまり，is の主語が electrical measurement「電気計測」であり，これを説明する補語に more がついていると考える。問題箇所の前文では，たとえ微量であっても原器との誤差を問題視することが述べられており，新定義での電気計測は「より安定しており，より精密である」ことが求められると考えると文脈に合う英文となる。したがって，(C) stable「安定した」と(D) accurate「精密な」の組み合わせの②が正解となる。

(3) 電流量によってなぜ重さを量ることができるのかについての説明が書かれていることから，①「どのようにして新しいシステムは機能するのか」が正解。

②「古いシステムのどこが悪いのか」

③「いつ新しいシステムが始まるのか」

④「どうして新しいシステムを定義できるのか」

(4) This breakthrough「この躍進〔飛躍的な進歩〕」が示すのは，前文（By measuring the …）に述べられている，キッブルバランスを用いた非常に精度の高い重量測定法である。第 3 段第 1・2 文（The fluctuation is about … have important consequences.）で述べられているように，ごく微小であるが誤差を生むル・グラン・キロと複製器の問題が，この画期的な測定法によって解決されることを考慮すると，④「認識されている障害に対する重大かつめざましい克服」が breakthrough の意味に最も近いと判断できる。

①「対立が起こる場所と時」

②「退出不可能な道路や通路の終点」

③「活動，地域，ネットワークの実行の中心を形成する場所」

2．(1)「なぜル・グラン・キロは交換されるべきなのか」

第 2 段第 3 文（But the master kilogram …）にあるように，キログラム原器とその複製器は「経年劣化」（＝deteriorated）し，劣化による誤差が，第 3 段第 1 文（The fluctuation is about …）で述べられているように，ごく微小であるが出てしまうことは避けられない。したがって，①「どれほど微量であったとしても測定誤差は避けられないようである」が正解。②・③・④についての記述はない。

②「誰もそれにまったく愛着を感じていない」

③「複製品の製造が需要に追いつかない」

④「初期のキッブルバランスが新型になって復活した」

(2)「本文と図 1 に基づいてどのようなことが言えるか」

第 5 段第 4 文（The electrical current …）にあるキッブルバランスを用いた測定メカニズムを言い換えて説明した③「キッブルバランスには両側が等しくなるまで電流が流れる電磁石がついている」が正解。②については，第 5 段第 5 文（By measuring …）で述べられているように，h を計算できるのは 0.000001％の精度までなので，always perfect「常に完璧」とまでは言い切れないと判断する。①・④はそれぞれ誤りを含んでいる。

①「プランク定数は p で示されている」

②「いったん図 1 の天びんの両側が完璧にバランスがとれると，計算は常に完璧である」

④「キッブルバランスはプラチナ金属固体片なのでル・グラン・キロよりもっと信頼できる」

(3)「本文によると，次のどれが正しいか」

第2段第1文（Le Grand K has been …）より，ル・グラン・キロは1889年から利用されていることがわかるので，④「ル・グラン・キロは1世紀以上の間，重量を量る基準であった」が正解となる。①は最終段第1文（Every few decades, …）にあるように，検査は数十年に1回なので不適。②・③についての記述は本文中にない。

①「世界中に分配された複製品はすべて10年ごとに検査される」

②「ル・グラン・キロの複製品はプランク定数に従って製作された」

③「ル・グラン・キロはイギリス人科学者ブライアン=キッブルにちなんで名づけられた」

3．下線部(B)の文構造をつかむことが先決。主語がthose，述語動詞がhad，空欄②もしくは③に入る語が目的語となるSVO構文であると予想がつく。those（=「人々」）の後ろにはwho areが省略されており，responsible for ～「～に責任がある」がthoseを修飾している。thoseが表す人々とは，当該文前半にあるIn a world where accurate measurement is now critical「精密な測定が今や決定的に重要な意味をもつ世界」の中の人々である。前置詞forの目的語が空欄①で問われているが，二つの視点から解答を探る。一つは意味内容からどのような責任がある人々であるか，もう一つは文法と意味内容から，前置詞および直後の名詞のかたまりthe international system「国際的な制度」との絡みを考慮する。「～を維持する」という意味をもつ語を動名詞にすれば上記の条件に合うので，空欄①にはmaintainingやkeepingを入れる。空欄②・③については，直前のnoと直後のto move … definition「ル・グラン・キロよりもっと安定している定義へと移行する」に着目する。noの後ろに名詞か形容詞を入れ，意味内容から「移行するほかの選択肢はなかった」とすれば，文法的に正しく文意に合う表現となる。したがって，空欄②にoptionもしくはchoiceを入れ，空欄③にbut「～以外（の）」を入れる。have no (other) option〔choice〕but to *do*「～するほか選択肢はない，～するしかない」は頻出慣用表現なので覚える。

4．与えられた英文の全訳は以下の通り。

度量衡制は，紀元前2900年頃にメソポタミアのくさび形文字の登場よりも前に考案されていた。

度量衡制は紀元前6000年までさかのぼる。当時，作物の分配や家庭で消費される食料の計算を必要とする農業発展のため，この度量衡制が必要になっていた。人類が狩猟採集生活から農業集落生活に移行するにつれ，人口増加に対応し，大規模な食糧不足に立ち向かう際に計測学が不可欠であった。

メートル条約を締結した1875年の会議ではじめて，科学者たちは国際的に合意を得た測量基準法を制定する必要性を認識した。これよりも前には，さまざまなシステムが世界中に存在しており，それらは通商や他のシステムとの接触を通して統合され，制度変更がなされた。

(1)空欄(a)を含む節の主語はitで，The system of measures「度量衡制」を指す。これがどのような発展のために必要になったかを考える。needing … families「作物の分配や家庭で消費される食料の計算を必要とする」はdevelopmentを修飾しており，どのような発展であるかを説明している。これらを考え合わせると，② agricultural「農業の」が最適な選択肢となる。

空欄(b)には主語のmetrology「計測学」を説明する主格補語が入ることを文構造から推測する。空欄直後のin … famine「大規模な食糧不足に立ち向かう上で」もヒントにし，③ imperativeを選択する。be imperative in ～は「～に不可欠である，～する上で欠かせない」の意。

空欄(c)にはestablish「～を制定する」の目的語句の一部となる表現を選択する。「国際的に合意を得た測量基準法」とすれば文意に合った内容になることから，① agreedが正解となる。

(2)紀元前の古代の度量衡制について中心的に述べられている内容なので，③「古代世界の測定基準法」がタイトルとして最適である。

①「メートルを定義すること」

②「中世の測定学」

④「測定学における標準測定」

III 解答

(1)―③　(2)―①　(3)―①　(4)―③　(5)―②　(6)―④
(7)―④　(8)―①　(9)―③　(10)―④　(11)―①

◆全　訳◆

≪ヨーロッパ初の 3D プリント住宅≫

オランダ人夫婦が，開発中の完全 3D プリント住宅のヨーロッパ初の住人となった。この住宅により，未来の住宅の形状と様式における選択領域が広がることになる。アムステルダム出身で退職をした小売店主の 70 歳のエリツ=ルッツと 67 歳のハリー=デッカーズはデジタルキー――ボタンを押すと 2 つのベッドルームを備えた平屋の前扉を開けられるアプリ――を木曜日に受け取った。

この 3D プリント工法には，泡立てた生クリームのような材質感だと言われている特別に調合されたセメントを噴出するノズル付きの巨大なロボットアームが必要である。このセメントが，何層にも重ね合わされて強度を増す壁になり，建築家の図案に従って「プリントされる」のだ。数時間の稼働後にノズル先端部が交換されなければならなかった箇所は，新しい平屋の壁の模様の中にはっきりと見てわかる。インクプリンターを使ったことがある人ならよく知っていると思うが，セメントプリントの際の小さな失敗箇所も同様に見てわかる。

3D プリント技術はまだ新しいが，使用するセメントの量を減らすことによってコストと環境ダメージを減らす方法として建設業界の多くの人に認知されている。オランダでは，熟練したレンガ職人が不足しているときに，この技術が一つの選択肢ともなる。

この新しい住宅は，24 のパーツからできており，各パーツはエイントホーフェンの工場で一層一層プリントされ，トラックで建設予定地に輸送されたのち基礎の上に設置される。そしてオランダの建設会社フォンヴェーネンによって組み立てられる。その後，屋根と窓枠がはめ合わされ，最終的な仕上げが施される。

5 軒目が建設されるまでには，建設が全面的に建設現地で完了し，さまざまなほかの設備もこのプリンターを用いて作られることが期待されている。これが実現されれば，さらなるコスト削減となるであろう。ルッツとデッカーズは，2 人の成人した娘たちが実家を離れて以来，6 年間で 4 つの異なる家に住んでいる。彼らはインターネットで申込者への招待に応じたのち，8月1日から6カ月間この物件に住むために月額800ユーロを支払うことになる。「この家の図面を見ると，まさにおとぎ話の庭のようでした」とルッツは語った。

◀解　説▶

(1)① guided「案内人を連れた」，② survived「生き残った」，④ stolen「盗まれた」を選択する根拠は空欄前後のどこにも見当たらない。年齢から推測し，③ retired「引退した」が最適と考える。

(2)空欄直前のダーシ（―）は同格を表しており，直前の their digital key の説明や補足が空欄に入る。さらに直後の allowing them to open …「彼らに…を開けることを許可する〔可能にする〕」が空欄を修飾すると予想して，① an app「アプリ」を選ぶ。app は application program〔software〕「アプリケーションプログラム〔ソフトウェア〕」の省略形。

(3)主語が The point「箇所」，述語動詞が is，補語が visible の SVC 構文になっており，この基本文構造に主語を説明する「前置詞＋関係詞」が導く節が加わっている。(A) The point is visible. と(B) The nozzle head had to be changed <u>at the point</u> after hours of operation. の2文が合わさった英文が本文である。(B)の下線部を at which として文頭にもっていき，(A)の The point の直後に挿入しているので，① at which が正解となる。

(4)第2段第3文（The point …）後半の as「～であるように」は接続詞で後ろが倒置構造になっている。省略語句を補って as 以降を平易な文に言い換えると，and small errors are (also) visible in the cement printing, となる。この箇所（, as … printing,）が挿入となっており，さらに分詞構文 (being) familiar to anyone who …「…である人なら誰でもよく知っている」が続いている。単数扱いの anyone を先行詞として，主格の関係詞 who が導く意味内容を考えると，③ has used「使ったことがある」が最適な選択肢となる。

(5)選択する前置詞の前後の名詞の意味関係を考える。many people と the construction industry「建設業界」が「建設業界（内）の多くの人」となれば，譲歩を表す従属節 Although the 3D printing technology is still new「3Dプリント技術はまだ新しいけれども」との意味関係が成立するので，「～の中，内側の」の意味をもつ② within が正解。

(6)空欄を含む文の主節の主語である it（＝the 3D printing technology）

がどのようなときに「一つの選択肢を与えてくれるのか」を考える。「熟練したレンガ職人」(＝skilled bricklayers) が不足したときとすれば文意に沿う。したがって，④ shortage「不足」を選択する。① respect は「点，尊敬」，② supply は「供給」，③ tradition は「伝承，伝統」の意。

(7)主語が The new house で of の後に主語の構成要素 (24 concrete elements) が置かれている。空欄直後の of とつながって「～から成る」の意味を作ることができるのは自動詞の④ consists のみである。① composes「～を構成する」，② completes「～を完成する」，③ constructs「～を組み立てる」はすべて他動詞なので直後の of とつながらない。

(8)二つのポイントをおさえる。一つは transport「～を輸送する」の意味上の主語は主節の主語の The new house なので，受動態にすること。もう一つは before を前置詞と考えるか，接続詞の残った分詞構文 (もとは before it is transported) と考えて，ing がついた形を選ぶ。以上のポイントをおさえて① being transported を正解とする。

(9) By the time SV は「～するときまでに」の意。時を表す副詞節では未来のことを表していても現在形で表現するので，① will と② will be を除外する。主語 the fifth home と built との意味関係も考え合わせて現在形の受動態を作る形を選ぶ。したがって，③ is が正解。

(10) 4つの選択肢を見て，最終段第2文 (Lutz and Dekkers, …) は「6カ月間この物件に住むために月あたり」に支払うことになる家賃について述べている内容であることを予想する。〈a〔an〕＋数量・期間を表す名詞〉で「～につき，～ごとで」の意になるので，④ a month が正解。a の前に per，by，in などの前置詞をつける必要はない。

(11) like a fairytale garden「おとぎ話の庭のようで」を修飾する副詞を選ぶ。第2段第1文 (The 3D printing method …) にあるように「泡立てた生クリームのような材質感」のセメントを何層にも重ねて作った壁の平屋が建つおとぎ話に出てきそうな庭なので，① exactly「まさに」を選択するとルッツが見た図面 (drawing) について，本文内容から連想できるおとぎ話の家のイメージにぴったりと合っていることを表現できる内容となる。② accidentally は「偶然に」，③ unfortunately は「不幸にも」，④ relatively は「比較的」の意。

Ⅳ　解答

1－②　2－④　3－②　4－③

5．(A)―⑧　(B)―⑥　(C)―②　(E)―③　(F)―①　(G)―⑨　(I)―④　(J)―⑦　(K)―⑤

◆全　訳◆

≪ボール紙製自転車≫

2人の大学生がアパートから出てくる。寒い冬の空気で息が見えるほど肌寒い。

メイソン：うわー，今朝は冷えてる！　ベッドに戻って（寝て），うーん，5月頃に目覚めたい気持ちになるよな。

アダム　：(笑いながら）前にもそんなことを聞いたような！　君の全人類クマ型人間理論に関係してたっけ？

メイソン：(自転車の鍵をはずしながら）まさしく。人間は実は半分クマなんだ。だから冬眠したくなるんだよ！

アダム　：(同じく自転車の鍵をはずしながら）それで人間も鮭が好きっていうことなのかい？

メイソン：そうだとも。はちみつとイチゴもね。

アダム　：(笑みを浮かべて）おそらくそれが全人類の自然の理法なんだろうな。教えてくれてありがとうございます，大先生。

メイソン：いつもながら光栄だよ。よし，出発しよう。(自転車を押して動かし，ペダルをこぎ始める）おー，ラビットさん，ハンドルバーが冷たいな。

アダム　：大丈夫さ，分厚い手袋がありさえすれば。もしくは，手のひらに毛を生やすか。

メイソン：もしくは別の種類のハンドルバーにするかだな！

アダム　：ほんと，ほんと。でも，ハンドルバーの素材の選択肢はかなり限られてると思うよ。

メイソン：そんなことないさ！　ボール紙技術について聞いたことはあるかい？　イスラエルの事業者が起こしたとっても革新的な企業が自転車をあるもので作ったんだ…言ってもいい？

アダム　：もちろん！　何から？

メイソン：ドラムロールを鳴らしてくれよ…ボール紙から！

アダム　：おい，冗談だろ？

メイソン：いやまったく。この会社は２，３年前にできたんだけど，いかにボール紙製の自転車が地球を救えるかが大きな話題になったんだ。しかしその後，なんというか，消えてしまったんだ。まさに雲隠れして，ソーシャルメディアやその他一切合切をやめてしまったんだ。

アダム　：それからどうなったの？

メイソン：それでね，昨年再び姿を現したんだ。ほぼすべてがボール紙と例えばゴムといったリサイクル素材で作られたこのかっこいい自転車とともに成長を遂げて。結局，情報を極秘にしてひそかに製品を開発し，今ではすべての専売特許権を手にしているというわけなんだ。

アダム　：で，実際ボール紙の自転車に乗れるのかい？

メイソン：もちろん，問題ないさ。ボール紙製の自転車は普通の自転車よりはるかに軽く，４キロほどしかないってことなんだ。それに，リサイクルボール紙だから，母なる地球に優しくしているっていうおまけがついてくるんだよ。

アダム　：まじで，ボール紙製の自転車で坂を下る想像ができないな。バラバラにならないよう僕の体重を支えるためには，10 キロくらいの強力粘着テープが必要だろうな。

メイソン：よし，着いたぞ。授業前にコーヒーを飲む時間がまだある。

アダム　：(自転車から跳び下りて，自転車用ラックに錠でつなぐ）すばらしい！　今朝の自転車（移動）は冷え冷えだったな。

(大学のコーヒーショップの中で)

メイソン：(頭上のメニューを見ながら）じゃあ，何を飲む？

アダム　：ダブルエスプレッソだな。これで目が覚めるぞ。

メイソン：(レギュラーコーヒーを注文する）気でも狂ったのか？　そんなのを飲んだら物が二重に見えて，ぶるぶる震えるぞ。

アダム　：(小さなカップに入ったエスプレッソに砂糖を混ぜ入れながら）モリアーティー教授の物理の授業だからいっそういいぞ。

メイソン：ところでほら，見てごらんよ（携帯電話を差し出して)。これがボール紙製の自転車だよ！

アダム　：すごい！　かっこいいデザインだな。たくさんの店や会社が先を争って購入しているって書いてるよ。それに値段は…これはありがたい，アマゾンで…何？　たったの85ドルと送料？

メイソン：いい考えがあるんだけどさ。君が1つ買って，僕も1つ買う。お試しって感じで。

アダム　：のった！　すごくかっこいいよな。キャンパスでボール紙製の自転車を持つ最初の人，いや最初の2人になるのが待ち遠しいなあ。

メイソン：まさにそのとおり。「Cardboard Rocks!」って書いたTシャツも作らなきゃな（笑いながら）。

◀解　説▶

1．「なぜメイソンはクマについての理論をもっているのか」

①「彼は生物学を勉強しているから」

②「彼は冗談を言っているから」

③「彼は鮭の保護に関心をもっているから」

④「彼はクマのように毛深い手をしているから」

メイソンの最初の発言「（こんなに寒いと今からもう一度寝て）5月頃に目覚めたい気持ちになる」に対してアダムは笑いながらメイソンの理論について確認している点，さらにメイソンは2つ目の発言で「人間は半分はクマだ」とあり得ないことを言っている点から，② Because he's joking.「彼は冗談を言っているから」が正解とわかる。①・③・④についての発言はない。

2．「the works に最も近い意味はどれか」

①「自転車会社での仕事」

②「商売をやめること」

③「ハンバーガーにトッピングすること」

④「すべての情報公開」

主語を補うと，they（= the company）stopped using social media, the works となる。the works 直前のコンマは同格を表しており，social media（インターネット上の情報共有サービス）の補足説明や類例が the works の内容であると考えるとよい。したがって，④ All public information が正解。

3．「メイソンは here we are という発言で何を言おうとしているか」

①「さあ，（コーヒーを買いに）行こう」

②「目的地に着いた」

③「1つ取ってください」

④「始めるべきだ」

Here we are.「さあ着いた」は頻出慣用表現なので，絶対に覚えておきたい。下線部に続く発言でメイソンが we still have time to grab a cup of coffee before class「授業前にコーヒーを飲む時間がまだある」と言っていることから，少し時間の余裕をもって目的地である授業が行われる場所に着いたことがわかる。一緒にいるアダムも目的地に着いて自転車から降りたことも次の状況説明からわかるので，② We've arrived at our destination. が正解。

4．「Sold に最も近い意味はどれか」

①「売却完了」

②「『so old』の短縮形」

③「何かをすることに関する同意」

④「値段についての決定」

直前のメイソンの Tell you what. …「いい考えがあるんだ。…」に対する返答である点に着目する。Sold! は I'm sold on that idea!「それに決めた！」の省略形である。会話で Sold. は「それに決まり」や「（相手の提案に）のった」の意で使われる表現である。ゆえに，③ Agreement about doing something が正解。

5．(A)アパートから外に出たが寒いので，どのようなことをしてから「5月頃に目覚める」(wake up in, … about May)ようにしたいと述べているのかを考える。「寝て」に相当する表現が入ると推測する。go (to) *do*「～しに行く」の語法を用いて，⑧ crawl back in bed「這ってベッドに戻る」と合わせるとよい。

(B)空欄前の that は直前のメイソンの発言の Humans are actually half bear「人間は半分クマだ」を指している。このユニークな考えによってどのような内容が説明されうるかを考える。クマの特性を人間の嗜好に照らし合わせた⑥ people like salmon「人間は鮭が好きだ」を入れると会話の流れに合った発言となる。

(C)文脈から，会社が立ち上げられて数年後に，「いかにボール紙製の自転車が地球を救えるかについて」，どのような出来事があったのかを考える。直後の but then they kind of disappeared「しかしその後，なんというか，消えてしまったんだ」との逆接的内容が空欄に入ることも考え合わせて，② made lots of noise「世間の大評判〔大きな話題〕になった」が状況に合う表現となる。make a noise は「世間の評判〔話題〕になる」の意。

(E)省略を補うと It turns out that they wanted to ＿(E)＿ … となる。It は形式主語で that 以下が真主語である。turn out ～ は「結局～であることがわかる」の意。姿を消していた会社が昨年再び成長を遂げて姿を現したという直前の発言趣旨を考えると，空欄(E)にはこの会社（＝they）がどうしたかったから雲隠れしていたのかを説明する表現が入るはずである。したがって，③ keep a tight lid on things「情報をひた隠しにする」が最適である。

(F)本当にボール紙製の自転車に乗れるのかと疑うアダムに対して，メイソンが「問題がない」と答え，続けてボール紙製の自転車の利点を述べている場面である。自転車本体の軽さに加え，bonus「思いがけない喜び，予期しない贈り物，おまけ」があると述べている。bonus の直後の that は同格であると推測し，空欄直前の being にも着目しながら，所有者（＝you）がどのような状態である喜びを得られるのかを考える。since 以下の内容「それら（＝ボール紙製自転車）はリサイクルボール紙でできているから」が喜びの理由であることを考えると，① kind to Mother Earth「母なる地球に優しくしている」が発言意図に合う。

(G)「ボール紙製自転車に乗って坂を下るイメージがわかない」と言うアダムが，自分の場合「10キロ分の強力粘着テープがいるだろう」と発言している。会話の方向性と文構造からそのテープを使用する目的が空欄箇所とその直後の support my weight「僕の体重を支える（ために）」であると考えられる。上記を考慮し，⑨ make it stay together「自転車（＝it）がバラバラにならないようにする」を選ぶ。stay together は「(複数の人〔物〕が）まとまっている〔ある〕」の意。

(I)大学のコーヒーショップで頭上のメニュー表を見ながら何を注文するかを考えている場面。次の発言でアダムが飲み物を答えていることから，空欄にはメイソンがアダムにどのような飲み物を注文するかを尋ねる表現が入ることがわかる。一般的な表現ではないが，飲み物，特にアルコールなどを注文する際に同席者の意向を尋ねるときにおどけて使う表現である④ what's your poison(?)「何を飲む（？）」を選択する。
(J)ダブルエスプレッソという濃いコーヒーを注文したアダムが，これを飲むとどうなるかを述べる発言になるように考える。一般的に濃いコーヒーはカフェイン量が多く，目が覚めると言われていることも考慮に入れ，⑦ open your eyes「目を覚ます」を選ぶ。
(K)メイソンが差し出した携帯電話に表示されているボール紙製自転車に関するサイトを見て，アダムが発言する場面。空欄を含む箇所の英文 it says (that) all kinds of stores and companies…「たくさんの店や会社が…であると書いてある」の構造は，that 節が目的語となる SVO 構文になっている。that 節中の主部 all kinds of stores and companies を受ける述部として意味内容的にふさわしいものを選ぶ。空欄(K)を含む前後の文内容から，このボール紙製自転車はデザインもよく，価格も安いことがうかがえる。販売者が欲しがる魅力的な商品であることから，⑤ are snapping them up「先を争って購入している」を選べば会話の流れに沿った発言となる。

❖講　評

例年，基本的な大問数，出題パターンは変わっていない。読解，会話文には文法・語法・表現がバランスよく出題されている。読解問題では，図からメカニズムを読み取る問題も出題されている。Ⅱではここ5年連続で，本文に関連した内容の英文が与えられ，空所を補充する問題（選択）が出題された。同じテーマを別の観点から把握する能力が問われている。読解や会話文問題では，設問が英語になっているものもあるので慣れておく必要がある。

2022年度の読解問題のⅠはスミソニアン博物館ホームページの教育サイトの記事からの出題である。「19世紀の自転車ブーム」がテーマになっており，自転車ブームによってもたらされたアメリカ人女性の社会における変化にスポットを当てた記事が素材になっている。ⅡはBBCニュースが取り上げた重さの世界基準変更についての記事である。基準となっていたキログラム原器を廃止し，新たな技術を用いた測定法に移行するに至った経緯と新定義法について述べた記事から作問されている。ここでは図の理解が求められる問いも出題されている。また，Ⅱの関連読解問題として，「古代世界の度量衡制」について述べた英文も出題された。Ⅲではイギリスの大手一般新聞 The Guardian に掲載された「ヨーロッパ初の 3D プリント住宅」に関する記事の中で，文法・語彙を試す問題が出題された。2022 年度に限らず読解問題ではパラグラフの連関から解答する問いや英文の主旨を問う問題もある。普段からパラグラフの役割を意識しながら英文を読む癖をつけておきたい。これまで健康，環境，産業，科学，教育，生活など幅広い分野のテーマが出題されている。英語だけでなく他教科で得る知識や時事問題に関心をもつことも大切である。

Ⅲの読解英文中の文法・語彙問題は大半が高校で学習する基本～標準レベルの問題である。Ⅳの会話文問題は比較的長めで，ストーリー性のある内容である。見慣れない口語表現を会話の流れから理解する力も試されている。発言内容を正しく理解し，登場人物の立場や特徴をつかみ，会話の場面をイメージし，動きや現象をビジュアル化する能力が問われている。

試験時間 70 分の時間配分は，Ⅰ（読解）25 分，Ⅱ（グラフ・図解つき読解）25 分，Ⅲ（読解）10 分弱，Ⅳ（会話文）10 分強を目安として考え，得意分野の解答時間を短くして見直しの時間を確保するとよい。2022 年度は昨年と同様にⅢの文法・語彙を問う問題が短文ではなく，読解問題の中で試された。他の大問に使う時間を短縮して解答時間を捻出する必要があるので注意が必要である。

数学

I 解答

(1)ア．1　イ．6　(2)ウ．5　エ．3　オ．8

(3)カ―⑨　キ―⓪

◀解　説▶

≪小問3問≫

(1)　$\dfrac{m}{2}+\dfrac{n}{3}=\dfrac{3m+2n}{6}$

$3m+2n$ができるだけ小さい自然数になるような整数m，nを考える。$3m+2n=1$を満たす整数m，nの組が存在する。$m=1$，$n=-1$がひとつの例である。

よって，与えられた式の最小の正の数は　$\dfrac{1}{6}$　→ア，イ

(2)

$$\int_2^7\frac{x}{x+1}dx=\int_2^7\left(1-\frac{1}{x+1}\right)dx$$
$$=\Big[x-\log|x+1|\Big]_2^7$$
$$=(7-\log 8)-(2-\log 3)$$
$$=5+\log\frac{3}{8}\quad\text{→ウ～オ}$$

(3)　$1+\sqrt{3}i=2\left(\cos\dfrac{\pi}{3}+i\sin\dfrac{\pi}{3}\right)$，$1+i=\sqrt{2}\left(\cos\dfrac{\pi}{4}+i\sin\dfrac{\pi}{4}\right)$

よって

$$\frac{1+\sqrt{3}i}{1+i}=\frac{2}{\sqrt{2}}\left\{\cos\left(\frac{\pi}{3}-\frac{\pi}{4}\right)+i\sin\left(\frac{\pi}{3}-\frac{\pi}{4}\right)\right\}$$
$$=\sqrt{2}\left(\cos\frac{\pi}{12}+i\sin\frac{\pi}{12}\right)$$

ゆえに

$$\left(\frac{1+\sqrt{3}i}{1+i}\right)^{12}=(\sqrt{2})^{12}(\cos\pi+i\sin\pi)=-64+0i\quad\text{→カ，キ}$$

II　解答

(1)あ．$\dfrac{2\sqrt{3}}{3}r\sin\theta$　い．$\dfrac{2\sqrt{3}\cos\theta+3}{3}r$　う．$\sqrt{3}$

(2)(a)え．$\dfrac{1}{2}$　お．$\dfrac{1}{4}$　(b)か．$1-\dfrac{1}{2^m}$　(c)き．$1-\dfrac{2m+3}{3\cdot 2^m}$

◀解　説▶

≪小問2問≫

(1)　右図のように点H，Iの位置を定める。中心が点Qである円と隣接する円の接点をH，線分OMにQから垂線QIを引く。

図形の対称性より，$\angle \mathrm{QOH}=60^\circ$であるから

$$\sin 60^\circ=\frac{\mathrm{QH}}{\mathrm{OQ}}=\frac{r}{\mathrm{OQ}}$$

$$\therefore\quad \mathrm{OQ}=\frac{2}{\sqrt{3}}r$$

よって

$$\mathrm{MP}=\mathrm{IQ}=\mathrm{OQ}\sin\theta=\frac{2}{\sqrt{3}}r\sin\theta=\frac{2\sqrt{3}}{3}r\sin\theta\quad\to あ$$

$$\mathrm{OM}=\mathrm{OI}+\mathrm{IM}=\mathrm{OQ}\cos\theta+\mathrm{QP}$$

$$=\frac{2\sqrt{3}}{3}r\cos\theta+r=\frac{2\sqrt{3}\cos\theta+3}{3}r\quad\to い$$

$\mathrm{BC}=12$，$\mathrm{BP}=7$のとき

$$\mathrm{MP}=\mathrm{BP}-\mathrm{BM}=\mathrm{BP}-\frac{1}{2}\mathrm{BC}=7-6=1$$

$$\mathrm{OM}=\frac{1}{3}\mathrm{AM}=\frac{1}{3}\cdot\sqrt{3}\cdot\mathrm{BM}=2\sqrt{3}$$

よって

$\dfrac{2\sqrt{3}}{3}r\sin\theta=1$ より　　$\sin\theta=\dfrac{\sqrt{3}}{2r}$

$\dfrac{2\sqrt{3}\cos\theta+3}{3}r=2\sqrt{3}$ より　　$\cos\theta=\dfrac{3}{r}-\dfrac{\sqrt{3}}{2}$

$\sin^2\theta+\cos^2\theta=1$ に代入して

$$\left(\frac{\sqrt{3}}{2r}\right)^2+\left(\frac{3}{r}-\frac{\sqrt{3}}{2}\right)^2=1$$

整理して　　$r^2+12\sqrt{3}r-39=0$

$$(r-\sqrt{3})(r+13\sqrt{3})=0$$

$r>0$ より　　$r=\sqrt{3}$ →う

(2)(a)　サイコロを2回投げたとき，目の出方は全部で6^2通り。このうち，目の和が奇数になるのは，偶数の目と奇数の目が1回ずつ出る場合であるから，その確率は

$$\frac{3^2\times 2}{6^2}=\frac{1}{2}\quad \text{→え}$$

また，目の積が奇数になるのは，2回とも奇数の場合であるから，その確率は

$$\frac{3^2}{6^2}=\frac{1}{4}\quad \text{→お}$$

(b)　出る目がすべて奇数のときだけ積は奇数になるので，余事象の考え方を用いて，求める確率は

$$1-\frac{3^m}{6^m}=1-\frac{1}{2^m}\quad \text{→か}$$

(c)　目の積が4の倍数にならないのは，次の2つの場合である（①と②は排反）。

①すべての目が奇数

②2か6の目が1回，残り（$m-1$）回はすべて奇数

よって，余事象の考え方を用いて，求める確率は

$$1-\frac{3^m}{6^m}-\frac{2\times {}_m\mathrm{C}_1\cdot 3^{m-1}}{6^m}=1-\frac{2m+3}{3\cdot 2^m}\quad \text{→き}$$

III　解答

(1)さ．$\dfrac{2a}{1+a^2}$　し．1　す．1

(2)せ．$-\dfrac{s^2}{2}$　そ．$\dfrac{1-s^2}{2}$

◀解　説▶

≪2次方程式の解の配置問題≫

(1)　x軸との交点は，$y=0$として

$$-\frac{1}{2}(1+a^2)x^2+ax=0$$

より

$$x\left\{-\frac{1}{2}(1+a^2)x+a\right\}=0$$

原点以外の交点であるから，$x\neq 0$ より

$$-\frac{1}{2}(1+a^2)x+a=0$$

すなわち　　$x=\dfrac{2a}{1+a^2}$　→さ

$$\frac{dx}{da}=\frac{2(1+a^2)-2a\cdot 2a}{(1+a^2)^2}=\frac{-2(a-1)(a+1)}{(1+a^2)^2}$$

$a>0$ のとき，増減表は右のようになる。

a	0	$\cdots$	1	$\cdots$
$\dfrac{dx}{da}$	／	$+$	0	$-$
x		↗		↘

したがって，x 座標は　　$a=1$　→し

のとき最大値をとり，その値は

$$x=\frac{2\cdot 1}{1+1^2}=1　→す$$

別解　相加平均・相乗平均の関係を利用する。

$a\neq 0$ であるから

$$\frac{2a}{1+a^2}=\frac{2}{\dfrac{1}{a}+a}$$

$a>0$ であるから

$$\frac{1}{a}+a\geqq 2\sqrt{\frac{1}{a}\cdot a}=2$$　（等号は $a=1$ のとき）

よって　　$\dfrac{2a}{1+a^2}\leqq\dfrac{2}{2}=1$

すなわち，$a=1$ で最大値 $x=1$ をとる。

(2)　放物線 C_a が点 P を通る条件は

$$t=-\frac{1}{2}(1+a^2)s^2+as　\cdots\cdots①$$

放物線 $C_{a'}$ が点 P を通る条件は

$$t=-\frac{1}{2}(1+a'^2)s^2+a's　\cdots\cdots②$$

①，②から，a，a' は u の2次方程式

$$t=-\frac{1}{2}(1+u^2)s^2+us$$

を整理して

$$s^2u^2-2su+2t+s^2=0 \quad \cdots\cdots(*)$$

の異なる2つの正の解である。

よって，2次方程式(＊)が相異なる正の実数解 a，a' をもつ条件は，(＊)の判別式を D として

$$\frac{D}{4}>0 \quad かつ \quad a+a'>0 \quad かつ \quad aa'>0$$

$$\frac{D}{4}=(-s)^2-s^2(2t+s^2)>0$$

$s^2>0$ を用いて整理すると

$$t<\frac{1-s^2}{2} \quad \cdots\cdots③$$

解と係数の関係より

$$a+a'=\frac{2s}{s^2}=\frac{2}{s}>0 \quad (s>0 より常に成立)$$

$$aa'=\frac{2t+s^2}{s^2}>0$$

$s^2>0$ より　$2t+s^2>0$

$$\therefore \quad t>-\frac{s^2}{2} \quad \cdots\cdots④$$

③，④より，求める条件は

$$-\frac{s^2}{2}<t<\frac{1-s^2}{2} \quad →せ，そ$$

Ⅳ

解答 (1) $f(t)=t-\sin t$ とおく。

$$\frac{d}{dt}f(t)=1-\cos t \geqq 0 \quad (\cos t \leqq 1 であるから)$$

よって，$f(t)$ は増加関数であり，$f(0)=0$ であるから，$t \geqq 0$ のとき，$f(t) \geqq 0$ が成り立つ。

よって，$t \geqq 0$ のとき，$\sin t \leqq t$ である。　（証明終）

(2)　数学的帰納法で示す。

(i)　$n=1$ のとき

$$\left(\frac{2}{b}\right)^0 \sin\frac{\theta}{2^0} = \sin\theta = a_1(\theta)$$

よって，示すべき等式は $n=1$ のときに成り立つ。

(ii)　$n=k$ のとき

$$a_k(\theta) = \left(\frac{2}{b}\right)^{k-1} \sin\left(\frac{\theta}{2^{k-1}}\right)$$

が成り立つと仮定すると，$n=k+1$ のとき，与えられた漸化式より

$$a_{k+1}(\theta) = \frac{a_k(\theta)}{b\cos\left(\frac{\theta}{2^k}\right)} = \frac{\left(\frac{2}{b}\right)^{k-1} \sin\left(\frac{\theta}{2^{k-1}}\right)}{b\cos\left(\frac{\theta}{2^k}\right)} \quad \cdots\cdots ①$$

ここで，２倍角の公式より

$$\sin\left(\frac{\theta}{2^{k-1}}\right) = \sin\left(2\cdot\frac{\theta}{2^k}\right) = 2\sin\left(\frac{\theta}{2^k}\right)\cos\left(\frac{\theta}{2^k}\right)$$

であるから，①はさらに

$$① = \frac{\left(\frac{2}{b}\right)^{k-1} \cdot 2\sin\left(\frac{\theta}{2^k}\right)}{b} = \left(\frac{2}{b}\right)^k \sin\left(\frac{\theta}{2^k}\right)$$

となり，$n=k+1$ のときも示すべき式は成り立つ。

(i), (ii)より，すべての自然数 n について

$$a_n(\theta) = \left(\frac{2}{b}\right)^{n-1} \sin\left(\frac{\theta}{2^{n-1}}\right)$$

が成り立つことが示された。　（証明終）

(3)　(1)より，$\dfrac{\theta}{2^{n-1}} \geqq 0$ に対し，$\sin\left(\dfrac{\theta}{2^{n-1}}\right) \leqq \dfrac{\theta}{2^{n-1}}$ が成り立つ。

よって，(2)より

$$\sum_{n=1}^{m} a_n(\theta) = \sum_{n=1}^{m} \left(\frac{2}{b}\right)^{n-1} \sin\left(\frac{\theta}{2^{n-1}}\right) \leqq \sum_{n-1}^{m} \left(\frac{2}{b}\right)^{n-1} \cdot \frac{\theta}{2^{n-1}} = \sum_{n=1}^{m} \left(\frac{1}{b}\right)^{n-1} \theta \quad \cdots\cdots ②$$

数列 $\left\{\left(\dfrac{1}{b}\right)^{n-1}\theta\right\}$ は，初項 θ，公比 $\dfrac{1}{b}$（$\neq 1$）の等比数列であるから，②はさらに

$$\sum_{n=1}^{m}\left(\frac{1}{b}\right)^{n-1}\theta=\frac{\theta\left\{1-\left(\frac{1}{b}\right)^{m}\right\}}{1-\frac{1}{b}}=\frac{b\theta}{b-1}\left\{1-\left(\frac{1}{b}\right)^{m}\right\}\leqq\frac{b\theta}{b-1}\quad\cdots\cdots③$$

$\left(b>1 \text{ より } \dfrac{b\theta}{b-1}\geqq 0,\ 0<\left(\dfrac{1}{b}\right)^{m} \text{ であるから}\right)$

②，③より

$$\sum_{n=1}^{m}a_n(\theta)\leqq\frac{b}{b-1}\theta$$ （等号成立は $\theta=0$ のとき）　（証明終）

(4)　$b=1$ のとき

$$a_n(\theta)=2^{n-1}\sin\left(\frac{\theta}{2^{n-1}}\right)$$

$\dfrac{\theta}{2^{n-1}}\geqq 0$ であるから，(1)より

$$\int_0^{\frac{\pi}{2}}\frac{a_n(\theta)}{2^{n-1}}d\theta=\int_0^{\frac{\pi}{2}}\sin\left(\frac{\theta}{2^{n-1}}\right)d\theta$$

$$\leqq\int_0^{\frac{\pi}{2}}\frac{\theta}{2^{n-1}}d\theta=\left[\frac{\theta^2}{2^n}\right]_0^{\frac{\pi}{2}}=\frac{\pi^2}{2^{n+2}}$$

したがって

$$\sum_{n=1}^{m}\int_0^{\frac{\pi}{2}}\frac{a_n(\theta)}{2^{n-1}}d\theta\leqq\sum_{n=1}^{m}\frac{\pi^2}{2^{n+2}}=\frac{\pi^2}{8}\cdot\frac{1-\left(\frac{1}{2}\right)^{m}}{1-\frac{1}{2}}=\frac{\pi^2}{4}\left\{1-\left(\frac{1}{2}\right)^{m}\right\}\leqq\frac{\pi^2}{4}$$

すなわち

$$\sum_{n=1}^{m}\int_0^{\frac{\pi}{2}}\frac{a_n(\theta)}{2^{n-1}}d\theta\leqq\frac{\pi^2}{4}$$ （証明終）

◀解　説▶

≪漸化式，定積分の計算≫

(1)は微分して増減を調べればよい。(2)は一般項の証明であるが，漸化式が与えられているので，数学的帰納法を用いるのがよい。(3)・(4)は(1)・(2)の結果を踏まえて計算をていねいにしていけばよい。

V 解答

(1)　$\mathrm{P}(r\cos\theta,\ r\sin\theta)$, $\mathrm{A}(3,\ 0)$ より

$$\mathrm{AP}^2=(r\cos\theta-3)^2+(r\sin\theta)^2$$
$$=r^2+3^2-2\cdot 3r\cos\theta$$

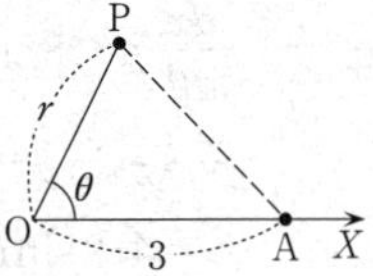

$2\mathrm{AP}=6-\mathrm{OP}=6-r$ より

$$4\mathrm{AP}^2=36-12r+r^2$$
$$4(r^2+9-6r\cos\theta)=36-12r+r^2$$
$$3r^2-(24\cos\theta-12)r=0$$

$r\neq 0$ より

$$r-(8\cos\theta-4)=0$$

よって　　$r=8\cos\theta-4$　……(答)

(2)　$r>0$ であるから，(1)より

$$r=8\cos\theta-4>0$$

よって　　$\cos\theta>\dfrac{1}{2}$

$-\pi\leqq\theta<\pi$ より

$$-\frac{\pi}{3}<\theta<\frac{\pi}{3}\quad\cdots\cdots(答)$$

このとき，$\dfrac{1}{2}<\cos\theta\leqq 1$ より

$$8\cdot\frac{1}{2}-4<8\cos\theta-4\leqq 8\cdot 1-4$$

すなわち　　$0<r\leqq 4$　……(答)

(3)　曲線 C が囲む図形は $\cos(-\theta)=\cos\theta$ より，x 軸対称である。また，(1)より，$\theta=0$ のとき $r=4$ で最大であるから，面積を S とおくと

$$S=2\int_0^4 y\,dx$$

と表せる（注：厳密には原点は曲線 C 上の点とは言えないので閉じた図形ではない)。

ここで

$$x=r\cos\theta=(8\cos\theta-4)\cos\theta$$
$$=8\cdot\frac{1+\cos 2\theta}{2}-4\cos\theta$$
$$=4+4\cos 2\theta-4\cos\theta$$

$$\frac{dx}{d\theta}=-8\sin 2\theta+4\sin\theta=-4(2\sin 2\theta-\sin\theta)$$

$$y=r\sin\theta=(8\cos\theta-4)\sin\theta$$
$$=4\cdot 2\sin\theta\cos\theta-4\sin\theta$$
$$=4(\sin 2\theta-\sin\theta)$$

以上より，Sの定積分を置換積分法を用いて計算すると

x	$0\to 4$
θ	$\frac{\pi}{3}\to 0$

S

$$=2\int_{\frac{\pi}{3}}^{0}4(\sin 2\theta-\sin\theta)\cdot(-4)(2\sin 2\theta-\sin\theta)\,d\theta$$

$$=32\int_0^{\frac{\pi}{3}}(\sin 2\theta-\sin\theta)(2\sin 2\theta-\sin\theta)\,d\theta$$

$$=32\int_0^{\frac{\pi}{3}}(2\sin^2 2\theta-3\sin 2\theta\sin\theta+\sin^2\theta)\,d\theta$$

$$=32\int_0^{\frac{\pi}{3}}\left\{(1-\cos 4\theta)-6\sin^2\theta\cos\theta+\frac{1-\cos 2\theta}{2}\right\}d\theta$$

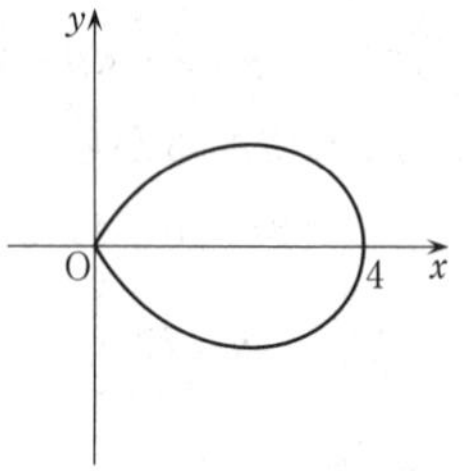

$r=8\cos\theta-4$ の xy 平面上の図

$$=32\int_0^{\frac{\pi}{3}}\left(\frac{3}{2}-\cos 4\theta-\frac{1}{2}\cos 2\theta-6\sin^2\theta\cos\theta\right)d\theta$$

$$=32\left[\frac{3}{2}\theta-\frac{1}{4}\sin 4\theta-\frac{1}{4}\sin 2\theta-2\sin^3\theta\right]_0^{\frac{\pi}{3}}$$

$$=32\left(\frac{3}{2}\cdot\frac{\pi}{3}-\frac{1}{4}\sin\frac{4}{3}\pi-\frac{1}{4}\sin\frac{2}{3}\pi-2\sin^3\frac{\pi}{3}\right)$$

$$=32\left(\frac{\pi}{2}+\frac{\sqrt{3}}{8}-\frac{\sqrt{3}}{8}-\frac{3\sqrt{3}}{4}\right)$$

$$=8(2\pi-3\sqrt{3})$$ ……(答)

◀解　説▶

≪xy座標と極座標，図形の面積（置換積分法）≫

極座標とxy座標を行き来しながら，面積計算を置換積分法で処理する典型的な問題である。三角関数の加法定理（２倍角の公式）を利用して，ていねいに計算を進めていけばよい。

❖講　評

例年どおり，大問5題のうち，Ⅰ・Ⅱ・Ⅲはマークシート方式または答えのみを記述する形式，Ⅳ・Ⅴは途中経過も求められる記述式である。Ⅰ・Ⅱは小問集合であり基本的な計算が多いのでぜひ完答したい。

Ⅰ　小問3問で一問一答である。(1)整数問題，(2)分数関数の定積分，(3)虚数計算（極形式の利用）で，いずれも教科書レベルの問題である。

Ⅱ　小問2問で，(1)平面図形の問題，(2)確率の問題である。どちらも1つのテーマでいくつかの設問があるという作りになっている。平面図形は正三角形，$1:2:\sqrt{3}$ の直角三角形を利用する。確率は，余事象の考え方を利用することに気づくかどうかである。

Ⅲ　2つの放物線が交点をもつ条件についての考察である。2次方程式の解の存在範囲の問題である。

Ⅳ　数列の漸化式の問題である。見かけが複雑そうであるが，実際には2倍角の公式を利用して等比数列の計算に持ち込むだけである。

Ⅴ　点Pの軌跡を極座標で表し，xy 平面上で表した図形の面積をうまく置換して積分する問題。正確な計算力を要する問題で，後半はやや難しい。

Ⅰ～Ⅲの完答を目指し，Ⅳ・Ⅴで部分点を確保したい。

////////////////////// · memo · //////////////////////

2021年度

問題と解答

■学部別入試

問題編

▶試験科目・配点

教　科	科　　　目	配　点
外国語	コミュニケーション英語Ⅰ・Ⅱ・Ⅲ，英語表現Ⅰ・Ⅱ	120 点
数　学	数学Ⅰ・Ⅱ・Ⅲ・A・B	200 点

▶備　考

「数学B」は「数列，ベクトル」から出題する。

英語

(70 分)

〔Ⅰ〕 次の英文を読んで設問に答えなさい。

Less than a decade after stunning workers at his Japanese tech giant with an order to learn English, billionaire Hiroshi Mikitani wants to do the same with computer programming. Rakuten Inc. may soon expect its more than 17,000 employees to know how a computer compiles a program and understand the difference between a CPU and a GPU (one is the brains of a PC, the other runs the graphics). Behind that is a mandatory, entry-level ability to code.

Mikitani, a trailblazer* in Japan's internet economy, is considering this dramatic step as his e-commerce empire ___(A)___ increasing pressure from the likes of Amazon.com. It's an attempt to keep the skills of employees up to date and answer the question — do you need to know programming to work in tech? "If you're working for Toyota, for example, you know how the automobile works — basic structure of the engine, suspension and so forth," Mikitani told Emily Chang of Bloomberg Television. "So if you work for an IT services company, you need to have the basic knowledge of what's in the computer."

An ability to write Python code or analyze the differences between fourth- and fifth-generation wireless networks isn't something that most tech companies would treat as a prerequisite for a non-programming role. While the World Economic Forum estimates that more than half of workers are going to need significant training by 2022, few seem to be following the lead of companies such as Nokia Oyj, which has plans to make familiarity with machine learning mandatory.

Thomas Malone, professor of information technology and organizational studies at the MIT Sloan School of Management, thinks that maybe they should ＿(B)＿. Some amount of programming knowledge could be extremely valuable in helping both managers and regular workers go beyond buzzwords to understand what technology can actually do.

Rakuten may have a particularly pressing need for answers. Mikitani pioneered e-commerce in Japan when he founded the company more than two decades ago. While it amassed* more than 100 million registered IDs, Rakuten has steadily ＿(C)＿ Amazon as well as a new breed of upstarts such as Mercari Inc. and Zozo Inc. Instead, it has come to increasingly rely on a varied portfolio of about 80 different businesses that range from banking and insurance to online ads and drone deliveries. Without a market-leading position in any of those areas, Rakuten is building a wireless network that it hopes will tie the services together and convince users to spend more time and money on the platform.

Starting in 2018, Rakuten made programming a core part of training for newly-hired graduates with about 260 non-engineering recruits taking a six-month course that includes entry-level Java and basic skills for building network architecture. ＿(ア)＿ 400 new hires coming in April will spend three months in the program, which concludes with a hackathon* for grads to create their own product and be judged by their co-workers. [I]

Getting it right is a delicate balance. The key is providing enough teaching that people can generalize to real-world situations. But there is also the danger of creating busywork and workers getting lost in the details of programming syntax, MIT Sloan's Malone said. Simply seeing a page of incomprehensible code can provoke an emotional response that is like a mental block for some workers, according to Nobuhiko Shishido, a director at Advanced Programming Educational Association in Tokyo. Getting around (D) that requires engaging the person's curiosity, but there is no one-size-fits-all approach, he said. "The ＿(イ)＿ someone feels they are being forced to program, it turns to agony," Shishido said. "The fear of computers is very similar to the fear people have of math." [Ⅱ]

Mikitani said the company's experience with what he calls "Englishnization" proves that it can be done. While the two-year process was tough, as employees had to find time for language classes or face possible demotion*, Rakuten staff now score ＿＿(ウ)＿＿ above the national average on English proficiency tests. It also boasts one of the most cosmopolitan workforces in Japan, and the majority of its mid-career engineering hires in the country are foreigners. [Ⅲ]

Despite the success in globalizing its workforce, Rakuten is still a very domestic company with about 80 percent of its revenue coming from Japan. The Tokyo-based ＿＿(E)＿＿ overseas, including a 13 percent stake in Lyft Inc. and sponsorship of the FC Barcelona soccer team and the Golden State Warriors basketball team.

Mikitani is willing to take the long view when it comes to the coding initiative and a future that is evolving fast, especially when it comes to artificial intelligence and other innovations. "Ten years from now, the world is going to be totally different," Mikitani said. "In most of the service done by humans, those people will be replaced by AI. And if your managers are not aware of it, it is going to be a big problem." [Ⅳ]

(Adapted from Pavel Alpeyev and Emily Chang,
'Billionaire Has a New Goal
for His 17,000 Workers: Learn to Code',
Bloomberg, March 20, 2019)

*trailblazer　先駆者　　*amassed　蓄えた
*hackathon　プログラム開発の技術やアイディアを競うイベント
*demotion　降格

1. 次の各問の答を①～④の中から１つ選び，その番号を解答欄にマークしなさい。

(1) 空欄(A)に入る最も適切なものは次のうちどれか。

① enjoys　② ignores　③ gives　④ faces

(2) 空欄(B)に入る表現として適切でないものは次のうちどれか。

① need to have basic knowledge of what's in the computer

② need significant training by 2022

③ follow the lead of companies such as Nokia Oyj

④ know programming to work in technology

(3) 空欄(C)に入る最も適切なものは次のうちどれか。

① competed with　② lost ground to

③ defeated　④ worked with

(4) 下線部(D)Getting around の具体的な内容に最も近いものは次のうちどれか。

① To take willingly what is offered

② To think about something again for a possible change of decision

③ To find a way of avoiding a difficulty or a rule

④ To succeed in communicating a piece of information to someone

(5) Which of the following opinions is Thomas Malone most likely to agree with?

① A certain amount of programming knowledge is useful for some practical purposes.

② Programming education helps to cure an allergy to mathematics.

③ A minimum set of digital skills is the first and foremost priority.

④ The activity of writing programs is analogous to the way words are arranged to form sentences in a language.

(6) According to the passage, which of the following is true about Rakuten?

① Rakuten holds a dominant position over Mercari Inc.

② Rakuten is a pioneering e-commerce company founded more than 30 years ago.

③　Rakuten has not started online ads and drone deliveries.

④　Rakuten has not yet fully become an international company in terms of earnings.

2. 空欄(ア), (イ), (ウ)に入る組み合わせとして最も適切なものは次のうちどれか。

①	(ア) Some	(イ) sooner	(ウ) a little
②	(ア) Another	(イ) second	(ウ) way
③	(ア) Other	(イ) way	(ウ) more
④	(ア) Only	(イ) moment	(ウ) up

3. この英文に次の1文を入れるには，最も適切な場所はどこか。

The company said it doesn't yet have definitive plans for expanding the training to all employees.

①［ Ⅰ ］　②［ Ⅱ ］　③［ Ⅲ ］　④［ Ⅳ ］

4. 空欄(E)には，(ア)から(ケ)の語句全てを用いて並び替えた英文が入る。3番目と6番目にくる単語および語句の組みあわせで適当なものを1つ選び、その番号を解答欄にマークしなさい。

(ア) boost	(イ) brand	(ウ) company
(エ) efforts	(オ) has	(カ) its
(キ) made	(ク) presence	(ケ) to

①　3番目　ウ　　6番目　キ

②　3番目　キ　　6番目　ア

③　3番目　オ　　6番目　ケ

④　3番目　カ　　6番目　ク

〔Ⅱ〕 次の英文を読んで設問に答えなさい。

著作権の都合上，省略。

著作権の都合上，省略。

(Adapted from Michaeleen Doucleff and Jane Greenhalgh,
'How Inuit Parents Teach Kids to Control Their Anger',
NPR News (Goats and Soda), March 13, 2019)

1. 次の各問の答を①～④の中から１つずつ選び，その番号を解答欄にマークしなさい。

(1) 空欄(B)に入る最も適切なものは次のうちどれか。

① dramatically
② madly
③ logically
④ quickly

(2) 空欄(D)に入る最も適切なものは次のうちどれか。

① monstrous
② meticulous

③ multiple

④ mysterious

2. 本文の内容について，次の質問に対する最も適切な答を①～④の中から１つずつ選び，その番号を解答欄にマークしなさい。

(1) According to the passage, Inuit society

① exists in a harsh climate.

② often is marked by strong shows of emotion.

③ relies on teachers for disciplinary training.

④ values individual action.

(2) According to the passage, what is a human universal?(A)

① All of humanity over all of human history

② An action or trait found across many human societies

③ The Earth on which humans live

④ The usual personality of humans

(3) Why is Shakespeare referenced in the passage?

① Because his work consisted primarily of drama.

② Because he was an expert at parenting.

③ Because he was a human universal.

④ Because his writing is timeless, which Inuit parenting is as well.

(4) What does the above(C) refer to?

① Helping small children understand schoolwork.

② Performing Shakespearian theater.

③ Surviving in northern Canada and Alaska.

④ Using two strategies for training children.

3. 本文に関連した以下の文章を読んで設問に答えなさい。

Students who rarely ate breakfast on school days achieved lower test grades than those who ate breakfast frequently, according to a new study in Yorkshire. Researchers from the University of Leeds have for the first time demonstrated a link between eating breakfast and GCSE* performance for secondary school students in the UK. Adding together all of a student's exam results, they found that students who said they rarely ate breakfast achieved nearly two grades lower than those who rarely missed their morning meal. The research has been published in the journal *Frontiers in Public Health*.

Lead researcher Dr. Katie Adolphus, from the University of Leeds' School of Psychology, said: "Our study suggests that secondary school students are at a disadvantage if they are not getting a morning meal to ＿(A)＿ their brains for the start of the school day. The UK has a growing problem of food poverty, with an estimated half a million children arriving at school each day too hungry to learn. Previously we have shown that eating breakfast has a positive impact on children's cognition. This research ＿(B)＿ that poor nutrition is associated with worse results at school."

The Government in England run a free school lunch programme accessible to all students, but there is no equivalent for breakfast. Charities Magic Breakfast and Family Action deliver a breakfast programme funded by the Department for Education, but not all of UK schools have these programmes. The Leeds researchers say their findings support the calls to expand the current limited free school breakfast programme to include every state school in England. A policy proposal from Magic Breakfast to introduce school breakfast legislation, which has been supported by Leeds academics, is currently being considered by politicians.

The researchers surveyed 294 students from schools and colleges in West Yorkshire in 2011, and found that 29% rarely or never ate breakfast on school days, whilst 18% ate breakfast occasionally, and 53% frequently. Their figures are similar to the latest national data for England in 2019, which found that more than

__(C)__ % of secondary school children miss breakfast.

GCSE grades were converted to point scores using the Department for Education's 2012 system, where A* = 58, A = 52, B = 46, and so on. Adding up students' scores across all subjects gave students an aggregated score. Those who rarely ate breakfast scored on average 10.25 points lower than those who frequently ate breakfast, a difference of nearly two grades, after accounting for other important factors including socio-economic status, ethnicity, age, sex and BMI.

Looking at performance for each subject, they found that students who rarely ate breakfast scored on average 1.20 points lower per subject than those who frequently ate breakfast, after accounting for other factors. Each grade equates to six points, so the difference accounted for a drop of a __(D)__ of a grade for every GCSE subject an individual achieved.

Nicola Dolton, Programme Manager for the National School Breakfast Programme, from Family Action, said: "We are delighted to see the publication of this thorough and compelling research, highlighting the impact that breakfast consumption has on a child's GCSE attainment. <u>This report (①) solid (②)(③) eating a healthy breakfast improves a child's educational attainment.</u>(E) It also supports our own findings of improvements in a child's concentration in class, readiness to learn, behaviour and punctuality."

(Adapted from 'Skipping breakfast linked to lower GCSE grades', 20 November 2019)

GCSE*(General Certificate of Secondary Education) イギリスの義務教育修了試験

(1) 下線部(A)に入る語として最も適切なものは次のうちのどれか。

① fuel　② keep　③ relax　④ monitor

(2) 下線部(B)に入る語として最も適切なものは次のうちのどれか。

① hopes ② denies ③ suggests ④ decides

(3) (設問省略)

(4) 下線部(D)に入る語として最も適切なものは次のうちのどれか。

① second ② third ③ fourth ④ fifth

(5) 下線部(E)は「この報告は，健康に良い朝食が子どもの学習到達度を改善するという，確かな証拠を提供する」という意味である。空欄①～③にそれぞれ適当な英語を1語入れなさい。

〔Ⅲ〕 次の英文を読んで以下の空欄に入る最も適切なものを①～④の中から1つ選び，その番号を解答欄にマークしなさい。

Oxford University has ___(1)___ a donation of £150 million to support the way it teaches, researches and shares the Humanities with the world. It is "the largest single contribution to the University since the Renaissance." The £150 million donation by Stephen Schwarzman, the philanthropist and Chairman, CEO and Co-founder of Blackstone, will create the Stephen A. Schwarzman Centre for the Humanities. This will bring ___(2)___, for the first time, Oxford's programmes such as linguistics, philology and phonetics.

___(3)___ a new library in the space, the centre will encourage cross-disciplinary and collaborative study.

(1) ① given ② obtained ③ provided ④ thought
(2) ① together ② to ③ back ④ home
(3) ① Near ② Likewise ③ With ④ Despite

Professor Louise Richardson, Vice-Chancellor of the University of Oxford, said: “This ___(4)___ donation from Stephen A. Schwarzman marks a significant endorsement* of the value of the Humanities in the 21st century and in Oxford University as the world leader in the field. The new Schwarzman Centre will open a vibrant* cultural programme to the ___(5)___. It will also enable Oxford to remain at the forefront of both research and teaching ___(6)___ demonstrating the critical role the Humanities will play in helping human society navigate the technological changes of the 21st century.”

(4) ① generous ② small ③ general ④ moderate
(5) ① surface ② end ③ contrary ④ public
(6) ① and ② although ③ while ④ instead of

Stephen A. Schwarzman said of his gift to Oxford University: “I'm proud to partner with Oxford to establish the Schwarzman Centre for the Humanities ___(7)___ will unite Oxford's Humanities faculties for the first time. ___(8)___, it will offer modern performing arts facilities that will deepen Oxford's engagement with the public. For ___(9)___ 1,000 years, the study of the Humanities at Oxford has been core to western civilization and scholarship. We need to ___(10)___ that its insights and principles can be adapted to today's dynamic world. Oxford's ___(11)___ global leadership in the Humanities uniquely positions it to achieve this important objective.”

(7) ① which ② whoever ③ whom ④ no matter what
(8) ① Beside ② Nevertheless ③ However ④ In addition
(9) ① barely ② nearly ③ narrowly ④ scarcely
(10) ① address ② solve ③ persuade ④ ensure
(11) ① temporary ② short-term ③ longstanding ④ regional

(Adapted from Howard Lake, ‘University of Oxford receives £150m gift for the Humanities’,

UK Fundraising, June 19, 2019)

*endorsement 支持，保証 *vibrant 活力のある

〔Ⅳ〕 次の会話文を読んで設問に答えなさい。

Cashless

(In a convenience store)

Ross: Got everything? OK, let's get going.

Brian: Sure. I'll ___(A)___, and you get the next one.

Ross: Thanks, dude, ___(B)___.

Cashier: Will that do it (C) for you guys?

Ross: Yep, that's everything. Cashless, please.

Cashier: Sure. Just a moment … that comes to $21.47.

Brian: Here you go. (*Brian holds out his cell phone, and the cashier scans the bar code.*)

Cashier: Thanks, guys — please come again.

(In the car)

Brian: That's so easy to use e-money, but I really miss the old days —

Ross (*laughing*): You mean last year?

Brian: That's right, so long ago. Remember how we used to pull out money and get change back?

Ross: Indeed I do — filthy habit!

Brian: Probably, but I used to collect coins when I was a little boy. I had a nickel collection, and my brother had a quarter collection.

Ross: Yeah? How come you ___(D)___?

Brian: It rubbed off on us from our dad. He had a silver dollar collection that went all the way back to the 1870s. The early dollars were

Liberty dollars, and they were ____(E)____ — I think they weighed a ton each.

Ross: Numismatics, that's called — collecting money, but it might be an endangered species, just like ____(F)____!

Brian: Hey, you know what I heard? In Europe — maybe Sweden — it's become popular to ____(G)____ and cut to the chase. In that case that means an IC chip implanted under the skin on your hand or your wrist!

Ross: No way!

Brian: (H) Way! You just have to hold your hand up to a scanner and BEEP! Wow, ____(I)____!

Ross: No, thanks — I ____(J)____ injecting an IC chip into my hand or anywhere else! I'll stick with my phone.

Brian: Suit yourself, buddy, but it's hard to lose an IC chip embedded in your hand.

Ross (*laughing*): Fair enough, and I'll let you show me how it's done!

1. What is the meaning of (C) Will that do it?
   ① Is that everything?
   ② What is your line of work?
   ③ How do you do?
   ④ Will your car start now?

2. What is Brian's attitude toward e-money?
   ① He would like to invest in Bitcoin.
   ② He likes the feel of paper money and coins.
   ③ He loves the convenience of e-money.
   ④ He remembers traditional money fondly.

3. What does the expression (H) Way! mean?

① Excellent.

② Really!

③ You're pulling my leg.

④ Are you crazy?

4. 空欄(A)〜(B), (D)〜(G), (I), (J)に入る最も適切なものを①から⑧の中から1つ選び，その解答欄に番号をマークしなさい。ただし，同じものを2度以上使ってはならない。

① monsters, too

② bypass the bar code stuff

③ the old-fashioned telephone

④ how convenient

⑤ get this one

⑥ sounds like a plan

⑦ got hooked on that

⑧ don't fancy

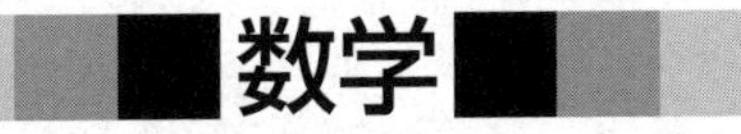

（120 分）

〔 I 〕 次の空欄 ア から キ に当てはまる 0 から 9 までの数字を解答用紙の所定の欄にマークせよ。また，空欄 ク に当てはまるものを指定された解答群の中から選び，解答用紙の所定の欄にマークせよ。ただし， エオ ， カキ は 2 桁の数を表す。また log は自然対数，e はその底である。

(1) 座標平面において，$x^2+y^2-y=0$ で表される曲線に，直線 $y=a(x+1)$ が接しているならば，$a=$ ア または $a=\dfrac{\text{イ}}{\text{ウ}}$ である。

(2) 1 から 6 の目が 1 つずつ書かれた通常のさいころを 3 個同時に振ったとき，出た目の中央値が 4 となる確率は $\dfrac{\text{エオ}}{\text{カキ}}$ である。

(3) $\displaystyle\int_0^1 \frac{1}{1+e^x}\,dx=$ ク .

クの解答群

⓪ 0 ① 1 ② $\dfrac{1}{e}$ ③ $\log(e-1)$ ④ $\log(e+1)$ ⑤ $\log(2e)$

⑥ $\log(2e+2)$ ⑦ $\log\dfrac{2e}{e+1}$ ⑧ $\log\dfrac{e+1}{2}$ ⑨ $\log\dfrac{e(e+1)}{2}$

〔Ⅱ〕　次の空欄 [あ] と [い] に当てはまるもの（数・式など）を解答用紙の所定の欄に記入せよ。

(1)　$a>0$ は定数とする。曲線 $y=-3x^3+x\ (x \geqq 0)$ を C とする。

直線 $y=a$ と曲線 C は $x>0$ の範囲で 2 つの交点を持つとする。

2 つの図形 A, B を次のように定める。直線 $y=a$, 曲線 C および y 軸で囲まれた，下の図の斜線部分の図形を A とする。直線 $y=a$ と曲線 C で囲まれた，下の図の斜線部分の図形を B とする。

このとき，A と B の面積が等しくなるならば $a=$ [あ] である。

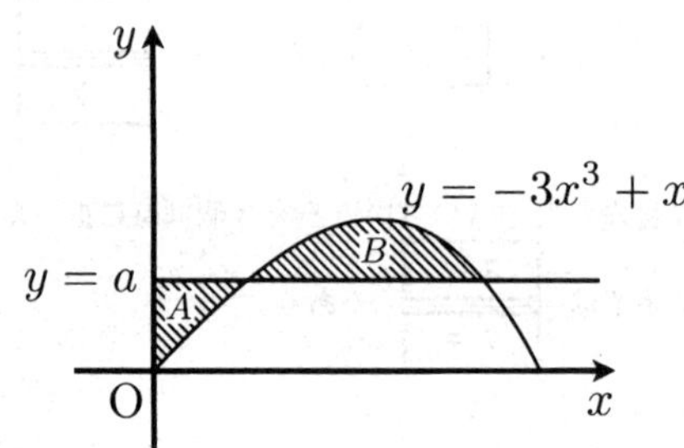

(2)　$\displaystyle\lim_{n\to\infty}\left(\frac{n-2}{n+1}\right)^n=$ [い].

〔Ⅲ〕　次の空欄 か から こ に当てはまるもの（数・式など）を解答用紙の所定の欄に記入せよ。

座標空間に，2 点 $P(1,\ 0,\ 1)$, $Q\left(\dfrac{1}{2},\ \dfrac{\sqrt{3}}{2},\ 0\right)$ をとる。P, Q を通る直線を ℓ とする。t を実数とする。直線 ℓ と平面 $z=t$ の交点を R とする。

(1)　点 R の x 座標および y 座標を t で表すと，

$x=$ か ，　$y=$ き

となる。

(2)　t のとり得る値の範囲が実数全体のとき，点 R と z 軸の距離が最小になるのは，$t=$ く のときで，その最小値は け である。

(3)　直線 ℓ を z 軸のまわりに 1 回転したとき，ℓ が通過する部分と，平面 $z=0$, $z=1$ で囲まれる図形の体積は こ である。

〔Ⅳ〕　次の条件によって定められた数列 $\{a_n\}$ について，以下の問いに答えよ。ただし，log は自然対数である。

$$a_1=\frac{1}{3},\quad a_{n+1}(1-a_n)=1\quad (n=1,2,3,\cdots\cdots)$$

(1)　a_2 と a_3 を求めよ。

(2)　すべての自然数 n に対して，$a_n a_{n+1} a_{n+2}=-1$ であることを示せ。

(3)　自然数 m に対して，$\displaystyle\sum_{k=1}^{3m}\log|a_k|$ を求めよ。

(4)　極限値 $\displaystyle\lim_{n\to\infty}\frac{1}{n}\left(\sum_{k=1}^{n}\log|a_k|\right)$ を求めよ。

〔V〕 座標平面において，中心が原点 O で半径が $\frac{1}{2}$ の円を C_1，中心が原点 O で半径が 1 の円を C_2 とする。円 C は半径が $\frac{1}{4}$ で，円 C_1 に外接しながらすべることなく回転する。

はじめ，円 C の中心 Q は $\left(\frac{3}{4}, 0\right)$ にあり，この円周上の定点 P は (1,0) に位置している。円 C が円 C_1 に外接しながら回転するとき，x 軸の正の向きと動径 OQ のなす角を θ とする。θ が $0 \leqq \theta \leqq \frac{\pi}{2}$ の範囲を動くとき，円周上の定点 P が描く曲線を K とする。また $0 < \theta < \frac{\pi}{2}$ を満たす θ に対して，円 C と円 C_2 の共有点を R とし，直線 PR と円 C_2 の交点のうち，R 以外の点を S とする。以下の問いに答えよ。

(1) x 軸の正の向きと動径 OQ のなす角が θ であるとき，点 P の座標を θ で表せ。

(2) $\angle \mathrm{ROS} = 2\theta$ であることを示せ。

(3) 直線 RS は曲線 K に接することを示せ。

(4) 曲線 K の長さを求めよ。

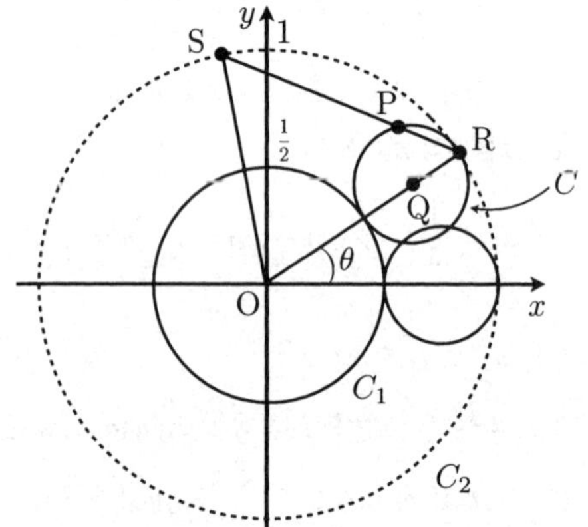

解答編

英語

I 解答

1．(1)―④　(2)―①　(3)―②　(4)―③　(5)―①　(6)―④

2．②

3．①

4．②

◆全　訳◆

≪新入社員にプログラミングを必修化した楽天≫

億万長者の三木谷浩史は，彼が経営する日本最大手の技術系企業の社員に英語を学習するよう命じて驚嘆させてから10年も経たないうちに，(次は) コンピュータープログラミングで同じことをしたいと考えている。株式会社楽天は近々17,000人を超える従業員に，コンピューターがプログラムを作る仕組みを知り，CPUとGPU（一方はPCの頭脳で，もう一方は画像処理をする）の違いを理解するよう求める見通しだ。そのためにはプログラミング言語を記述する初級レベルのコーディング能力が必須となる。

日本におけるインターネット経済の先駆者である三木谷は，自分のEコマース（電子商取引）帝国がアマゾン・ドット・コムといった同業者からの高まる圧力に直面していることから，この劇的な一歩を検討している。従業員の技能を最新状態にし，「技術系企業で働くのにプログラミングを知っている必要があるだろうか」という質問に答える試みである。「たとえば，トヨタで働いているなら，社員は自動車がどうやって動くのか，つまりエンジンの基本構造，サスペンションなどを知っている」と三木谷はブルームバーグ・テレビジョンのエミリー=チャンに語った。「だからITサービス企業で働くのなら，コンピューターの中がどうなっているかについての基本知識を持つ必要がある」

Pythonコードを書き，第4世代と第5世代のワイヤレスネットワークの違いを分析する能力は，ほとんどのテクノロジー企業がプログラミングを必要としない職務の必須条件として見なしていないものであろう。世界経済フォーラムは，半分以上の社員が 2022 年までにしっかりとした訓練が必要になるであろうと推定しているが，機械学習（過去の経験に基づき機能を制御改善していく人工知能の働き）の熟知を必須とする計画を立てているノキアといった企業のお手本に従いそうな企業はほとんどないようだ。

マサチューセッツ工科大学（MIT）スローン経営大学院の IT および組織研究の教授であるトーマス=マローンは，おそらくそうすべきであると考えている。ある程度のプログラミングの知識は，経営者と一般社員が専門用語の壁を越えて，科学技術によって実際どんなことができるのかを理解するのを助けるうえで極めて有用だからだ。

楽天は特に差し迫ってその答えを出す必要があるのかもしれない。三木谷は 20 年以上前にこの会社を設立したとき，日本におけるＥコマースを開拓した。１億を超える登録者数を集めたが，メルカリや ZOZO といった新興企業だけでなくアマゾンにも徐々に押されている。その代わりとして，銀行や保険からオンライン広告，ドローン配送に至る約 80 の異なる業種の多様なポートフォリオ（製品やサービス）にますます依存するようになってきている。そういった分野のどれにおいても市場をリードする地位は持っていないので，楽天は各サービスを結び付けて，利用者により多くの時間とお金をこのサービス基盤上で使うことを納得してもらえるようなワイヤレスネットワークを構築中である。

2018 年から開始しているが，楽天はプログラミングを新卒採用社員トレーニングの中核にしており，約 260 人の非エンジニアの新規採用者が初歩レベルの Java やネットワーク構築の基本技術を含む６カ月の講習を受講する。４月入社の次期新規採用社員 400 人はこのプログラムに３カ月を費やす予定で，講習の最後はプログラム修了者が自分たち自身の製品を作り，同僚による評価を受けるハッカソンで締めくくられる。楽天によると，この研修を全従業員に拡大して行う明確な計画はまだないとのことである。

このプログラムを適切に導入するには，細心の注意をはらってバランスを取る必要がある。そのカギは，実世界の状況に一般化することができるだけの十分な教育を提供することである。しかし，仕事のための仕事を作り出し，社員がプログラミング・シンタックスの（そう重要でない）細部に没頭してしまう危険性もある，とマサチューセッツ工科大学（MIT）スローン経営大学院のマローンは述べる。東京の先端プログラミング教育協会理事の宍戸信彦によると，理解不能なコードが書いてあるページを単に眺めているだけだと，社員の中には思考停止に似た感情的反応を引き起こす人もいるとのことだ。それをうまく回避するにはその人の好奇心を引くことが必要だが，1つでどんな場合にも通用する方法はないと言う。「プログラミングを強要されていると感じた瞬間に苦痛になる」と宍戸は述べる。「コンピューターに対する恐怖心は，数学に対する恐怖にとても似ている」

三木谷は彼の言う「イングリッシュナイゼイション」に関するこの会社の経験が，それ（＝社員に対するプログラミング教育）は実現可能であることを証明していると言う。従業員は語学授業の時間をつくったり，降格の可能性にも直面したりしなければならず，2年間の過程は厳しかったが，楽天社員は今や英語能力テストで全国平均点をはるかに上回る点数を取っている。さらに，楽天は外国人社員が日本で最も多い企業の一つであることを誇っており，日本での中途採用エンジニアの大半は外国人である。

楽天は従業員の国際化に成功してはいるものの，収益の約 80％を日本国内で得ており，いまだに国内中心の企業である。東京に本社を置く楽天は，リフト社への 13％の出資金や，サッカーチームの FC バルセロナとバスケットボールチームのゴールデンステート・ウォリアーズのスポンサーなどによって，海外でのブランド存在感を高めようと努力している。

三木谷は，自社のプログラミング教育を率先して行っていくことや，目まぐるしく進化する未来，とりわけ，人工知能やその他の革新について，前向きに長期的な見方をしている。「今から 10 年すれば，世界は全く違ったものになっているだろう」と三木谷は言う。「人間によって行われているほとんどのサービスで，そのサービス業に従事している人々は AI に取って代わられるだろう。そして，もし会社の経営陣がそのことに気付いていないなら，大変な問題になるだろう」

◀解　説▶

1．(1)選択肢がすべて動詞であることから，問題箇所を含む第2段第1文（Mikitani, a trailblazer …）後半の as が接続詞であり，his e-commerce empire が主語，increasing pressure が目的語であることが分かる。「三木谷氏が劇的な一歩を検討している」という主節内容から，as 以降がその理由を示していると予想して④ faces「～に直面する」を選び，「増大する圧力に直面しているので」とすれば文脈が成立する。

(2)①コンピューターの中がどうなっているかについての基本的知識を持っておく必要がある

② 2022 年までにかなりの訓練が必要である

③ノキアといった企業のお手本に従う

④テクノロジー分野で働くにはプログラミングを知っている

パラグラフの役割という観点から，筆者が第 4 段でトーマス=マローンの意見を引用した意図は，直前段落で述べられている状況に対する意見表示である。問題箇所を含む第 4 段第 1 文（Thomas Malone, professor of …）の they は第 3 段第 1 文（An ability to write …）の most tech companies を指しているので，they should に続く「テクノロジー企業がすべき」ことは，Python コードを作成し，異なるワイヤレスネットワークの分析をする能力を，プログラミングを必要としない職務の必須条件とすること，2022 年までにしっかりとした訓練を行うこと，機械学習の熟知を必須とする計画を立てているノキアといった企業に追随することである。これに合致するのは②・③・④である。①は第 2 段最終文（"So if you …）で三木谷が述べた内容であり，they should に続けるには離れすぎている。ゆえに①が正解となる。

(3)問題箇所を含む第 5 段第 3 文（While it amassed …）は Rakuten を主語，Amazon 以下を目的語とする SVO 構文になっている。楽天が 1 億の登録者数を集めた内容を述べている While で始まる従属節が譲歩を表すと想定して意味関係をつなぐと，② lost ground to ～「～(競合他社）に押された」が文脈に合う表現となる。① competed with ～は「～と競った」，③ defeated は「～を負かした」，④ worked with ～は「～と協力した」の意。

(4)①提供されるものを喜んで受け取ること

②決定が変更される可能性を考慮して，物事を再考すること

③困難や決まりを回避する方法を見つけること

④ 1 つの情報を誰かにうまく伝えること

問題箇所を含む第7段第5文（Getting around that …）は，主部がGetting around that，動詞がrequires，目的語がengaging the person's curiosity「その人の好奇心を引く」である。thatは直前文の「理解不能なコードが書いてあるページを単に眺めているだけだと，社員の中には思考停止に似た感情的反応を引き起こす人もいる」ことを指しており，このことを避けるために必要な内容がrequires以降に続いていることから，③を正解とする。get around ～「～を回避する」は熟語。

⑸「次のどの意見にトーマス=マローンはもっとも賛同しそうであるか」
①ある程度のプログラミング知識は実際的な目的に役立つ
②プログラミング教育は数学アレルギーを治すのに役立つ
③最低限のデジタル技能は最優先事項である
④プログラムを書く活動は，ある言語で文を作るのに言葉を配列する方法に似ている
②・③・④は関連内容ではあるが，本文中では述べられていないので不適。第4段第2文（Some amount of …）の内容に合致する①が正解となる。

⑹「本文によると，次のどれが楽天について当てはまるか」
①楽天はメルカリより優位な地位を占めている
②楽天は30年以上前に設立された，草分け的な電子商取引企業である
③楽天はまだオンライン広告やドローン配達を始めていない
④楽天は収入という観点ではまだ完全に国際的な企業にはなっていない
第5段第3文（While it amassed …）より，楽天は逆にメルカリに押されているので①は不適切。第5段第2文（Mikitani pioneered e-commerce …）にあるように，設立されたのは30年以上前ではなく20年以上前（two decades）なので②も不適切。また第5段第4文（Instead, it has …）で述べられているように，楽天は多様なポートフォリオの一つとしてオンライン広告やドローン配達事業を行っているので③も不適切となる。第9段第1文（Despite the success …）にあるように「収益の80％が国内から得られている」ので，④が正解である。

2．㈠先に述べた260人とは別の400人の新入社員を表すのでAnotherが最適である。㈡問題箇所の第7段第6文（"The …）を見ると，接続詞がなく，カンマのみで2つのSV関係を持つ英文が連続している。空欄㈡の直前のTheに着目し，接続詞の役割を果たせる表現となるのはsecond

か moment である。(ウ)問題箇所直後の第8段第3文（It also boasts …）では，「さらに誇りとして持つ」内容が続いていることから，この前文でも楽天が誇れる内容が述べられている予想がつく。空欄(ウ)に above を強調する副詞 way「はるかに」を入れれば「楽天社員が全国平均をはるかに上回る点数を取っている」という内容になり，文脈に合う英文となる。上記内容をすべて満たす語群②が正解となる。

3．挿入文の内容は「楽天によると，この研修を全従業員に拡大して行う明確な計画はまだないとのことである」。2018年から新規採用者を対象に行われている研修について述べているのが第6段である。同様の研修の全社員への拡大についての話題を自然に挿入できるのはここしかない。したがって，①［　I　］が正解である。

4．The Tokyo-based「東京を拠点とする」の後には名詞が続き主部を形成すると予想を立て，この主部に合う動詞の意味と時制，さらに合致する目的語を考えると，（The Tokyo-based）company has made efforts ができあがる。熟語の make efforts to *do*「～しようと努力する」と boost「～を強化する，引き上げる」と文意に合う目的語を考えあわせ，最終的に（The Tokyo-based）company has (キ)made efforts to (ア)boost its brand presence（overseas,）となるので，②を正解として選択する。

II　解答

1．(1)—③　(2)—③

2．(1)—①　(2)—②　(3)—①　(4)—④

3．(1)—①　(2)—③　(3)（設問省略）　(4)—④

(5)① provides　② evidence　③ that

◆全　訳◆

≪イヌイットのしつけ法≫

著作権の都合上，省略。

著作権の都合上，省略。

◀解　説▶

1．⑴問題箇所を含む第 5 段第 3 文（This will provide …）の内容と，すべての選択肢が副詞であることより，親が演じる劇を見て，子どもがどのように思考する習慣を伸ばせばいいかを表すのに適切な表現を選択する問題であると分かる。③ logically「論理的に」を選べば文脈に合致する英文となる。① dramatically は「劇的に」，② madly は「狂ったように」，④ quickly は「すばやく」の意。

⑵第 6 段第 4 文（Although play is …）前半の譲歩を表す節の内容「劇はしつけの方法としては見過ごされることが多いけれども」を受ける主節の目的語 opportunities を修飾する形容詞として，文脈に合う語を選ぶ問題である。to teach 以降は opportunities にかかる不定詞の形容詞的用法なので，空想は子どもたちに適切なふるまいを教えるどのような機会を与えるのかを考える。③ multiple「多種多様な」が最も適切である。① monstrous は「怪物のような」，② meticulous は「綿密な，細部にこだわる」，④ mysterious は「神秘的な」の意。

2．⑴第 1 段第 2 ～ 4 文（The houses have no …and caribou provide.）では，冬には摂氏マイナス 40℃以下になる厳寒の地で暖房装置もなくイグルー（氷のブロックを重ねて作ったドーム状の家）で暮らしている様子が描写されており，設問文「本文によると，イヌイットの社会は」に続く述部としては①「厳しい気候のもと存在している」が適切である。それ以外の選択肢の内容については本文中では述べられていない。②は「感情を激しく顕示する（＝表に出す）ことで特徴づけられることが多い」，③は「しつけを教師に頼る」，④は「個人的な行為を尊重する」の意。

(2)「本文によると，human universal とはどのようなものか」
①「人類史全体にわたるすべての人類」
②「多くの人間社会にわたって見られる行為や特質」
③「人間が生活する地球」
④「人間のよくある性質」
universal は「普遍的特性〔傾向〕」の意。第4段第3文（For tens of …）は設問箇所を含む英文の具体化である。ここで it が指す oral storytelling「口頭でのおはなし」という行為が何万年にもわたり，変わらず主要な方法であったことが述べられていることから，②が正解となる。storytelling は行為であって，人間や地球，性質を表す内容ではないことから①・③・④は不適切である。
(3)「なぜシェイクスピアが本文中で言及されているのか」
①「彼の作品は主に劇（作品）から成っていたから」
②「彼はしつけの専門家であったから」
③「彼はヒューマン・ユニバーサルであったから」
④「彼の文学作品は不朽であり，イヌイットのしつけもそうであるから」
シェイクスピアに言及しているのは第5段第2文（If a child misbehaves, …）中である。この英文の後半は the parents が主語，do something「何かをする」が述部である。この something を説明する形容詞節「シェイクスピアならいともたやすくわかるであろう」の直後に，直前内容の具体化を示すコロン（：）があることから，something＝a drama と推測がつく。言うまでもなくシェイクスピアは劇作の大家であるので，言及の理由としては①が適切である。would は仮定法で，all too＋形容詞は「あまりにも～，十二分に～」の意。
(4)「the above は何を示すか」
①「幼い子どもたちが学校の勉強を理解するのを手助けすること」
②「シェイクスピア劇を演じること」
③「カナダ北部地域とアラスカで生き抜くこと」
④「子どもたちをしつける2つの方策を使うこと」
the above を含む第6段第1文（In doing the above, …）では「上記のことをする際に，2つの側面が重要である」と述べられている。「上記」が表す内容としては直前の2つの段落（第4・5段）で述べられているイヌ

イットの２つのしつけ方法であると推測できる。したがって，④が正解。

3．与えられた英文の全訳は以下の通り。

ヨークシャーでの新たな研究によると，授業がある日に朝食をめったに食べない生徒は，高い頻度で朝食を食べる生徒に比べてテストの点数がより低いとのことだ。リーズ大学の研究者たちは，朝食をとることとイギリスにおける中等学校の GCSE（イギリスの義務教育修了試験）の成績との関連を初めて実証した。生徒の試験結果をすべて足し合わせると，めったに朝食をとらないと言った生徒たちは，朝の食事を欠かすことがめったにない生徒よりおよそ２段階成績が低いということが分かった。この研究は雑誌『フロンティア・イン・パブリック・ヘルス』で発表された。

リーズ大学心理学部の主任研究員ケイティ=アドルファス博士は次のように述べている。「中等学校の生徒たちは授業がある一日の始まりに脳に栄養を補給する朝食をとらないと，不利な状況になってしまうことを私たちの研究は示唆している。イギリスでは食べ物の貧困問題が増えており，推定 50 万人の子どもたちが余りにも空腹なため学習できない状態で毎日学校に来ている。以前私たちは，朝食をとることが子どもたちの認知作用に有益な影響を与えることを明らかにした。この研究が示唆しているのは，栄養不足が学校での成績低下と関連しているということだ」

イングランド政府はすべての生徒たちが利用可能な無料学校昼食プログラムを実行しているが，朝食を提供する同等のプログラムはない。チャリティー団体のマジック・ブレックファストとファミリー・アクションが教育省の資金提供を受けた朝食プログラムを提供しているが，イギリスのすべての学校がこのプログラムを持っているわけではない。リーズ大学の研究員たちは，自分たちの発見が，現在の限られた無料学校朝食プログラムを拡大して，イングランドのすべての公立学校を包括することを求める声の支えになると述べている。学校朝食法を導入するというマジック・ブレックファストからの政策提案――これはリーズ大学の研究者たちによって支持されている――は，現在政治家によって検討されている。

2011 年に研究者たちがウェストヨークシャー州の学校および大学の生徒・学生 294 名を調査したところ，学校がある日に 29％はめったにもしくは全く朝食をとっていなかったのに対して，18％はときどき，53％は頻繁に朝食をとっていたことが分かった。これらの数値は 2019 年の最新のイングランド全国データと同様であり，中等学校の子どもたちの　(C)　%以上が朝食を食べ損ねていることが分かった。

GCSEの成績は，A*を58点，Aを52点，Bを46点などとする教育省の2012年のシステムを使って点数に変換された。生徒の全教科の成績を足し合わせて生徒の総合点とした。社会的・経済的地位や民族性，年齢，性別，BMIを含めた他の重要な要素を考慮に入れても，めったに朝食をとらなかった生徒は頻繁に朝食をとった生徒に比べて平均で10.25点低い点数であり，ほぼ2段階の成績差となった。

各教科の成績を見ると，他の要因を考慮しても，めったに朝食をとらない生徒は頻繁に朝食をとる生徒と比べて，各教科で平均1.20点低いことが分かった。各（段階）成績は6点に相当するので，この差（=1.20点）は，生徒個人がとったすべてのGCSE教科の成績（段階）の5分の1の低下に相当していた。

ファミリー・アクションのナショナル・スクール・ブレックファスト・プログラムのプログラム管理部長であるニコラ=ドールトンは，次のように述べた。「朝食の摂取が子どもたちのGCSEの成績に与える影響をよく表している，詳細で説得力のあるこの研究が発表されて，私たちは嬉しく思っている。この報告は，健康に良い朝食が子どもの学習到達度を改善するという，確かな証拠を提供する。さらにこの報告は，子どもの授業への集中や学ぶ意欲，態度や時間厳守の改善に関する私たちの発見も支持している」

⑴問題箇所を含む第2段第1文（Lead researcher …）のコロン以降の英文では，if節に対する帰結節の内容が「中等学校の生徒たちは不利な状況になってしまう」となっている。if節の内容をこれに繋げるよう考えることになる。問題箇所の直後に名詞their brainsがあること，また選択肢すべてが動詞であることから，brainを目的語とした文脈に合う動詞が① fuel「～に燃料を供給する」である予想を立てる。他の選択肢② keep「～を保つ」，③ relax「～をくつろがせる」，④ monitor「～を監視する」が文脈に合わないので，ここでは，fuelが「～に栄養を供給する」の意であると考えて①を正解とする。

⑵ that節以降の内容「栄養不足が学校での成績低下と関連している」がこの研究結果からうかがえる内容であることから，③ suggests「～を示

唆している」が正解。① hopes は「～を期待する」，② denies は「～を否定する」，④ decides「～を決定する」の意。

(4)文脈から，問題箇所を含む第6段第2文（Each grade equates …）は，朝食をとっていなかった生徒の点数の下がり幅がどの程度であったかを説明する一文である。第5段第1文（GCSE grades were …）にあるように成績段階のA*とAの差は6点（58－52），AとBの差も6点（52－46）である。また，第6段第1文（Looking at performance …）にあるように，朝食をとっていなかった生徒の成績は平均で各教科それぞれに1.20点低かったとある。この1.20点というのは，6点分の5分の1であるので，(D)には④ fifth を入れる。

(5)和文内容より，①には「～を提供する」，②には「証拠」を表す単語が入る。また，eating 以降が主語と動詞のある構造の節になっていることから，③に同格の that を入れると evidence that SV「SがVである証拠」となり，英文として成立する。①の解答としては provides のほか，presents や shows も可能である。②は evidence のほか，proof も正解である。

III　解答

(1)―②　(2)―①　(3)―③　(4)―①　(5)―④　(6)―③
(7)―①　(8)―④　(9)―②　(10)―④　(11)―③

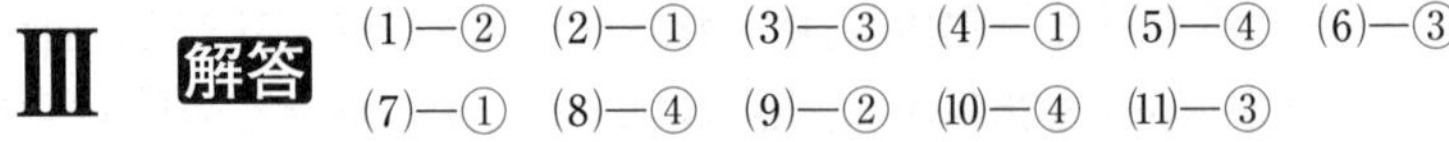

≪オックスフォード大学へ1億5千万ポンドの寄付金≫

オックスフォード大学は，人文科学を教授・研究し，世界の人々と共有する手段を支援する1億5千万ポンドの寄付金を得た。「ルネサンス以来，単独としては最高額となるオックスフォード大学への寄付金」である。慈善家で，投資ファンド「ブラックストーン」の会長兼CEOで共同創業者でもあるスティーブン=シュワルツマンによるこの1億5千万ポンドの寄付金により，スティーブン=A.シュワルツマン人文科学研究センターが設立される。これにより初めて言語学，文献学，音声学といったオックスフォード大学の複数の学問学科が1つにまとまるであろう。

新しい図書館を敷地内に備えたこの研究センターは，領域横断的な共同研究を促進するであろう。

同大学副総長のルイーズ=リチャードソン教授は次のように述べている。

「スティーブン=A. シュワルツマン氏からのこの寛大な寄付金は，21 世紀の人文科学の価値ならびに当分野の世界的リーダーとしてのオックスフォード大学における人文科学の価値に対する際立った支持を表している。新設されるシュワルツマン人文科学研究センターは，活力ある文化プログラムを一般に公開することになる。また，この研究センターにより本大学は研究と教授両方における最も重要な地位を維持することになるであろうし，同時に，人間社会が 21 世紀の技術変化をうまく切り抜けていく際に人文科学が果たす，決定的に重要な役割を明示するであろう」

スティーブン=A. シュワルツマンは同大学への贈り物について次のように語った。「オックスフォード大学と手を組んで，同大学の人文科学系学部を初めて統合するシュワルツマン人文科学研究センターを設立することを誇りに思う。さらにこのセンターでは，オックスフォード大学と一般市民との関わりを深める現代舞台芸術学部を設ける予定だ。1,000 年近くにわたって，オックスフォード大学の人文科学研究は西洋の文明と知識の中核であった。その見識と信条は絶えず変化する現代世界に必ず応用されるようにする必要がある。オックスフォード大学は長年にわたり人文科学分野で世界を主導してきたが，その事実が同大学にこの重要な目的を達成するための唯一無二の地位を与えるのだ」

◀解　説▶

(1)第 1 段第 2 文（It is “the largest single …）に contribution to the University「大学への寄付金」とあるように，問題箇所を含む第 1 段第 1 文（Oxford University has …）中の donation「寄付金」は大学に贈られていることが分かる。大学が手に入れているので，② obtained「手に入れた」が正解。

(2)第 1 段第 4 文（This will bring …）の目的語は Oxford’s programmes である。① together を選択すれば，bring together「1 つにまとめる，統合する」の意になり，文脈に合致する英文となる。

(3)問題箇所の直後に名詞句 a new library と副詞句 in the space が並んでいることに着目する。the centre 以降は SV 構造を持つ形になっているので，付帯状況を表す③ With を用いて，with *A* *B*「*A* が *B* という状態で」の形を作るとよい。② Likewise は「同様に」，④ Despite は「～にもかかわらず」の意。

(4)第 1 段第 2 文（It is "the largest single …）や第 1 段第 3 文（The £150 million …）の内容より，巨額の寄付金であったことは明確である。ゆえに① generous「気前のよい，たくさんの」が最適である。③ general は「全般的な，一般の」，④ moderate は「適度な，並の」の意。

(5)第 3 段第 2 文（The new Schwarzman Centre …）は SVO 構文になっている。open *A* to *B*「*A* を *B* に開放する」より，空欄に④ public を入れると「活力ある文化プログラムを一般に公開する」の意になり，文脈に合う英文となる。また，第 4 段第 2 文（ (8) , it will offer …）にもあるように，この研究センターは「オックスフォード大学と一般市民との関わりを深める」場所である。

(6)第 3 段第 3 文（It will also …）は，問題箇所の前後ともに主語 It が指すシュワルツマン人文科学研究センターに対してプラスの評価を与える内容になっているので，② although「～だけれども」や④ instead of ～「～の代わりに」を入れると前後に合わない内容になる。① and が直前の teaching と demonstrating をつなぐと考えるのは research の前の both との絡みから考えられないし，空欄の後に新たな SV 構造が続いている文構造でもない。したがって，同時性を表す接続詞である③ while を選択すれば，接続詞が残るパターンの分詞構文として空欄以降をとらえることができる。play a role は「役割を果たす」，help *A* (to) *do* は「*A* が～するのを助ける，役立つ」の意。

(7)空欄の直前の the Schwarzman Centre for the Humanities を先行詞とする主格の関係代名詞① which を入れれば，文法的にも文脈的にも成立する。

(8)空欄の前後は，それぞれ「オックスフォード大学の人文科学系学部を統合する」「オックスフォード大学と一般市民との関わりを深める現代舞台芸術学部を設ける」となっており，研究センターの利点が述べられている。プラス内容の付け足しであると考えて，④ In addition「その上，加えて」を選択する。① Beside は「そばに」の意で，Besides「その上，なおまた」とは異なる。② Nevertheless は「それにもかかわらず」の意。

(9)数字の直前であることから，② nearly「ほぼ（＝almost)」を選択すれば意味の通る英文となる。① barely「かろうじて」，③ narrowly「かろうじて」，④ scarcely「ほとんど～ない」では，意味が成立しないのですべて不適。

⑽目的語となる that 節の内容「その見識と信条は絶えず変化する現代世界に応用できる」と動詞の意味関係を考え，オックスフォード大学の人文科学を誇る文脈に沿うよう We need to に繋げる。① address「～に取り組む，～に演説する，～に話をする」，② solve「～を解決する」，③ persuade「～を説得する」では文意に合わない。④ ensure「～を保証する，～を確実にする」を入れると文脈に合う内容になる。

⑾第 4 段第 3 文（For ＿⑼＿ 1,000 …）に，長年「オックスフォード大学の人文科学研究は西洋の文明と知識の中核であった」ことが明記されている。③ longstanding「長年にわたる」を選択すれば，前文内容とうまくつながる。① temporary は「一過性の」，② short-term は「短期の」，④ regional は「地域の」の意。

Ⅳ 解答

1－①　2－③　3－②

4．(A)－⑤　(B)－⑥　(D)－⑦　(E)－①　(F)－③　(G)－②　(I)－④　(J)－⑧

◆全　訳◆

≪キャッシュレス支払い≫

(コンビニエンスストアにて)

ロス　　　：買い忘れはない？　よし，行こう。

ブライアン：そうしよう。僕はこれを買うから，君は隣のやつを頼むよ。

ロス　　　：ありがとよ。それでいこう。

レジ係　　：これで全部ですか？

ロス　　　：はい。全部です。キャッシュレスでお願いします。

レジ係　　：はい。少々お待ちください。合計で 21 ドル 47 セントになります。

ブライアン：はいどうぞ。(ブライアンが携帯電話を取り出すとレジ係が彼の携帯のバーコードをスキャンする)

レジ係　　：ありがとうございました。またのご来店を。

(車中で)

ブライアン：電子マネーを使うのはとても簡単だけど，ほんと昔が懐かしいよ。

ロス　　　：(笑いながら) 去年のことかい？
ブライアン：その通りさ，もうずっと前だね。以前よくやってたお金を取り出してお釣りをもらうやり方覚えてる？
ロス　　　：もちろんさ。なんて不潔な習慣！
ブライアン：おそらくそうだね。でもさ，小さい頃コインをよく集めていたよ。5セント硬貨集めをしていたんだ。兄は25セント硬貨集めでね。
ロス　　　：へえ。どうしてコイン集めにはまったの？
ブライアン：父親の影響でね。父ははるか昔の1870年代の1ドル銀貨を集めてたんだ。昔の1ドルはリバティーダラー硬貨で，おばけ（とても大きな）サイズだったんだ。一枚一枚がとても重かったと思うよ。
ロス　　　：貨幣収集ってやつだね。つまり（実際に手にすることができる）お金集めだ。でも，お金って，まさに昔ながらの旧式の電話と同じで絶滅危惧種かもしれないね！
ブライアン：あのさ，先日聞いたことなんだけど，ヨーロッパ，たぶんスウェーデンだったと思うんだけど，バーコードを通さずにすばやく支払いをするのが流行っているらしいんだ。そうするには，手とか手首の皮膚の下にICチップを埋め込むってことになるんだけどね！
ロス　　　：(僕には) ありえないね！
ブライアン：ありさ！　スキャナーに手をかざしてピッてやるだけでいいんだよ！　すごいよ，なんて便利な！
ロス　　　：いや，僕はごめんだ。ICチップを手とか他のところに埋め込むなんて想像できないよ！　僕は，携帯を使い続けるよ。
ブライアン：君の好きなようにするといいよ。でも，手に埋め込まれたICチップはまずなくすことはないよ。
ロス　　　：(笑いながら) 君の言うとおりだ。どうやってするか見せてくれよな！

◀解　説▶

1.「Will that do it はどういう意味か」
①それですべてですか？

②どんなお仕事をなさっているのですか？
③初めまして
④あなたの車は今出発しますか？
レジ係が客であるロスとブライアンに話しかけている状況であることを考えると，①が正解となる。do は「用が足りる」の意。支払い前に店員が買い物客に対して「買う必要がある商品がすべてそろったか」を確認する際に尋ねる慣用表現である。
2.「ブライアンの電子マネーに対する考え方はどのようなものか」
①彼はビットコインに投資したいと考えている
②彼は紙幣と硬貨の感触が好きである
③彼は電子マネーの便利さを大変気に入っている
④彼は昔ながらのお金を懐かしく思い出している
ブライアンは3つ目・4つ目の発言で電子マネーの使いやすさに触れている。また，7つ目の発言でもICチップを皮膚に埋め込む電子支払いについて好意的に述べている。これに対してロスは，No way!「ありえない」と言って拒否反応を示しているが，ブライアンは逆に，Way!「ありだよ」と答え，電子マネー支払いの便利さを強調している。ゆえに③が正解。ブライアンは3つ目の発言で「昔（ながらのお金）が懐かしいよ」とは言っているが，これは電子マネーに対する考え方ではないので，④を選ぶのは不適切である。
3.「Way という表現はどういう意味か」
①素晴らしい
②本当に！
③君はぼくをからかっている
④気は確かか？
この Way は直前のロスの発言 No way!「ありえない，とんでもない」に対する対比的返答である。つまり，Way!は「(きみの意見とは逆に）実際にありだ」という賛成意見を表現している。したがって② Really! が最適であると判断できる。なお，この Really! は口調としては下がり調子で，肯定的な感情で発話される。
4.(A)直後で「君は隣にあるものを買ってくれ」と発言していること，さらに，このやり取りのすぐ後にレジ係と話していることから，二人がコンビニでの支払い前に誰がどれを買うかを話している場面であることが分かる。したがって，自分の支払いの持ち分を明確にする⑤ get this one「こちらを買う」が正解である。

(B)それぞれの支払いの持ち分を指示したブライアンに対して，同意する返答表現となる⑥ sounds like a plan「それでいこう，いい考えだね」を選択すれば会話が成立する。dude は仲の良い友人に対する俗語的呼びかけ表現である。

(D)コイン収集を小さい頃にしていたというブライアンや彼の兄弟の話を聞いた直後の発言である。How come you に続く表現として⑦ got hooked on that を選べば，「どうしてコイン集めにはまったの？」と，コイン収集を始めるにいたった経緯を尋ねる表現となり，次にブライアンが「父親の影響だ」と答えている返答表現にうまくつながる。How come SV? は「どうして～」，get hooked on ～ は「～に夢中になる」の意。

(E) Liberty dollars という昔の 1 ドル硬貨が話題になっている。発言直後の説明で，I think they weighed a ton each.「一枚一枚がとても重かったと思うよ」と誇張した表現で述べていることから，サイズや程度が通常をはるかに超えることを表す monsters を含む表現が適切であると判断できる。ゆえに，① monsters, too が正解である。

(F)問題箇所を含む発言は SVC 構文になっており，主語 it は money を指している。「お金が絶滅危惧種になるかもしれない」こと，つまり，数が減り無くなってしまう可能性があるもの，であることを伝えるために引き合いに出すものとしては，③ the old-fashioned telephone「旧式の電話」が最適である。

(G)問題箇所を含む発言は，and 直後の cut と空欄の前の to に着目すると，it を形式主語，to 以降を真の主語とする文の構造であると推測できる。つまり，どのようにすることに人気が出ているのかを考える。cut to the chase は「すぐに本題に入る」の意であるが，ここでの本題とは「支払いをする」ことである。つまり，支払い前の商品価格のレジ打ちやバーコードでの読み込みといった行程を飛ばしてすぐに支払いをすることを示唆するので，② bypass the bar code stuff「バーコードといったものを避ける」が前後関係に合う発言内容となる。

(I)ブライアンは空欄直前の発言で IC チップを手に埋め込んだ支払い方法

をイメージして,「スキャナーに手をかざしてピッとやるだけでいいんだよ！　すごいよ」と述べ，この支払い方法を絶賛している。これに続く発言としては，④ how convenient「なんて便利なんだ」が最適である。

(J)手にICチップを埋め込んだ支払い方法をイメージして興奮するブライアンに対して，ロスは空欄直前でNo, thanks「いや，僕はごめんだ」と拒絶する返答をしている。この消極的な発言に続けるには⑧ don't fancyを選び,「ICチップを手とか他のところに埋め込むなんて想像できないよ」とするとよい。fancy *doing*「〜することを想像する」の意。

❖講　評

例年，基本的な大問数，出題パターンは変わっていない。読解，会話文には文法・語法がバランスよく出題されている。Ⅱでは4年連続で，本文に関連した内容の英文が与えられ，空所を補充する問題（選択）が出題された。同じテーマを別の観点から把握する能力が問われている。読解や会話文問題では，設問が英語になっているものもあるので慣れておく必要がある。

2021年度の総合読解問題のⅠは，2019年にアメリカの大手総合情報サービス会社がインターネット上に掲載した「新入社員にプログラミングを必修化した楽天」に関する記事，Ⅱはアメリカの公共ラジオネットワークが2019年に配信した，カナダ最北端やアラスカに住む「イヌイットのしつけ法」に関する記事からの出題であった。Ⅱの関連読解問題として,「朝食と学校成績の関係」について述べた英文も出題された。Ⅲでは「オックスフォード大学へ1億5000万ポンドの寄付金」に関する英文の中で，語彙・文法力を試す問題が出題された。大半が高校で学習する基本〜標準レベルであった。読解問題ではパラグラフの連関から解答する問題もある。普段からパラグラフの役割を意識しながら英文を読む癖をつけておきたい。これまで健康，環境，産業，科学，教育など幅広い分野のテーマが出題されている。英語だけでなく他教科で得る知識や時事問題に関心を持つことも求められている。

Ⅳの会話文問題は比較的長めで，ストーリー性のある内容である。見慣れない俗語表現を会話の流れから理解する力も試されている。発話内容を正しく理解し，登場人物の立場や特徴をつかみ，会話の場面をイメージして動きや現象をビジュアル化する能力が問われている。

試験時間 70 分の中で時間配分を考え，得意分野の解答時間を短くして見直しの時間を確保するとよい。2021 年度はⅢの文法・語彙を問う問題が短文ではなく，読解問題の中で試されており，他の大問の時間を縮約してうまく時間配分する必要があるので注意が必要だ。

数学

I

解答 (1)ア．0　イ．4　ウ．3

(2)エオ．13　カキ．54

(3)ク．⑦

◀解　説▶

≪小問 3 問≫

(1)　曲線：$x^2+y^2-y=0 \Longleftrightarrow x^2+\left(y-\frac{1}{2}\right)^2=\frac{1}{4}$ は，中心 $\left(0,\ \frac{1}{2}\right)$，半径 $\frac{1}{2}$ の円を表す。直線 $y=a(x+1)$ とこの円が接する条件は

$$(\text{円の中心と直線の距離})=(\text{円の半径}) \Longleftrightarrow \frac{\left|a-\frac{1}{2}\right|}{\sqrt{a^2+1}}=\frac{1}{2}$$

から

$$\left|a-\frac{1}{2}\right|=\frac{1}{2}\sqrt{a^2+1} \qquad \left(a-\frac{1}{2}\right)^2=\frac{1}{4}(a^2+1)$$

$$a^2-a+\frac{1}{4}=\frac{1}{4}a^2+\frac{1}{4}$$

$$\frac{3}{4}a^2-a=0 \qquad a\left(\frac{3}{4}a-1\right)=0$$

よって

$$a=0 \text{ または } \frac{4}{3} \quad \to \text{ア〜ウ}$$

別解　$x^2+y^2-y=0$　……①，$y=a(x+1)$　……② とおく。

②を①に代入して

$$x^2+\{a(x+1)\}^2-a(x+1)=0$$

$$(1+a^2)x^2+(2a^2-a)x+a^2-a=0 \quad \cdots\cdots③$$

円①と直線②が接するのは，x の 2 次方程式③が重解をもつときであるから，判別式を D として

$$D=(2a^2-a)^2-4(1+a^2)(a^2-a)=0$$

$$4a^4-4a^3+a^2-4(a^2-a+a^4-a^3)=0$$

$$4a-3a^2=0 \qquad a(4-3a)=0$$

$$a=0,\ \frac{4}{3}$$

(2) さいころの目は，1から6までの6通りであるから, 3つのさいころを同時に振ったとき，出た目の中央値が4となるのは

• 4の目が1つだけのとき

残りの2つの目は，1，2，3の中の1つと，5，6の中の1つである。さいころを区別して

$${}_3C_1\times{}_2C_1\times 3!=36 \text{ 通り}$$

• 4の目が2つのとき

残りの目は4以外のなんでもよい。よって

$${}_5C_1\times\frac{3!}{2!}=15 \text{ 通り}$$

• 4の目が3つのとき

1通り

以上より，全部で $36+15+1=52$ 通りあるから，求める確率は

$$\frac{52}{6^3}=\frac{52}{216}=\frac{13}{54} \quad \to エ〜キ$$

(3)
$$\int_0^1\frac{1}{1+e^x}dx=\int_0^1\frac{e^{-x}}{e^{-x}+1}dx=\int_0^1\frac{-(e^{-x}+1)'}{e^{-x}+1}dx$$
$$=\Big[-\log|e^{-x}+1|\Big]_0^1=-\log(e^{-1}+1)+\log 2$$
$$=\log\frac{2}{e^{-1}+1}=\log\frac{2e}{1+e}=\log\frac{2e}{e+1}$$

よって，⑦→ク

別解 $1+e^x=t$ とおくと

x	$0\to 1$
t	$2\to 1+e$

$$\frac{dt}{dx}=e^x=t-1$$

$t-1\neq 0$ より $\qquad dx=\dfrac{1}{t-1}dt$

よって

$$\int_0^1\frac{1}{1+e^x}dx=\int_2^{1+e}\frac{1}{t}\cdot\frac{1}{t-1}dt=\int_2^{1+e}\left(\frac{1}{t-1}-\frac{1}{t}\right)dt$$

$$=\Big[\log|t-1|-\log|t|\Big]_2^{1+e}$$

$$=\{\log e-\log(1+e)\}-(\log 1-\log 2)=\log\frac{2e}{e+1}$$

II 解答　(1)あ. $\frac{\sqrt{2}}{9}$　(2)い. $\frac{1}{e^3}$

◀解　説▶

≪小問 2 問≫

(1)　$C: y=-3x^3+x\ (x\geqq 0)$ と直線 $y=a$ の $x>0$ における 2 つの交点の座標を α, β $(\alpha>\beta)$ とする。

$$A=B \iff \int_0^\beta \{a-(-3x^3+x)\}\,dx=\int_\beta^\alpha \{(-3x^3+x)-a\}\,dx$$

$$\iff \int_0^\beta \{a-(-3x^3+x)\}\,dx-\int_\beta^\alpha \{(-3x^3+x)-a\}\,dx=0$$

$$\iff \int_0^\beta \{a-(-3x^3+x)\}\,dx+\int_\beta^\alpha \{a-(-3x^3+x)\}\,dx=0$$

$$\iff \int_0^\alpha \{a-(-3x^3+x)\}\,dx=0$$

であるから

$$\left[ax+\frac{3}{4}x^4-\frac{1}{2}x^2\right]_0^\alpha=a\alpha+\frac{3}{4}\alpha^4-\frac{1}{2}\alpha^2=0$$

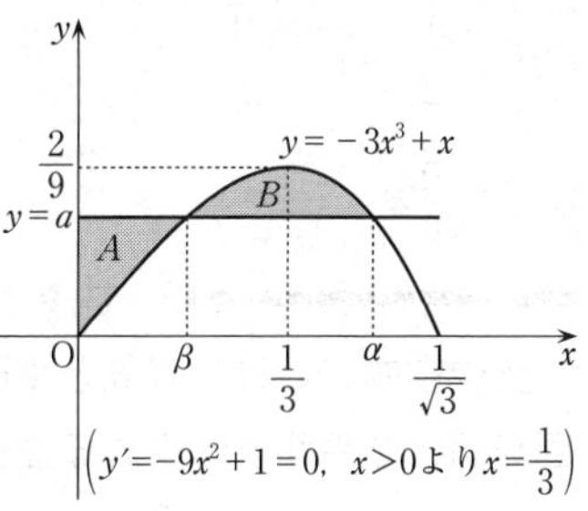

$\alpha>0$ より

$$a+\frac{3}{4}\alpha^3-\frac{1}{2}\alpha=0$$

ここで，$a=-3\alpha^3+\alpha$ であるから，代入して

$$-3\alpha^3+\alpha+\frac{3}{4}\alpha^3-\frac{1}{2}\alpha=0$$

$$9\alpha^3-2\alpha=0$$

$\alpha>0$ より

$$9\alpha^2-2=0 \qquad \alpha=\frac{\sqrt{2}}{3}$$

よって

$$a=-3\alpha^3+\alpha=\alpha(-3\alpha^2+1)$$

$$=\frac{\sqrt{2}}{3}\left(-\frac{2}{3}+1\right)=\frac{\sqrt{2}}{9} \quad \rightarrow あ$$

(2) $\displaystyle\lim_{n\to\infty}\left(\frac{n-2}{n+1}\right)^n=\lim_{n\to\infty}\left(1+\frac{-3}{n+1}\right)^n$ で $\dfrac{-3}{n+1}=h$ とおくと

$$-\frac{3}{h}=n+1 \qquad n=-\frac{3}{h}-1$$

また $n\to\infty$ のとき，$h\to-0$，$\displaystyle\lim_{h\to0}(1+h)^{\frac{1}{h}}=e$ を用いて

$$\lim_{n\to\infty}\left(\frac{n-2}{n+1}\right)^n=\lim_{h\to-0}(1+h)^{-\frac{3}{h}-1}$$

$$=\lim_{h\to-0}\frac{1}{\{(1+h)^{\frac{1}{h}}\}^3(1+h)}$$

$$=\frac{1}{e^3\cdot1}=\frac{1}{e^3} \quad \rightarrow い$$

III 解答

(1)か. $\dfrac{1}{2}(1+t)$ き. $\dfrac{\sqrt{3}}{2}(1-t)$

(2)く. $\dfrac{1}{2}$ け. $\dfrac{\sqrt{3}}{2}$

(3)こ. $\dfrac{5}{6}\pi$

◀解 説▶

≪座標空間における直線と平面の交点，点と z 軸の距離の最小値，直線の回転面と2平面で囲まれる立体の体積≫

(1) $\mathrm{P}(1,\ 0,\ 1)$，$\mathrm{Q}\left(\dfrac{1}{2},\ \dfrac{\sqrt{3}}{2},\ 0\right)$ より $\overrightarrow{\mathrm{PQ}}=\left(-\dfrac{1}{2},\ \dfrac{\sqrt{3}}{2},\ -1\right)$

であるから，直線 l 上の点Rは，s を実数として

$$\overrightarrow{\mathrm{PR}}=s\overrightarrow{\mathrm{PQ}}=s\left(-\frac{1}{2},\ \frac{\sqrt{3}}{2},\ -1\right)$$

とおける。よって，$\mathrm{R}(x,\ y,\ z)$ として

$$\overrightarrow{\mathrm{OR}}=\overrightarrow{\mathrm{OP}}+\overrightarrow{\mathrm{PR}}=\left(1-\frac{1}{2}s,\ \frac{\sqrt{3}}{2}s,\ 1-s\right)$$

より

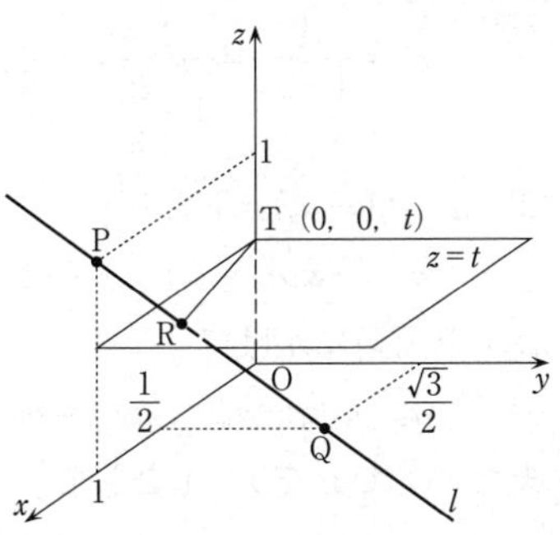

$$x=1-\frac{1}{2}s,\ \ y=\frac{\sqrt{3}}{2}s,\ \ z=1-s$$

$z=t$であるから

$$1-s=t \qquad s=1-t$$

したがって

$$x=\frac{1}{2}(1+t),\ \ y=\frac{\sqrt{3}}{2}(1-t)$$

→か，き

(2)　点Rとz軸の距離Lは，T$(0,\ 0,\ t)$とすると，$L=$TRであるから

$$L=\sqrt{x^2+y^2}=\sqrt{\frac{1}{4}(1+t)^2+\frac{3}{4}(1-t)^2}=\sqrt{t^2-t+1}$$

$$=\sqrt{\left(t-\frac{1}{2}\right)^2+\frac{3}{4}}$$

したがって，Lは$t=\dfrac{1}{2}$のとき，最小値$\dfrac{\sqrt{3}}{2}$をとる。→く，け

(3)　直線lと平面$z=t$との交点はRであるから，題意の立体を平面$z=t$で切ったときの断面は，線分TRをz軸のまわりに1回転してできる円で，その面積は

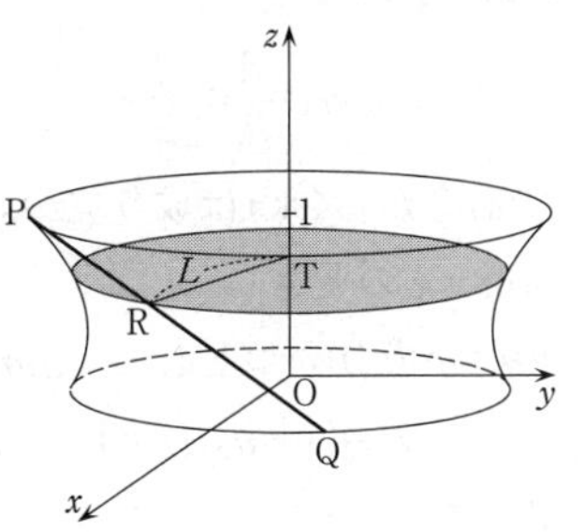

$$\pi L^2=\pi(t^2-t+1)$$

よって，求める体積をVとして

$$V=\int_0^1 \pi(t^2-t+1)\,dt$$

$$=\pi\left[\frac{t^3}{3}-\frac{t^2}{2}+t\right]_0^1$$

$$=\pi\left(\frac{1}{3}-\frac{1}{2}+1\right)=\frac{5}{6}\pi$$ →こ

Ⅳ　解答

(1)　$a_{n+1}(1-a_n)=1$より，$a_{n+1}=\dfrac{1}{1-a_n}$であるから

$$a_2=\frac{1}{1-a_1}=\frac{1}{1-\frac{1}{3}}=\frac{3}{2}$$ ……(答)

$$a_3=\frac{1}{1-a_2}=\frac{1}{1-\frac{3}{2}}=-2$$ ……(答)

(2)　$a_{n+1}(1-a_n)=1$ より

$$a_{n+1}-a_na_{n+1}=1$$ ……①

a_{n+2} を両辺にかけて

$$a_{n+1}a_{n+2}-a_na_{n+1}a_{n+2}=a_{n+2}$$ ……②

また，①で n を $n+1$ として

$$a_{n+2}-a_{n+1}a_{n+2}=1$$ ……③

②+③より

$$a_{n+2}-a_na_{n+1}a_{n+2}=a_{n+2}+1$$

よって

$$a_na_{n+1}a_{n+2}=-1$$ (証明終)

別解　$a_na_{n+1}a_{n+2}=-1$ ……(＊) を数学的帰納法で示す。

(i) $n=1$ のとき

$$a_1a_2a_3=\frac{1}{3}\times\frac{3}{2}\times(-2)=-1$$

であるから(＊)は成り立つ。

(ii) $n=k$ のとき

(＊)が成り立つとして，$a_ka_{k+1}a_{k+2}=-1$ とする。このとき，与漸化式から

$$a_{k+2}(1-a_{k+1})=1 \qquad a_{k+2}-a_{k+1}a_{k+2}=1$$

よって

$$a_{k+1}a_{k+2}=-(1-a_{k+2})$$

したがって

$$a_{k+1}a_{k+2}a_{k+3}=-a_{k+3}(1-a_{k+2})$$

与漸化式で $n=k+2$ として $a_{k+3}(1-a_{k+2})=1$ であるから，$a_{k+1}a_{k+2}a_{k+3}=-1$ となって $n=k+1$ のときも(＊)は成り立つ。

以上，(i)，(ii)より，すべての自然数 n について，(＊)は成り立つ。

(3)　$$\sum_{k=1}^{3m}\log|a_k|=\sum_{k=1}^{m}\log|a_{3k-2}a_{3k-1}a_{3k}|=\sum_{k=1}^{m}\log|-1|$$

$$=\sum_{k=1}^{m}\log 1=\sum_{k=1}^{m}0=0$$ ……(答)

(4)　連続する3項の積の絶対値は1より，その対数は0であるので

(i) $n=3m\ (m=1,\ 2,\ \cdots)$ のとき

$$\sum_{k=1}^{n}\log|a_k|=\sum_{k=1}^{3m}\log|a_k|=0$$

$$\therefore\ \lim_{n\to\infty}\frac{1}{n}\left(\sum_{k=1}^{n}\log|a_k|\right)=0$$

(ii) $n=3m-2\ (m=1,\ 2,\ \cdots)$ のとき

$$\sum_{k=1}^{n}\log|a_k|=\sum_{k=1}^{3m-2}\log|a_k|=\log|a_1|+\sum_{k=2}^{3m-2}\log|a_k|$$

$$=\log|a_1|+\sum_{k=1}^{m-1}\log|a_{3k-1}a_{3k}a_{3k+1}|$$

($m=1$ のとき，以下第 2 項はなし)

$$=\log\frac{1}{3}+\sum_{k=1}^{m-1}\log|-1|$$

$$=\log\frac{1}{3}+\sum_{k=1}^{m-1}0=\log\frac{1}{3}$$

$$\therefore\ \lim_{n\to\infty}\frac{1}{n}\left(\sum_{k=1}^{n}\log|a_k|\right)=0$$

(iii) $n=3m-1\ (m=1,\ 2,\ \cdots)$ のとき

$$\sum_{k=1}^{n}\log|a_k|=\sum_{k=1}^{3m-1}\log|a_k|=\log|a_1|+\log|a_2|+\sum_{k=3}^{3m-1}\log|a_k|$$

$$=\log|a_1|+\log|a_2|+\sum_{k=1}^{m-1}\log|a_{3k}a_{3k+1}a_{3k+2}|$$

($m=1$ のとき，以下第 3 項はなし)

$$=\log\frac{1}{3}+\log\frac{3}{2}+\sum_{k=1}^{m-1}\log|-1|$$

$$=\log\frac{1}{3}+\log\frac{3}{2}+\sum_{k=1}^{m-1}0=\log\frac{1}{2}$$

$$\therefore\ \lim_{n\to\infty}\frac{1}{n}\left(\sum_{k=1}^{n}\log|a_k|\right)=0$$

以上より

$$\lim_{n\to\infty}\frac{1}{n}\left(\sum_{k=1}^{n}\log|a_k|\right)=0\quad\cdots\cdots(答)$$

◀解　説▶

≪数列と漸化式，連続する 3 項の積，和と極限≫

(1) 漸化式に $n=1,\ 2$ を代入して順次求める。

(2)　漸化式をうまく利用する。または，数学的帰納法を用いる。

(3)　(2)より

$$\log|a_k|+\log|a_{k+1}|+\log|a_{k+2}|=\log|a_k a_{k+1} a_{k+2}|$$
$$=\log|-1|=\log 1=0$$

すなわち，連続する 3 項の積が -1 であるから，その絶対値の対数は 0 となることを利用する。

(4)　n を 3 で割った余りを考えて，(3)を利用する。

V

解答　(1)　$A\left(\frac{1}{2},\ 0\right)$ とし，最初 A の位置にある C 上の動点を T とする。また，2 円 C と C_1 の接点を U とすると

$$\overset{\frown}{UT}=\overset{\frown}{UA} \Longleftrightarrow \frac{1}{4}\angle TQU=\frac{1}{2}\theta$$

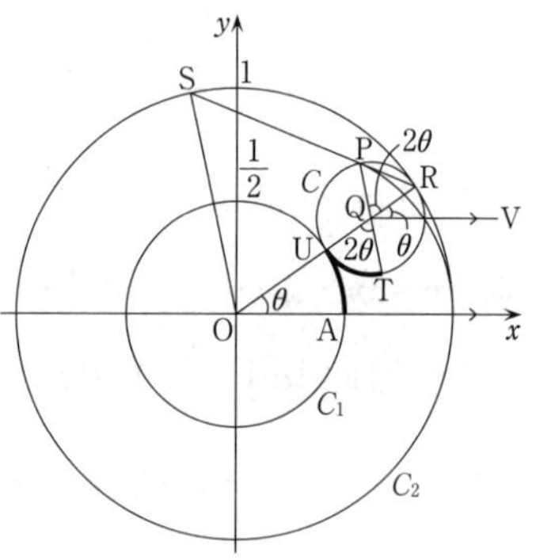

から　　$\angle TQU=2\theta$

よって　　$\angle PQR=2\theta$

Q より x 軸と平行な半直線 QV をひくと

$$\angle RQV=\theta$$

$$\therefore\ \angle PQV=2\theta+\theta=3\theta$$

したがって

$$\overrightarrow{QP}=\frac{1}{4}(\cos 3\theta,\ \sin 3\theta),$$

$$\overrightarrow{OQ}=\frac{3}{4}(\cos\theta,\ \sin\theta)$$

であるから

$$\overrightarrow{OP}=\overrightarrow{OQ}+\overrightarrow{QP}=\left(\frac{1}{4}\cos 3\theta+\frac{3}{4}\cos\theta,\ \frac{1}{4}\sin 3\theta+\frac{3}{4}\sin\theta\right)$$

ゆえに

$$P\left(\frac{1}{4}\cos 3\theta+\frac{3}{4}\cos\theta,\ \frac{1}{4}\sin 3\theta+\frac{3}{4}\sin\theta\right)\ \cdots\cdots(答)$$

(2)　$\angle \mathrm{PQR}=2\theta$，$\mathrm{QP}=\mathrm{QR}$ より

$$\angle \mathrm{PRQ}=\frac{1}{2}(\pi-2\theta)=\frac{\pi}{2}-\theta$$

また，$\mathrm{OS}=\mathrm{OR}$ より

$$\angle \mathrm{OSR}=\angle \mathrm{ORS}=\frac{\pi}{2}-\theta$$

よって

$$\angle \mathrm{ROS}=\pi-2\left(\frac{\pi}{2}-\theta\right)=2\theta$$

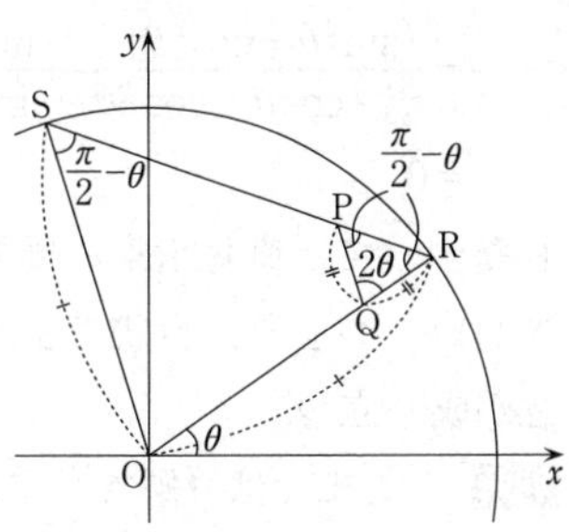

（証明終）

(3)　$\mathrm{P}(x,\ y)$ とおくと

$$x=\frac{1}{4}\cos 3\theta+\frac{3}{4}\cos\theta$$

$$y=\frac{1}{4}\sin 3\theta+\frac{3}{4}\sin\theta$$

$$\frac{dx}{d\theta}=-\frac{3}{4}\sin 3\theta-\frac{3}{4}\sin\theta=-\frac{3}{4}(\sin 3\theta+\sin\theta)$$

$$\frac{dy}{d\theta}=\frac{3}{4}\cos 3\theta+\frac{3}{4}\cos\theta=\frac{3}{4}(\cos 3\theta+\cos\theta)$$

よって，曲線 K の点Pにおける接線の傾きは，$0<\theta<\dfrac{\pi}{2}$ のとき

$$\frac{dy}{dx}=\frac{\dfrac{dy}{d\theta}}{\dfrac{dx}{d\theta}}=-\frac{\cos 3\theta+\cos\theta}{\sin 3\theta+\sin\theta}$$

一方，$\mathrm{R}(\cos\theta,\ \sin\theta)$，$\mathrm{S}(\cos 3\theta,\ \sin 3\theta)$ より直線RSの傾きは

$$\frac{\sin\theta-\sin 3\theta}{\cos\theta-\cos 3\theta}\quad\left(0<\theta<\frac{\pi}{2}\right)\quad\cdots\cdots①$$

ここで

$$\frac{\sin\theta-\sin 3\theta}{\cos\theta-\cos 3\theta}-\left(-\frac{\cos 3\theta+\cos\theta}{\sin 3\theta+\sin\theta}\right)$$

$$=\frac{(\sin\theta-\sin 3\theta)(\sin 3\theta+\sin\theta)+(\cos 3\theta+\cos\theta)(\cos\theta-\cos 3\theta)}{(\cos\theta-\cos 3\theta)(\sin 3\theta+\sin\theta)}$$

$$=\frac{\sin^2\theta-\sin^2 3\theta+\cos^2\theta-\cos^2 3\theta}{(\cos\theta-\cos 3\theta)(\sin 3\theta+\sin\theta)}$$

$$=\frac{(\sin^2\theta+\cos^2\theta)-(\sin^2 3\theta+\cos^2 3\theta)}{(\cos\theta-\cos 3\theta)(\sin 3\theta+\sin\theta)}$$

$$=0$$

したがって，直線RSの傾きと，曲線K上の点Pにおける接線の傾きは等しい。つまり，直線RSは曲線Kの点Pにおける接線であるから，題意が成り立つ。 (証明終)

別解 (①までは〔解答〕に同じ) ここで，接線の傾きは

$$-\frac{\cos 3\theta+\cos\theta}{\sin 3\theta+\sin\theta}=-\frac{2\cos 2\theta\cos\theta}{2\sin 2\theta\cos\theta}=-\frac{\cos 2\theta}{\sin 2\theta}$$

また，直線RSの傾きは

$$\frac{\sin\theta-\sin 3\theta}{\cos\theta-\cos 3\theta}=\frac{\sin 3\theta-\sin\theta}{\cos 3\theta-\cos\theta}=\frac{2\cos 2\theta\sin\theta}{-2\sin 2\theta\sin\theta}=-\frac{\cos 2\theta}{\sin 2\theta}$$

と変形されるから，曲線Kの点Pにおける接線の傾きと直線RSの傾きは等しい。すなわち，直線RSは曲線Kに接する。

(4) 曲線Kの長さをLとする。P$(x,\ y)$として

$$L=\int_0^{\frac{\pi}{2}}\sqrt{\left(\frac{dx}{d\theta}\right)^2+\left(\frac{dy}{d\theta}\right)^2}\,d\theta$$

$$=\int_0^{\frac{\pi}{2}}\sqrt{\frac{9}{16}\{(\sin 3\theta+\sin\theta)^2+(\cos 3\theta+\cos\theta)^2\}}\,d\theta$$

$$=\frac{3}{4}\int_0^{\frac{\pi}{2}}\sqrt{(\sin^2 3\theta+2\sin 3\theta\sin\theta+\sin^2\theta)+(\cos^2 3\theta+2\cos 3\theta\cos\theta+\cos^2\theta)}\,d\theta$$

$$=\frac{3}{4}\int_0^{\frac{\pi}{2}}\sqrt{2(1+\sin 3\theta\sin\theta+\cos 3\theta\cos\theta)}\,d\theta$$

$$=\frac{3}{4}\int_0^{\frac{\pi}{2}}\sqrt{2(1+\cos 2\theta)}\,d\theta=\frac{3}{4}\int_0^{\frac{\pi}{2}}\sqrt{2\cdot 2\cos^2\theta}\,d\theta=\frac{3}{2}\int_0^{\frac{\pi}{2}}|\cos\theta|\,d\theta$$

$$=\frac{3}{2}\int_0^{\frac{\pi}{2}}\cos\theta d\theta=\frac{3}{2}\Big[\sin\theta\Big]_0^{\frac{\pi}{2}}=\frac{3}{2}\quad\cdots\cdots(答)$$

◀解　説▶

≪曲線の媒介変数表示，三角形の内角，媒介変数表示の曲線の接線，曲線の長さ≫

(1) すべらずに回転した部分の2円の弧の長さが等しいことを使う。円上の点のベクトル表示を用いるとよい。

(2) 2つの二等辺三角形に着目する。

⑶　媒介変数表示の曲線の接線の傾きを用いる。接線と直線の傾きが等しいことを示す。

⑷　媒介変数表示の曲線の長さの公式

曲線 $\begin{cases} x=f(t) \\ y=g(t) \end{cases}$ $(\alpha \leqq t \leqq \beta)$ の長さを L とすると

$$L=\int_\alpha^\beta \sqrt{\left(\frac{dx}{dt}\right)^2+\left(\frac{dy}{dt}\right)^2}\,dt=\int_\alpha^\beta \sqrt{\{f'(t)\}^2+\{g'(t)\}^2}\,dt$$

を用いる。

❖講　評

大問5題のうち，Ⅰ，Ⅱはそれぞれ小問3問，2問からなる。標準レベルの出題で，2020年度よりは解き易いと思われる。Ⅰ，Ⅱは完答したい。

Ⅰ　⑴円と直線が接する条件，⑵データの分析の中央値，⑶積分の問題である。いずれも基本的である。

Ⅱ　⑴この種の面積相当問題は1つの積分で表すのが常套手段である。⑵ e の定義に帰着させるよくある問題である。

Ⅲ　空間のベクトルの問題ととらえる。⑴は空間の直線の表示をマスターしていれば問題ない。⑵も z 軸上の点 $(0,\ 0,\ t)$ との距離ととらえればよい。⑶は平面 $z=t$ による断面の面積を t について積分すれば体積になるという基本問題である。⑵が利用できる。

Ⅳ　数列の漸化式に関する問題であるが，漸化式から一般項を求める必要はない。⑴を求め，⑵，⑶，⑷の順に何をさせられているのかをよく考えながら進めていけばよい。

Ⅴ　いわゆる外サイクロイド（定円に外接しながらすべることなく回転する円上の点の軌跡）に関する問題である。こういった問題は経験のあるなしが影響する。一度ならず解いたことのある人にはそれほど難しくはなかったであろう。⑷の長さはよくある積分で，三角関数の半角公式から $\sqrt{\quad}$ がはずれるタイプである。

/////////////////// · memo · ///////////////////

/////////////////// · memo · ///////////////////

////////////////////// · memo · //////////////////////

教学社 刊行一覧

2025年版 大学赤本シリーズ

374大学556点
全都道府県を網羅

国公立大学（都道府県順）

全国の書店で取り扱っています。店頭にない場合は，お取り寄せができます。

1 北海道大学(文系−前期日程)
2 北海道大学(理系−前期日程) 医
3 北海道大学(後期日程)
4 旭川医科大学(医学部〈医学科〉) 医
5 小樽商科大学
6 帯広畜産大学
7 北海道教育大学
8 室蘭工業大学／北見工業大学
9 釧路公立大学
10 公立千歳科学技術大学
11 公立はこだて未来大学 総推
12 札幌医科大学(医学部) 医
13 弘前大学 医
14 岩手大学
15 岩手県立大学・盛岡短期大学部・宮古短期大学部
16 東北大学(文系−前期日程)
17 東北大学(理系−前期日程) 医
18 東北大学(後期日程)
19 宮城教育大学
20 宮城大学
21 秋田大学 医
22 秋田県立大学
23 国際教養大学 総推
24 山形大学 医
25 福島大学
26 会津大学
27 福島県立医科大学(医・保健科学部) 医
28 茨城大学(文系)
29 茨城大学(理系)
30 筑波大学(推薦入試) 医 総推
31 筑波大学(文系−前期日程)
32 筑波大学(理系−前期日程) 医
33 筑波大学(後期日程)
34 宇都宮大学
35 群馬大学 医
36 群馬県立女子大学
37 高崎経済大学
38 前橋工科大学
39 埼玉大学(文系)
40 埼玉大学(理系)
41 千葉大学(文系−前期日程)
42 千葉大学(理系−前期日程) 医
43 千葉大学(後期日程) 医
44 東京大学(文科) DL
45 東京大学(理科) DL 医
46 お茶の水女子大学
47 電気通信大学
48 東京外国語大学 DL
49 東京海洋大学
50 東京科学大学(旧 東京工業大学)
51 東京科学大学(旧 東京医科歯科大学) 医
52 東京学芸大学
53 東京藝術大学
54 東京農工大学
55 一橋大学(前期日程)
56 一橋大学(後期日程)
57 東京都立大学(文系)
58 東京都立大学(理系)
59 横浜国立大学(文系)
60 横浜国立大学(理系)
61 横浜市立大学(国際教養・国際商・理・データサイエンス・医〈看護〉学部)
62 横浜市立大学(医学部〈医学科〉) 医
63 新潟大学(人文・教育〈文系〉・法・経済科・医〈看護〉・創生学部)
64 新潟大学(教育〈理系〉・理・医〈看護を除く〉・歯・工・農学部) 医
65 新潟県立大学
66 富山大学(文系)
67 富山大学(理系) 医
68 富山県立大学
69 金沢大学(文系)
70 金沢大学(理系) 医
71 福井大学(教育・医〈看護〉・工・国際地域学部)
72 福井大学(医学部〈医学科〉) 医
73 福井県立大学
74 山梨大学(教育・医〈看護〉・工・生命環境学部)
75 山梨大学(医学部〈医学科〉) 医
76 都留文科大学
77 信州大学(文系−前期日程)
78 信州大学(理系−前期日程) 医
79 信州大学(後期日程)
80 公立諏訪東京理科大学 総推
81 岐阜大学(前期日程) 医
82 岐阜大学(後期日程)
83 岐阜薬科大学
84 静岡大学(前期日程)
85 静岡大学(後期日程)
86 浜松医科大学(医学部〈医学科〉) 医
87 静岡県立大学
88 静岡文化芸術大学
89 名古屋大学(文系)
90 名古屋大学(理系) 医
91 愛知教育大学
92 名古屋工業大学
93 愛知県立大学
94 名古屋市立大学(経済・人文社会・芸術工・看護・総合生命理・データサイエンス学部)
95 名古屋市立大学(医学部〈医学科〉) 医
96 名古屋市立大学(薬学部)
97 三重大学(人文・教育・医〈看護〉学部)
98 三重大学(医〈医〉・工・生物資源学部) 医
99 滋賀大学
100 滋賀医科大学(医学部〈医学科〉) 医
101 滋賀県立大学
102 京都大学(文系)
103 京都大学(理系) 医
104 京都教育大学
105 京都工芸繊維大学
106 京都府立大学
107 京都府立医科大学(医学部〈医学科〉) 医
108 大阪大学(文系) DL
109 大阪大学(理系) 医
110 大阪教育大学
111 大阪公立大学(現代システム科学域〈文系〉・文・法・経済・商・看護・生活科〈居住環境・人間福祉〉学部−前期日程)
112 大阪公立大学(現代システム科学域〈理系〉・理・工・農・獣医・医・生活科〈食栄養〉学部−前期日程) 医
113 大阪公立大学(中期日程)
114 大阪公立大学(後期日程)
115 神戸大学(文系−前期日程)
116 神戸大学(理系−前期日程) 医
117 神戸大学(後期日程)
118 神戸市外国語大学 DL
119 兵庫県立大学(国際商経・社会情報科・看護学部)
120 兵庫県立大学(工・理・環境人間学部)
121 奈良教育大学／奈良県立大学
122 奈良女子大学
123 奈良県立医科大学(医学部〈医学科〉) 医
124 和歌山大学
125 和歌山県立医科大学(医・薬学部) 医
126 鳥取大学 医
127 公立鳥取環境大学
128 島根大学 医
129 岡山大学(文系)
130 岡山大学(理系) 医
131 岡山県立大学
132 広島大学(文系−前期日程)
133 広島大学(理系−前期日程) 医
134 広島大学(後期日程)
135 尾道市立大学 総推
136 県立広島大学
137 広島市立大学
138 福山市立大学 総推
139 山口大学(人文・教育〈文系〉・経済・医〈看護〉・国際総合科学部)
140 山口大学(教育〈理系〉・理・医〈看護を除く〉・工・農・共同獣医学部) 医
141 山陽小野田市立山口東京理科大学 総推
142 下関市立大学／山口県立大学
143 周南公立大学 新 総推
144 徳島大学 医
145 香川大学 医
146 愛媛大学 医
147 高知大学 医
148 高知工科大学
149 九州大学(文系−前期日程)
150 九州大学(理系−前期日程) 医
151 九州大学(後期日程)
152 九州工業大学
153 福岡教育大学
154 北九州市立大学
155 九州歯科大学
156 福岡県立大学／福岡女子大学
157 佐賀大学 医
158 長崎大学(多文化社会・教育〈文系〉・経済・医〈保健〉・環境科〈文系〉学部)
159 長崎大学(教育〈理系〉・医〈医〉・歯・薬・情報データ科・工・環境科〈理系〉・水産学部) 医
160 長崎県立大学 総推
161 熊本大学(文・教育・法・医〈看護〉学部・情報融合学環〈文系型〉)
162 熊本大学(理・医〈看護を除く〉・薬・工学部・情報融合学環〈理系型〉) 医
163 熊本県立大学
164 大分大学(教育・経済・医〈看護〉・理工・福祉健康科学部)
165 大分大学(医学部〈医・先進医療科学科〉) 医
166 宮崎大学(教育・医〈看護〉・工・農・地域資源創成学部)
167 宮崎大学(医学部〈医学科〉) 医
168 鹿児島大学(文系)
169 鹿児島大学(理系) 医
170 琉球大学 医

2025年版　大学赤本シリーズ

国公立大学 その他

171 〔国公立大〕医学部医学科 総合型選抜・学校推薦型選抜※ 医 総推
172 看護・医療系大学〈国公立 東日本〉※
173 看護・医療系大学〈国公立 中日本〉※
174 看護・医療系大学〈国公立 西日本〉※
175 海上保安大学校／気象大学校
176 航空保安大学校
177 国立看護大学校
178 防衛大学校 総推
179 防衛医科大学校（医学科） 医
180 防衛医科大学校（看護学科）

※No.171～174の収載大学は赤本ウェブサイト（http://akahon.net/）でご確認ください。

私立大学①

北海道の大学（50音順）

201 札幌大学
202 札幌学院大学
203 北星学園大学
204 北海学園大学
205 北海道医療大学
206 北海道科学大学
207 北海道武蔵女子大学・短期大学
208 酪農学園大学（獣医学群〈獣医学類〉）

東北の大学（50音順）

209 岩手医科大学（医・歯・薬学部） 医
210 仙台大学 総推
211 東北医科薬科大学（医・薬学部） 医
212 東北学院大学
213 東北工業大学
214 東北福祉大学
215 宮城学院女子大学 総推

関東の大学（50音順）

あ行（関東の大学）

216 青山学院大学（法・国際政治経済学部－個別学部日程）
217 青山学院大学（経済学部－個別学部日程）
218 青山学院大学（経営学部－個別学部日程）
219 青山学院大学（文・教育人間科学部－個別学部日程）
220 青山学院大学（総合文化政策・社会情報・地球社会共生・コミュニティ人間科学部－個別学部日程）
221 青山学院大学（理工学部－個別学部日程）
222 青山学院大学（全学部日程）
223 麻布大学（獣医、生命・環境科学部）
224 亜細亜大学
226 桜美林大学
227 大妻女子大学・短期大学部

か行（関東の大学）

228 学習院大学（法学部－コア試験）
229 学習院大学（経済学部－コア試験）
230 学習院大学（文学部－コア試験）
231 学習院大学（国際社会科学部－コア試験）
232 学習院大学（理学部－コア試験）
233 学習院女子大学
234 神奈川大学（給費生試験）
235 神奈川大学（一般入試）
236 神奈川工科大学
237 鎌倉女子大学・短期大学部
238 川村学園女子大学
239 神田外語大学
240 関東学院大学
241 北里大学（理学部）
242 北里大学（医学部） 医
243 北里大学（薬学部）
244 北里大学（看護・医療衛生学部）
245 北里大学（未来工・獣医・海洋生命科学部）
246 共立女子大学・短期大学
247 杏林大学（医学部） 医
248 杏林大学（保健学部）
249 群馬医療福祉大学・短期大学部
250 群馬パース大学 総推
251 慶應義塾大学（法学部）
252 慶應義塾大学（経済学部）
253 慶應義塾大学（商学部）
254 慶應義塾大学（文学部） 総推
255 慶應義塾大学（総合政策学部）
256 慶應義塾大学（環境情報学部）
257 慶應義塾大学（理工学部）
258 慶應義塾大学（医学部） 医
259 慶應義塾大学（薬学部）
260 慶應義塾大学（看護医療学部）
261 工学院大学
262 國學院大學
263 国際医療福祉大学 医
264 国際基督教大学
265 国士舘大学
266 駒澤大学（一般選抜T方式・S方式）
267 駒澤大学（全学部統一日程選抜）

さ行（関東の大学）

268 埼玉医科大学（医学部） 医
269 相模女子大学・短期大学部
270 産業能率大学
271 自治医科大学（医学部） 医
272 自治医科大学（看護学部）／東京慈恵会医科大学（医学部〈看護学科〉）
273 実践女子大学 総推
274 芝浦工業大学（前期日程）
275 芝浦工業大学（全学統一日程・後期日程）
276 十文字学園女子大学
277 淑徳大学
278 順天堂大学（医学部） 医
279 順天堂大学（スポーツ健康科・医療看護・保健看護・国際教養・保健医療・医療科・健康データサイエンス・薬学部） 総推
280 上智大学（神・文・総合人間科学部）
281 上智大学（法・経済学部）
282 上智大学（外国語・総合グローバル学部）
283 上智大学（理工学部）
284 上智大学（TEAPスコア利用方式）
285 湘南工科大学
286 昭和大学（医学部） 医
287 昭和大学（歯・薬・保健医療学部）
288 昭和女子大学
289 昭和薬科大学
290 女子栄養大学・短期大学部 総推
291 白百合女子大学
292 成蹊大学（法学部－A方式）
293 成蹊大学（経済・経営学部－A方式）
294 成蹊大学（文学部－A方式）
295 成蹊大学（理工学部－A方式）
296 成蹊大学（E方式・G方式・P方式）
297 成城大学（経済・社会イノベーション学部－A方式）
298 成城大学（文芸・法学部－A方式）
299 成城大学（S方式〈全学部統一選抜〉）
300 聖心女子大学
301 清泉女子大学
303 聖マリアンナ医科大学 医
304 聖路加国際大学（看護学部）
305 専修大学（スカラシップ・全国入試）
306 専修大学（前期入試〈学部個別入試〉）
307 専修大学（前期入試〈全学部入試・スカラシップ入試〉）

た行（関東の大学）

308 大正大学
309 大東文化大学
310 高崎健康福祉大学
311 拓殖大学
312 玉川大学
313 多摩美術大学
314 千葉工業大学
315 中央大学（法学部－学部別選抜）
316 中央大学（経済学部－学部別選抜）
317 中央大学（商学部－学部別選抜）
318 中央大学（文学部－学部別選抜）
319 中央大学（総合政策学部－学部別選抜）
320 中央大学（国際経営・国際情報学部－学部別選抜）
321 中央大学（理工学部－学部別選抜）
322 中央大学（5学部共通選抜）
323 中央学院大学
324 津田塾大学
325 帝京大学（薬・経済・法・文・外国語・教育・理工・医療技術・福岡医療技術学部）
326 帝京大学（医学部） 医
327 帝京科学大学 総推
328 帝京平成大学 総推
329 東海大学（医〈医〉学部を除く－一般選抜）
330 東海大学（文系・理系学部統一選抜）
331 東海大学（医学部〈医学科〉） 医
332 東京医科大学（医学部〈医学科〉） 医
333 東京家政大学・短期大学部 総推
334 東京経済大学
335 東京工科大学
336 東京工芸大学
337 東京国際大学
338 東京歯科大学
339 東京慈恵会医科大学（医学部〈医学科〉） 医
340 東京情報大学
341 東京女子大学
342 東京女子医科大学（医学部） 医
343 東京電機大学
344 東京都市大学
345 東京農業大学
346 東京薬科大学（薬学部） 総推
347 東京薬科大学（生命科学部） 総推
348 東京理科大学（理学部〈第一部〉－B方式）
349 東京理科大学（創域理工学部－B方式・S方式）
350 東京理科大学（工学部－B方式）
351 東京理科大学（先進工学部－B方式）
352 東京理科大学（薬学部－B方式）
353 東京理科大学（経営学部－B方式）
354 東京理科大学（C方式、グローバル方式、理学部〈第二部〉－B方式）
355 東邦大学（医学部） 医
356 東邦大学（薬学部）

2025年版　大学赤本シリーズ

私立大学②

357 東邦大学(理・看護・健康科学部)
358 東洋大学(文・経済・経営・法・社会・国際・国際観光学部)
359 東洋大学(情報連携・福祉社会デザイン・健康スポーツ科・理工・総合情報・生命科・食環境科学部)
360 東洋大学(英語〈3日程×3カ年〉)
361 東洋大学(国語〈3日程×3カ年〉)
362 東洋大学(日本史・世界史〈2日程×3カ年〉)
363 東洋英和女学院大学
364 常磐大学・短期大学 総推
365 獨協大学
366 獨協医科大学(医学部) 医

な行(関東の大学)

367 二松学舎大学
368 日本大学(法学部)
369 日本大学(経済学部)
370 日本大学(商学部)
371 日本大学(文理学部〈文系〉)
372 日本大学(文理学部〈理系〉)
373 日本大学(芸術学部〈専門試験併用型〉)
374 日本大学(国際関係学部)
375 日本大学(危機管理・スポーツ科学部)
376 日本大学(理工学部)
377 日本大学(生産工・工学部)
378 日本大学(生物資源科学部)
379 日本大学(医学部) 医
380 日本大学(歯・松戸歯学部)
381 日本大学(薬学部)
382 日本大学(N全学統一方式−医・芸術〈専門試験併用型〉学部を除く)
383 日本医科大学 医
384 日本工業大学
385 日本歯科大学
386 日本社会事業大学 総推
387 日本獣医生命科学大学
388 日本女子大学
389 日本体育大学

は行(関東の大学)

390 白鷗大学(学業特待選抜・一般選抜)
391 フェリス女学院大学
392 文教大学
393 法政大学(法〈I日程〉・文〈II日程〉・経営〈II日程〉学部−A方式)
394 法政大学(法〈II日程〉・国際文化・キャリアデザイン学部−A方式)
395 法政大学(文〈I日程〉・経営〈I日程〉・人間環境・グローバル教養学部−A方式)
396 法政大学(経済〈I日程〉・社会〈I日程〉・現代福祉学部−A方式)
397 法政大学(経済〈II日程〉・社会〈II日程〉・スポーツ健康学部−A方式)
398 法政大学(情報科・デザイン工・理工・生命科学部−A方式)
399 法政大学(T日程〈統一日程〉・英語外部試験利用入試)
400 星薬科大学 総推

ま行(関東の大学)

401 武蔵大学
402 武蔵野大学
403 武蔵野美術大学
404 明海大学
405 明治大学(法学部−学部別入試)
406 明治大学(政治経済学部−学部別入試)
407 明治大学(商学部−学部別入試)
408 明治大学(経営学部−学部別入試)
409 明治大学(文学部−学部別入試)
410 明治大学(国際日本学部−学部別入試)
411 明治大学(情報コミュニケーション学部−学部別入試)
412 明治大学(理工学部−学部別入試)
413 明治大学(総合数理学部−学部別入試)
414 明治大学(農学部−学部別入試)
415 明治大学(全学部統一入試)
416 明治学院大学(A日程)
417 明治学院大学(全学部日程)
418 明治薬科大学 総推
419 明星大学
420 目白大学・短期大学部

ら・わ行(関東の大学)

421 立教大学(文系学部−一般入試〈大学独自の英語を課さない日程〉)
422 立教大学(国語〈3日程×3カ年〉)
423 立教大学(日本史・世界史〈2日程×3カ年〉)
424 立教大学(文学部−一般入試〈大学独自の英語を課す日程〉)
425 立教大学(理学部−一般入試)
426 立正大学
427 早稲田大学(法学部)
428 早稲田大学(政治経済学部)
429 早稲田大学(商学部)
430 早稲田大学(社会科学部)
431 早稲田大学(文学部)
432 早稲田大学(文化構想学部)
433 早稲田大学(教育学部〈文科系〉)
434 早稲田大学(教育学部〈理科系〉)
435 早稲田大学(人間科・スポーツ科学部)
436 早稲田大学(国際教養学部)
437 早稲田大学(基幹理工・創造理工・先進理工学部)
438 和洋女子大学 総推

中部の大学(50音順)

439 愛知大学
440 愛知医科大学(医学部) 医
441 愛知学院大学・短期大学部
442 愛知工業大学 総推
443 愛知淑徳大学
444 朝日大学 総推
445 金沢医科大学(医学部) 医
446 金沢工業大学
447 岐阜聖徳学園大学 総推
448 金城学院大学
449 至学館大学 総推
450 静岡理工科大学
451 椙山女学園大学
452 大同大学
453 中京大学
454 中部大学
455 名古屋外国語大学 総推
456 名古屋学院大学 総推
457 名古屋学芸大学 総推
458 名古屋女子大学 総推
459 南山大学(外国語〈英米〉・法・総合政策・国際教養学部)
460 南山大学(人文・外国語〈英米を除く〉・経済・経営・理工学部)
461 新潟国際情報大学
462 日本福祉大学
463 福井工業大学
464 藤田医科大学(医学部) 医
465 藤田医科大学(医療科・保健衛生学部)
466 名城大学(法・経営・経済・外国語・人間・都市情報学部)
467 名城大学(情報工・理工・農・薬学部)
468 山梨学院大学

近畿の大学(50音順)

469 追手門学院大学 総推
470 大阪医科薬科大学(医学部) 医
471 大阪医科薬科大学(薬学部) 総推
472 大阪学院大学 総推
473 大阪経済大学 総推
474 大阪経済法科大学 総推
475 大阪工業大学 総推
476 大阪国際大学・短期大学部 総推
477 大阪産業大学 総推
478 大阪歯科大学(歯学部)
479 大阪商業大学 総推
480 大阪成蹊大学・短期大学 総推
481 大谷大学 総推
482 大手前大学・短期大学 総推
483 関西大学(文系)
484 関西大学(理系)
485 関西大学(英語〈3日程×3カ年〉)
486 関西大学(国語〈3日程×3カ年〉)
487 関西大学(日本史・世界史・文系数学〈3日程×3カ年〉)
488 関西医科大学(医学部) 医
489 関西医療大学 総推
490 関西外国語大学・短期大学部 総推
491 関西学院大学(文・法・商・人間福祉・総合政策学部−学部個別日程)
492 関西学院大学(神・社会・経済・国際・教育学部−学部個別日程)
493 関西学院大学(全学部日程〈文系型〉)
494 関西学院大学(全学部日程〈理系型〉)
495 関西学院大学(共通テスト併用日程〈数学〉・英数日程)
496 関西学院大学(英語〈3日程×3カ年〉) 新
497 関西学院大学(国語〈3日程×3カ年〉) 新
498 関西学院大学(日本史・世界史・文系数学〈3日程×3カ年〉) 新
499 畿央大学 総推
500 京都外国語大学・短期大学 総推
502 京都産業大学(公募推薦入試) 総推
503 京都産業大学(一般選抜入試〈前期日程〉)
504 京都女子大学 総推
505 京都先端科学大学 総推
506 京都橘大学 総推
507 京都ノートルダム女子大学 総推
508 京都薬科大学 総推
509 近畿大学・短期大学部(医学部を除く−推薦入試) 総推
510 近畿大学・短期大学部(医学部を除く−一般入試前期)
511 近畿大学(英語〈医学部を除く3日程×3カ年〉)
512 近畿大学(理系数学〈医学部を除く3日程×3カ年〉)
513 近畿大学(国語〈医学部を除く3日程×3カ年〉)
514 近畿大学(医学部−推薦入試・一般入試前期) 医 総推
515 近畿大学・短期大学部(一般入試後期) 医
516 皇學館大学 総推
517 甲南大学 総推
518 甲南女子大学(学校推薦型選抜) 新 総推
519 神戸学院大学 総推
520 神戸国際大学 総推
521 神戸女学院大学 総推
522 神戸女子大学・短期大学 総推
523 神戸薬科大学 総推
524 四天王寺大学・短期大学部 総推
525 摂南大学(公募制推薦入試) 総推
526 摂南大学(一般選抜前期日程)
527 帝塚山学院大学 総推
528 同志社大学(法、グローバル・コミュニケーション学部−学部個別日程)

いつも受験生のそばに――赤本

大学入試シリーズ＋α
入試対策も共通テスト対策も赤本で

入試対策

赤本プラス

赤本プラスとは，**過去問演習の効果を最大にする**ためのシリーズです。「赤本」であぶり出された弱点を，赤本プラスで克服しましょう。

大学入試 すぐわかる**英文法** DL
大学入試 ひと目でわかる**英文読解**
大学入試 絶対できる**英語リスニング** DL
大学入試 すぐ書ける**自由英作文**
大学入試 ぐんぐん読める
英語長文〔BASIC〕 DL
大学入試 ぐんぐん読める
英語長文〔STANDARD〕 DL
大学入試 ぐんぐん読める
英語長文〔ADVANCED〕 DL
大学入試 正しく書ける**英作文**
大学入試 最短でマスターする
数学Ⅰ･Ⅱ･Ⅲ･A･B･C
大学入試 突破力を鍛える**最難関の数学**
大学入試 知らなきゃ解けない
古文常識･和歌
大学入試 ちゃんと身につく**物理**
大学入試 もっと身につく
物理問題集（①力学･波動）
大学入試 もっと身につく
物理問題集（②熱力学･電磁気･原子）

入試対策

英検®赤本シリーズ

英検®（実用英語技能検定）の対策書。
過去問集と参考書で万全の対策ができます。

▶過去問集（2024年度版）
英検®準1級過去問集 DL
英検®2級過去問集 DL
英検®準2級過去問集 DL
英検®3級過去問集 DL

▶参考書
竹岡の英検®準1級マスター DL
竹岡の英検®2級マスター CD DL
竹岡の英検®準2級マスター CD DL
竹岡の英検®3級マスター CD DL

CD リスニングCDつき　DL 音声無料配信
新 2024年新刊・改訂

入試対策

赤本プレミアム

赤本の教学社だからこそ作れた、
過去問ベストセレクション

東大数学プレミアム
東大現代文プレミアム
京大数学プレミアム〔改訂版〕
京大古典プレミアム

入試対策

赤本メディカルシリーズ

過去問を徹底的に研究し，独自の出題傾向をもつメディカル系の入試に役立つ内容を精選した実戦的なシリーズ。

〔国公立大〕医学部の英語〔3訂版〕
私立医大の英語〔長文読解編〕〔3訂版〕
私立医大の英語〔文法・語法編〕〔改訂版〕
医学部の実戦小論文〔3訂版〕
医歯薬系の英単語〔4訂版〕
医系小論文 最頻出論点20〔4訂版〕
医学部の面接〔4訂版〕

入試対策

体系シリーズ

国公立大二次・難関私大突破へ，自学自習に適したハイレベル問題集。

体系英語長文
体系英作文
体系現代文
体系世界史
体系物理〔第7版〕

入試対策

単行本

▶英語
Q&A即決英語勉強法
TEAP攻略問題集 CD
東大の英単語〔新装版〕
早慶上智の英単語〔改訂版〕

▶国語・小論文
著者に注目! 現代文問題集
ブレない小論文の書き方 樋口式ワークノート

▶レシピ集
奥薗壽子の赤本合格レシピ

入試対策　共通テスト対策

赤本手帳

赤本手帳（2025年度受験用）プラムレッド
赤本手帳（2025年度受験用）インディゴブルー
赤本手帳（2025年度受験用）ナチュラルホワイト

入試対策

風呂で覚えるシリーズ

水をはじく特殊な紙を使用。いつでもどこでも読めるから，ちょっとした時間を有効に使える！

風呂で覚える英単語〔4訂新装版〕
風呂で覚える英熟語〔改訂新装版〕
風呂で覚える古文単語〔改訂新装版〕
風呂で覚える古文文法〔改訂新装版〕
風呂で覚える漢文〔改訂新装版〕
風呂で覚える日本史〔年代〕〔改訂新装版〕
風呂で覚える世界史〔年代〕〔改訂新装版〕
風呂で覚える倫理〔改訂版〕
風呂で覚える百人一首〔改訂版〕

共通テスト対策

満点のコツシリーズ

共通テストで満点を狙うための実戦的参考書。
重要度の増したリスニング対策は
「カリスマ講師」竹岡広信が一回読みにも
対応できるコツを伝授！

共通テスト英語〔リスニング〕
満点のコツ〔改訂版〕 新 DL
共通テスト古文 満点のコツ〔改訂版〕 新
共通テスト漢文 満点のコツ〔改訂版〕 新

入試対策　共通テスト対策

赤本ポケットシリーズ

▶共通テスト対策
共通テスト日本史〔文化史〕

▶系統別進路ガイド
デザイン系学科をめざすあなたへ

2025年版　大学赤本シリーズ　No. 413
明治大学（総合数理学部－学部別入試）

2024年7月10日　第1刷発行
ISBN978-4-325-26472-9
定価は裏表紙に表示しています

編　集　教学社編集部
発行者　上原 寿明
発行所　教学社
〒606-0031
京都市左京区岩倉南桑原町56
電話　075-721-6500
振替　01020-1-15695
印　刷　太洋社

- 乱丁・落丁等につきましてはお取替えいたします。
- 本書に関する最新の情報（訂正を含む）は，赤本ウェブサイトhttp://akahon.net/の書籍の詳細ページでご確認いただけます。
- 本書は当社編集部の責任のもと独自に作成したものです。本書の内容についてのお問い合わせは，赤本ウェブサイトの「お問い合わせ」より，必要事項をご記入の上ご連絡ください。電話でのお問い合わせは受け付けておりません。なお，受験指導など，本書掲載内容以外の事柄に関しては，お答えしかねます。また，ご質問の内容によってはお時間をいただく場合がありますので，あらかじめご了承ください。

- 本シリーズ掲載の入試問題等について，万一，掲載許可手続等に遺漏や不備があると思われるものがございましたら，当社編集部までお知らせください。